大学英语教学中的教师自我表露研究

郭思含 著

中国商务出版社
CHINA COMMERCE AND TRADE PRESS

图书在版编目（CIP）数据

大学英语教学中的教师自我表露研究／郭思含著. --北京：中国商务出版社，2020.4
　　ISBN 978-7-5103-3294-4

　　Ⅰ.①大… Ⅱ.①郭… Ⅲ.①英语－教学研究－高等学校 Ⅳ.①H319.3

中国版本图书馆 CIP 数据核字（2020）第 047271 号

大学英语教学中的教师自我表露研究
DAXUE YINGYU JIAOXUE ZHONG DE JIAOSHI ZIWO BIAOLU YANJIU
郭思含　著

出　　　版	中国商务出版社有限公司
地　　　址	北京市东城区安定门外大街东后巷 28 号　　邮　　编：100710
责任部门	职业教育事业部（010-64218072　295402859@qq.com）
责任编辑	魏　红
总 发 行	中国商务出版社发行部（010-64208388　64515150）
网　　　址	http://www.cctpress.com
邮　　　箱	cctp@cctpress.com
排　　　版	北京亚吉飞数码科技有限公司
印　　　刷	北京亚吉飞数码科技有限公司
开　　　本	787 毫米×1092 毫米　1/16
印　　　张	18　　　　　　　　　　　　字　　数：233 千字
版　　　次	2021 年 3 月第 1 版　　　印　　次：2021 年 3 月第 1 次印刷
书　　　号	ISBN 978-7-5103-3294-4
定　　　价	86.00 元

凡所购本版图书有印装质量问题，请与本社总编室联系。（电话：010-64212247）

　版权所有　盗版必究（盗版侵权举报可发邮件到本社邮箱：cctp@cctpress.com）

前　言

近些年来,大学英语教学依据社会变革和个人发展的需要不断从课程、教材、教法及教师等方面进行着有益的尝试与探索。教师自我表露就是在转变教学理念、改进教学方法的大环境和教学要求之上赋予教师和教学的新理念和新要求:教师转变观念,树立教育即是交往、教学必有交流的理念,通过教师自我表露适应教学要求、满足学生学习需求,并立足当前我国大学英语教学实际,改善教学中存在的问题。

本书基于对大学英语教学现状及其存在问题的认识,期望通过改变和革新课堂教学的手段改进大学英语教学,以源自心理学的概念"自我表露"为契机,以大学英语教师为主体、大学英语教学课堂为场域,了解大学英语教师课堂教学的现状,探究大学英语教师教学中自我表露的必要性,探讨其对大学英语教学、学生语言学习及其个人发展产生的作用,并探索教师自我表露在大学英语课堂教学中的运用策略,为大学英语教师的发展尝试性地寻求新的方向。

本书共八章。第一章主要对自我表露、大学英语教师自我表露研究开展的背景和目的做了论述,并具体阐述了开展大学英语教师自我表露的研究对大学英语教学的意义。第二章主要对自我表露的相关研究进行了回顾、对研究文献进行了综述和分析,主要包括自我表露个体相关因素的研究、自我表露与个体间微观作用的研究、自我表露在教育领域的相关研究以及对我国大学英语课堂教学及教师素质要求的相关研究等。第三章讨论的是本研究的理论基础,包括社会交换理论、社会渗透理论与交往理论等,论述了大学英语教学的目标、要求及大学英语教学的基本理论,并提出了本研究的理论模型构建及分析框架。第四章论述了本研究的研究思路与研究方法,包括观察法、访谈法和问卷法。第五章通过讨论大学英语课堂教学的"应然",基于对课堂教学的观察,阐述并分析目前大学英语课堂教学的"实然",即为:传统教学方式与教师自我表露并行的大学英语课堂。第六章基于对大学英语教学要求的认识,通过与大学英语教师进行的访谈,了解其对教师自我表露的认识及其在大学英语教学中的运用。第七章呈现学生问卷数据结果,基于问卷数据结果,论述和分析大学英语教师教学中自我表露的内容、程度、大学英语教师自我表露对课堂教学、对学生及其英语学习产生的作用,阐述学生对大学英语教师自我表露的意愿,并分析大学英语教师与学生对教师自我表露态度观点的异同。第八章阐述了本研究的研究结果,并对大学英语教学中教师自我表露的运用提出策略与建议等。

  由于作者水平有限,书中难免存在不足和遗漏,敬请广大读者批评、指正,不胜感激。

作 者

2020 年 3 月

目 录

第一章　引论 …………………………………………… 1
　第一节　自我表露研究的背景 ………………………… 1
　第二节　研究的目的与意义 …………………………… 5

第二章　自我表露的研究回顾 …………………………… 8
　第一节　自我表露相关研究文献综述 ………………… 8
　第二节　自我表露个体相关因素的研究 ……………… 14
　第三节　自我表露与个体间微观作用的研究 ………… 19
　第四节　自我表露在教育领域的相关研究 …………… 25
　第五节　对我国大学英语课堂教学及教师素质要求的
　　　　　相关研究 ……………………………………… 42
　第六节　问题与启示 …………………………………… 55

第三章　自我表露研究的理论基础 ……………………… 59
　第一节　本研究的理论基础 …………………………… 59
　第二节　本研究的理论模型构建及分析框架 ………… 78

第四章　研究思路与研究方法 …………………………… 81
　第一节　研究思路 ……………………………………… 81
　第二节　研究方法 ……………………………………… 83

第五章　大学英语课堂教学的"应然"与两校大学英语课堂
　　　　教学的"实然" ……………………………………… 105
　第一节　大学英语课堂教学的"应然" ………………… 105
　第二节　两校大学英语课堂教学的"实然"：传统教学
　　　　　方式与教师自我表露并行的大学英语课堂 …… 112

第六章　大学英语教师对教师自我表露的认识及运用 …… 161
　　第一节　大学英语教学面临新的要求 ………………… 161
　　第二节　大学英语教师对教师自我表露的认识及
　　　　　　运用 ………………………………………… 166

第七章　学生对大学英语教师教学中自我表露的认识及
　　　　要求 ……………………………………………… 191
　　第一节　大学英语教师教学中自我表露的内容与内容
　　　　　　表露程度 …………………………………… 191
　　第二节　大学英语教师自我表露对课堂教学、对学生
　　　　　　及其英语学习产生的作用 ………………… 198
　　第三节　学生对大学英语教师自我表露的意愿 ……… 214
　　第四节　大学英语教师和学生对教师自我表露态度
　　　　　　观点的异同 ………………………………… 221

第八章　结论及启示 ……………………………………… 226
　　第一节　结论 …………………………………………… 226
　　第二节　启示 …………………………………………… 229

参考文献 …………………………………………………… 251

附录 ………………………………………………………… 267

第一章 引论

第一节 自我表露研究的背景

大学英语教学是高等教育课程体系重要的组成部分之一，"大学英语课程不仅是一门语言基础课程，也是拓宽知识、了解世界文化的素质教育课程，兼具工具性与人文性"。[①] 因此，大学英语教学既应体现语言承载的工具性，还要凸显语言富含的人文性。这是对语言教学更高级别的要求。我国大学英语教学是对九年义务教育和高中阶段英语教育的延续，此前的教学过程中已经累积了较多的问题，因此在大学英语阶段，教学中的问题也在慢慢凸显：除了一直被英语教育学者们诟病的语言交际与运用能力差、高分低能或低分低能的问题外，学生学习英语的兴趣不高、学习目标不明确或仅仅停留在通过四六级考试、大班教学的环境中学生的语言交际能力得不到提高[②]、师生间缺乏交流互动导致师生关系淡漠、无法形成和谐的课堂气氛、教学效果不尽如人意等问题[③]也普遍存在。要解决这些问题，除了调整大学英语教学的目标导向外，还可以通过教师转变教学理念、提高个人能力，革新课堂教学，以多样的手段、途径不断适应学生的学习需要。

[①] 教育部高等教育司. 大学英语课程教学要求[Z]. 上海：上海外语教育出版社，2007.

[②] 乔梦铎，金晓玲，王立欣. 大学英语教学现状调查分析与问题解决思路[J]. 中国外语，2010，(5)：11.

[③] 王雁冰. 当前大学英语课堂教学存在的问题及对策[J]. 教育探索，2013，(5)：40.

大学生的世界观和价值观都已逐步形成并完善,他们有独立的思考与判断能力,对学习的要求也不仅限于专业知识的丰富,而是适应其自身发展需求与能力的培养与提高,实现对人格的塑造,满足发展的需要。因此,高等教育阶段的大学英语教学,直接作用于学生的教学手段和教学方法就不能仅仅依托交际教学法、以学生为中心来实施启发,进行引导和鼓励;也不能单纯依靠多媒体教学、游戏教学等去解决课堂气氛差、学生课堂参与度低或学习积极性不高等问题,而是要结合教学实际,立足现行的教学方法与手段,探求适应学生身心特点、满足学生学习需要、解决教学问题的新途径。

笔者在从事大学英语教学工作的过程中,也发现存在部分学生对学习英语的热情不高、课堂气氛不活跃、参与课堂教学活动的积极性不高、课堂教学效果不理想等问题,也尝试通过现行的教学方法或手段来解决这些问题,但由于教学环境等因素的影响,几番尝试之后问题依然存在。一次偶然的机会,笔者在向学生讲关于亲情的课文内容时,有感而发向学生讲述了自己与已故父亲的故事,当时笔者讲得很动情,整个教室鸦雀无声,很多学生一边听一边点头,还有的悄悄红了双眼。接下来的课堂讨论就进行得异常顺利,学生们踊跃发言,积极分享和表达自己的经历和观点,还有些学生下课之后找到笔者表示要跟笔者聊聊,更有学生课后给笔者留言,表示这节课让他们收获颇多,他们感觉课堂真实并被感动,想更多地了解笔者的经历与内心世界。此后,笔者就经常有意识地结合课程内容,与学生分享个人的经历、表达对某些事情的观点看法,并发现这样的举动提高了学生学习的主动性,学生参与课堂活动的热情明显增高、师生关系也更加亲密,似乎对学生的语言学习也产生了一些积极的作用。

从课堂教学实践中,笔者似乎看到了解决教学问题的新契机:教师在课堂中与学生交流,表达观点、分享经历、流露情感,教师进行的这一切是否会对学生的学习产生影响?它能否在一定程度上缓解或解决我国高校大学英语教学中存在的问题?带着这个疑问,笔者通过对自身行为的反思、对其他教师课堂行为的观察并阅读文献发现,教师在课堂中表现出的相关行为,国外有专家曾提出"自我表露",自我表露是个体在某种程度上,将自身相关的经历、情感、观点、信仰、恐惧、挫折感或成就感传递给他人。[①] 自我表露是过程关系的重要变量,它是维持和发展关系过程中重要的因素,它是人与人之间基本的沟通与交流,与浮于表面的浅层次对话有着根本不同。[②]

此外,何旭明、陈向明教授关于教师自我表露对学生学习兴趣影响的研究也提出:"教师更高的自我表露,往往可以使学生学习兴趣提高,自我表露有学识经历等认知性表露,还有真情和爱心等情感表露。"[③]研究指出,教师自我表露会对学生学习的某些方面产生积极的影响,也正是这一研究给予了笔者很大的启发。

顾明远教授在谈到教师职业特点的时候强调了示范性,指出教师有如一面镜子,对着无数明亮的眼睛,被学生模仿,教师这种示范性有显性的知识内容,也有隐形的为人处世的态度、表情达意的方式等人格特质的因素,自我表露恰恰是实现后者的重要途径之一,也是其中容易被忽略的一方面。[④]

基于课堂观察实践和对自我表露的初步认识,笔者产生了这样的思考:既然在课堂上进行自我表露的教师他(她)的课堂具有活力、学生主动参与学习的热情相对较高,师生关系也很融洽;既然教师自我表露能提高学生的学习兴趣;既然教师自我表露具有

[①] Hinde, R. A.. Relationships: A Dialectical Perspective[M]. East Ussex, UK: Psychology Press, 1997.

[②] Reis, H. T. & Shaver, P. Intimacy as an interpersonal process[M]. Handbook of personal relationships: Theory, research and interventions. Chichester, England: John Wiley, 1988:267-389.

[③] 何旭明,陈向明. 教师的自我表露影响学生学习兴趣的质的研究[J]. 全球教育展望,2008,(8):46.

[④] 转引自康菁菁. 小学教师自我表露调查及成因分析——以北京市F小区小学教师为例[D]. 北京:首都师范大学,2011:2.

示范性的作用,那么它能否缓解目前大学英语教学中学生学习积极性不高、学习兴趣减退、师生关系疏远、课堂教学效果欠佳等问题?在广泛关注了自我表露的一些研究后笔者更深入地了解到,自我表露作为一种有效的交流形式已经在医学、社会学、人类学等领域被证实,它能更深入地增强人际交往、加强个体的自我认识、深化交往中交互的关系、促进个体整体社会性的发展等。对于自我表露国外很多学者在研究中都指出:"自我表露与个人偏好之间存在正相关关系、偏好会引起个体对他人的表露,同样他人的表露也会激起广泛的偏好。"[1]在教育领域,虽然对自我表露的研究还不多,卡严纳斯(Cayanus)、马丁(Martin)和韦伯(Weber)研究发现,教师自我表露有助于提高学生的学习兴趣,与意义学习、情感和认知学习均呈显著正相关。同时,教师自我表露可以用于提高教学效果,诸如促进学生的课堂参与、学习兴趣、理解和意义学习。戈尔斯坦(Goldstein)和柏纳斯(Benassi)也发现教师自我表露与学生课堂参与呈显著正相关,教师自我表露与学生课堂参与数量和学生课堂参与意愿之间显著正相关。[2]

  作为大学英语教学主体的教师,应在实践中大胆探索,创新教学思想、适时改变教育模式和教育方法,形成教学特色,这是2011年1月召开的全国教育工作会议对教师提出的要求。笔者遵从教学改革对教师提出的要求,在实践中积极转变教学思想,改进教学实践。在这个过程中,笔者接触到了自我表露,并尝试在课堂教学中运用它,并不断深入认识自我表露,也更加坚定了研究的决心:教师自我表露会对学生的英语语言学习产生怎样的影响?能否激发学生的学习兴趣?能否提高学生参与课堂活动的积极性?能否帮助建立和谐的师生关系?是否有助于提高课堂教学的效果?目前我国大学英语教师是否在教学中进行着自

---

[1] Cozby, P. C. Self-disclosure: A literature review[J]. Psychological Bulletin, 1973, 79(2).

[2] 史清敏,张绍安,罗晓. 教师自我表露教学效果的跨文化比较[J]. 教师教育研究,2008,(3):46.

我表露？什么因素会影响教师自我表露？大学英语教师又该如何在课堂教学中进行适宜的表露？学生对此又持怎样的态度？自我表露对教师个人能力有何要求？它会对未来教师职业发展规划产生什么影响？透过深层次与多角度探讨其相互的关系将会是本研究所要关注的问题。

第二节 研究的目的与意义

一、研究目的

本研究基于对自我表露概念的了解、作用的认识、意义的理解，基于我国大学英语教学中的问题，结合大学生英语学习的需要，立足于教学改革对大学英语教学教师的要求，具体讨论教师自我表露对课堂教学、对学生英语学习产生的作用，期望在一定程度上解决目前大学英语教学中存在的问题，满足大学生英语学习不同层次的需要，并在一定层面上对大学英语教师提出新的要求。具体而言，本研究的主要目的包括以下几个方面：

了解大学英语教师课堂教学中自我表露的现状，探究其对课堂教学及学生英语学习的作用，包括大学英语教师自我表露的现状、影响教师自我表露的因素；教师自我表露对课堂教学的作用、对师生关系的建立、对学生自我发展的作用、对学生语言学习过程中多层次需求的作用等。

试图为大学英语教师探索一条教育心理学结合并作用于教学的途径，验证教师自我表露融入课堂教学对教学过程、教学对象和教学效果产生的作用和影响。

对我国大学英语教师自我表露尝试性地提供策略并提出建议。

探索大学英语教师如何依托自我表露实现专业发展、提高个人素质以适应教学改革的要求。

二、研究意义

(一)理论意义

第一,通过理论的论证与实践的探索,为大学英语教学进一步开拓新的研究和实践领域。新时期大学英语教学应不断适应教学改革的要求,基于学生学习需求、基于教学内容与目标,发挥教师的教学主导作用,立足于革新课堂教学,通过新的教学方法与途径,不断寻求大学英语教学研究和实践的新方向。

第二,通过对大学英语教学中教师作用的进一步探讨,基于对教师的要求,丰富大学英语教学实践的实践理论基础。作为大学英语教学和改革的中坚力量,对教师自身的发展要求也随着我国大学英语教学的要求不断提高,教师要在专业、学识、人格、素质等方面逐步完善和充实自身,并在教学过程中具有反思精神和创新实践的勇气。本研究旨在解决教学中凸显的问题,以提高教师素质为契机,为大学英语教学实践提供素材,并进一步充实大学英语教学的理论基础。

第三,融合教育学、心理学、语言学开展语言教学研究,为大学英语课堂教学研究寻找新的切入点。本研究依托教师个人因素、心理特征、背景特点,就大学英语教师自我表露对课堂教学及学生英语学习的作用进行深入的探讨,将心理学概念与教育教学融合,并进一步通过具体实践对理论进行补充。

(二)实践意义

第一,以教师为主线,通过教师在课堂教学中的作用及影响缓解或解决大学英语教学中存在的问题。纵观近年来我国大学英语教学现状,教学过程中无不充斥着教师为中心教学法、学生为中心教学法、任务型教学法、交际型教学法等方法和手段的尝试与运用,但由于教学要求有别、教学条件不尽相同、地域限制、教师背景与教学水平不尽相同或层次参差不齐等原因,其产生的作用和影响不尽如人意,学生的学习目标依然不甚明了、学习动力不足、学习兴趣不高、师生关系淡漠。在这样的困境中,只有通过教师自身的影响和作用,对学生产生潜移默化的影响和深层次的作用力,才能激发学生学习的兴趣。

第二,探索提高大学英语教师素质和教师专业发展的有效途径。大学英语教学针对成年学生,在教学的过程中,教师面对价值观与世界观日趋成熟的成年学生不能一味地延续传统教学,也不可忽视大学生的学习与发展要求盲目地开展教学,更不能以强制或放任的态度对待学生和教学,基于这样的教学实际,对高校大学英语教师提出了更高的要求。本研究从大学英语教师专业发展的角度出发,通过教师教学中的自我表露,期望从新的方面提升教师的专业意识,提高教学水平。并立足教学实际,结合学生学习需求与发展特点,探索大学英语教师发展的新要求、新标准、新目标和新途径。

第三,尝试探索新的教学途径与手段改进大学英语教学。我国大学英语教学中普遍使用的教学方法与手段,或多或少存在不适宜教学实际或不能满足学生学习需求等问题。本研究试图立足课堂,从教师角度出发,基于学生学习及发展的要求,探究作用于学生学习的新形式,并尝试对大学英语教师自我表露提供策略,以适应当前的教学要求与学生的发展需要。

第二章 自我表露的研究回顾

基于本研究的研究目的,从自我表露的概念、功能和作用,自我表露在教育教学领域的研究及大学英语教学及教师现状、教师素质要求等几个方面进行文献综述。

自我表露是一个来自心理学的概念,现有研究大多将自我表露置于心理学、医学、社会学的研究范畴中,本研究要了解自我表露在教育教学实际中的运用及其作用。因此,选取的文献涉及早期就自我表露本身及相关因素的研究以及在教育教学方面的研究,部分涉及医学、心理学及社会学与本研究关系不密切的研究文献则不做回顾。

第一节 自我表露相关研究文献综述

自20世纪50年代美国人本主义心理学家西德尼·朱拉德(Sidney Jourard)提出自我表露的概念以来,对自我表露自身所涵盖内容的研究(即不同受众人群对其他人群产生何种内容和程度的自我表露)的研究就不断涌现,除此之外,对它的研究还涉及心理、医疗、社交和教育等领域。从目前国内外自我表露研究的文献来看,研究主要侧重于自我表露自身相关因素、自我表露进行心理干预、医疗救助、社交参与人际交往;在教育领域,研究则侧重于对学生心理素质综合考量、学生课堂参与度、学生对课程喜好程度以及对教师评价的反馈等。从对文献的梳理,国内外自我表露的研究主要围绕以下几个方面展开。

一、自我表露的概念

自我表露的提出者西德尼·朱拉德(Sidney Jourard)认为,自我表露就是向他人自发地、真诚地、完全地表露、分享自己想法、经历、感觉等的过程。在其著作《透明的自我》(*The transparent self*)一书中,他说:"人类是区别于其他生物形式的,他可以通过语言、行动或其他形式成为一个不同的事物。"他认为,一个人若能全面、主动和诚恳地向他人表露他的经历,则其神秘感会大大降低;若一个人向"我"表露他自己,则"我"对他的偏见会因为他所表露的事实而消失。[①] 欣德(Hinde)也曾论述到,自我表露是个体在某种程度上,将自身相关的经历、情感、信仰、恐惧、挫折感或成就感传递给他人。[②] 赖斯(Reis)与谢弗(Shaver)认为,自我表露是过程关系的重要变量,它是维持和发展关系过程中重要的因素,它是人与人之间基本的沟通与交流,与浮于表面的浅层次对话有着根本不同。[③]

同时,有学者认为自我表露的过程应当是有意识的,而且自我表露的信息必须是重要的、沟通对方所不知的。[④] 伯克纳(Bochner)和凯勒(Kelly)也指出,自我表露是构成沟通能力不可缺少的要素。陈(Chen)提出:自我表露能有效地加速个人在不同

[①] Jourard, S. M. The Transparent Self (2nd ed)[M]. Litton Educational Publishing, Inc,1971:4,5-6.

[②] Hinde, R. A. Relationships: A Dialectical Perspective[M]. East Ussex, UK: Psychology Press,1997.

[③] Reis, H. T. & Shaver, P. Intimacy as an interpersonal process[M]. Handbook of personal relationships: Theory, research and interventions. Chichester, England: John Wiley, 1988:267-389.

[④] Dindia, K. The Intrapersonal-interpersonal Dialectical Process of Self-disclosure. In S. Duck (Ed.), Dynamics of Relationships [M]. Thousand Oaks: Sage Publications, 1993:27-57.

文化中适应的过程。[①] 惠利斯(Wheeless)和格罗茨(Grotz)也指出,自我表露应当是与他人进行交流而进行的任何自身信息的传递。[②] 朱拉德和拉斯科诺(Lasakow)提出,自我表露是让他人了解自我的过程,"目标人"即自我传递交流信息的对象。[③] 从诸多对自我表露的概念及定义看出,自我表露是一个真实性信息传递与融通交流的过程,而真实情感、情绪、信息的来源又是每一个真实的自我个体,通过真实的、主观的、有意识的、自愿的形式来实现交流、融通、认知、促进、帮助等目的。

朱拉德在《透明的自我》一书中这样提出:"如若没有对他人自我表露的结果,一个人就不能真正地了解自己。"[④]基于这样的理解又能进一步认识自我表露是一种深层交流的形式,这种形式不仅限于他人对"个体"的了解,还涉及个体对"本我"的认识,也涵盖群体对群体的了解、认知与类比。因此,自我表露应是以不同的表现形式渗透在社会生活的方方面面,朱拉德也在其著作中提到了健全人格与自我表露的关系、剖析了婚姻中的性与自我表露、个人经历与爱的自我表露、隐私的需求、精神与意愿等方面与自我表露的关联。

基于朱拉德所提出自我表露概念和其他一些相关的研究,学术界对自我表露也有了这样的界定,一种是将它看成是静态的现象,认为是个体、关系特质或行为事件;也有观点认为它是动态的交互作用过程。而随着认识和研究的进一步加深,普遍的认为自我表露最为经典的定义是个体通过口头形式将自己的信息(包括思想、感受和经历)表露给他人,它在亲密关系的发展和维持上起

[①] 转引自李林英. 大学生自我表露的比较研究[J]. 北京理工大学学报(社会科学版),2003,(1):12.

[②] Wheeless, L. R., Grotz, J. Conceptualization and measurement of reported self-disclosure[J]. Human Communication Research 2,1976:338-346.

[③] Jourard, S. M. & Lasakow, P. Some factors in self disclosure[J]. Journal of Abnormal and Social Psychology,1958:91.

[④] Jourard, S. M. The Transparent Self (2nd ed)[M]. Litton Educational Publishing, Inc,1971:6.

主要作用。自我表露是稳定的个体或关系特质、是行为事件也是交互作用过程。① 它是个体的一种意愿或能力、是一种信息传递行为或事件。② 自我表露是一种人际交互过程,在这个过程中重要的不是表露给对方什么,而是在这个关系情境下进行表露……更重要的是表露会使与他人的关系变得更丰富和深入。③ 此外,自我表露还被看作一种交互过程,即自我表露是双向、持续的循环过程,而不是一个单独事件;自我表露是情境性的,情境会影响自我表露的过程;自我表露过程中的所有成分相互依赖、相互影响。④ 自我表露又包括描述性的表露、评价性表露;既有正向的表露也有负向的表露。⑤

基于诸多学者对自我表露的认识,可以看出自我表露既是一种被定义在社会交往层面,人与人进行沟通交流的方式,也是深化和拓宽个体与群体认知、交流的过程。通过自我表露可以实现个体与群体在精神层面的释放、共感与影响,并与社会、与群体融合,进一步实现个体的发展。由于涉及的主体与客体的内在关联,自我表露的内涵和外延也应随着社会的发展和变化不断充实与调整。

二、自我表露的作用

由于自我表露是被定义在"人""社会"这样一个具有归属性范畴意义之中的概念,因此它具备了许多相应的社会功能。

（一）促进人际关系的形成与发展

朱拉德提出,自我表露是健康人格的必备条件,自我表露可

---

① 蒋索,邹泓,胡茜.国外自我表露研究述评[J].心理科学进展,2008,16(1):114.
② 同上.
③ 蒋索,邹泓,胡茜.国外自我表露研究述评[J].心理科学进展,2008,16(1):114-115.
④ Dindia, K., Duck, S. Communication and Personal Relationships [M]. New York:Wiely,2000.
⑤ 孙悦亮,黄慧婷.国内外教师自我表露研究述评[J].内蒙古师范大学学报(教育科学版),2011,(12):76.

以向别人表达自我,是表达与创造爱与亲密的方式。通过自我表露,人们可以在某些程度上了解彼此的相似程度,获知彼此在思想、感觉、希望和对过去的认识等的不同之处;还可以了解他人的需求;同时,自我表露还有助于在某种程度上了解他人所遵守或者背离着的精神和道德的准则。[①] 自我表露是形成人与人之间亲密关系的重要因素,它能促进人际间的交往,增进人与人之间的理解、认识直至认同,这对于形成人际之间亲密的相互关系是非常有益处的。[②] 此外,国内学者蒋索、邹泓等人在他们的研究中指出,自我表露还具备与他人关系建立和发展的功能。他们提到,自我表露是关系满意度和关系质量的一个有效预测因子,通过人际关系的建立和发展,获得人际支持,而人际支持对处理压力事件,适应社会生活也是非常有利的。[③]

(二)有助于个体认识自我

朱拉德认为,个体不进行自我表露,就无法通过自我表露得到相应的反馈和建议,不进行自我表露的个体也无法了解和确定自己的想法和需求。因此自我表露能增进和加强个体对自身的认识,通过自我表露,人们能够实现自我澄清(self-clarification),因为个体在向对方表露自己的观点、想法、态度和感受的时候,会对自我有重新的认识、并对自己进行审视,逐渐对自身感到明了。自我表露还能使个体获得自我认同,通过向他人分享的信息,引发对方或他人对自己意见、信息、观点、看法和反馈,在这个过程中,个体能实现自我反思,并对自身有更新、更深入的认识。[④] 我国学者豆宏健则认为,个人只有通过自我表露才能真正认识自己,自我表露是自我实现的重要机制,一个总隐藏自己的人,在面

---

① Jourard, S. M. The Transparent Self (2nd ed)[M]. Litton Educational Publishing, 1971:6.

② Altman, I. & Taylor, D. Social Penetration: The Development of Interpersonal Relationship[M]. New York: Holt, Rinehart, & Winston, 1973.

③ 蒋索,邹泓,胡茜.国外自我表露研究述评[J].心理科学进展,2008,16(1):116.

④ 同上.

对现实的困境和问题不会积极地去表露自己,而用隐藏来维持不真实的自我,这既不利于个人的自我认识,也于个体的成长无益,更无法实现个人成长。①

(三)有益于个人身心健康

索特(Sote)和古德(Good)的研究表明,愿意向他人表露自己精神和身体上所受创伤经历的人,他(她)的身体和心理都会表现得更加健康;向他人隐藏自己消极信息和经历感受的个人可能会感觉忧虑,甚至焦虑。② 这一结论也与拉森(Larson)和查斯顿(Chastain)的观点相似。国内学者王志红也发现,自我表露是应对压力的有效方式,通过自我表露缓解压力,能够帮助缓解压力,释放个体,增加积极情绪。③ 此外,在临床咨询和治疗方面,坦白和表露对人的生理和心理健康是有益的,还有研究表明,回避进行情感内容的表露与严重疾病,如癌症、心脏病有关。④

(四)可能产生的消极作用

研究表明,自我表露可以在社会发展的许多领域对个体、群体产生相关的影响,这些影响会是积极的,也会有消极的一面,个体在进行表露时会考虑进行自我表露产生的危险和代价:发现对方对建立亲密关系不感兴趣;表露的信息被对方用来在关系中获得控制或权力;对方将表露的信息传播出去;混淆个人界限;信息的互惠失衡。⑤ 得维拖(DeVito)将自我表露的危险归为个人危险、关系危险和职业危险。⑥ 科瓦尔斯基(Kowalski)将自我表露

---

① 豆宏健.自我表露及其作用[J].甘肃联合大学学报(社会科学版),2007,23(3):1-4.
② Sote,G. A. & Good,L. R. Similarity of self-disclosure and interpersonal attraction[J]. Psychological Reports,1974:491-494.
③ 王志红.论自我表露的心理意义[J].吕梁教育学院学报,2012,(2):42-44.
④ 蒋索,邹泓,胡茜.国外自我表露研究述评[J].心理科学进展,2008,16(1):116.
⑤ 同上.
⑥ DeVito,J. A. The Interpersonal Communication Book[M]. The Eight Edition. New York:Longman,1998.

的危险归为：人际代价；产生不期望的印象；自我感知的改变；情感调节；界限调节；自我表露的道德两难。① 自我表露中可能出现消极影响、危险关系与其积极作用和有益功能并行的现象，在研究中还需结合实际避免它可能产生的潜在的消极影响。

从以上研究看出，自我表露不仅有益于个人身心健康，对个人还具有认识审视及澄清的作用，它既可以促进个体间人际交往的形成、发展并深入，也能促进个体的发展。它的消极影响也要作用于个体间，通过相互的作用才会逐渐显现。

第二节 自我表露个体相关因素的研究

自我表露所涉及的相关因素，包括自我表露的参量、自我表露的个体等，这类研究对于证实自我表露的内在作用、探讨它在社会交往中产生积极有益的交互关系是有重要意义的，正是具备这样的作用与意义，自我表露的研究才有价值和必要性。

科斯比(Cozby)1973年的研究表明，自我表露有三个基本的参量，即表露的广度与信息量；表露信息的深度与亲密程度，以及对每个信息描述所持续的时间。② 对此，沙琳(Chelune)在研究中又补充道：自我表露作为一种人格构建和过程变量，它是一个持续的行为过程，情感方式的表达、灵活的表露方式也应当是其所涉及的基本参量：其中情感方式的表达包含人际交往中的情绪参与度，亲密性信息的表露需要由适当的情绪表达来承载。而灵活的表露方式则体现在自我表露处于各种人际关系的情况下，这也决定了自我表露会在不同的背景与环境当中，受到表露者的性格、表露的目的、社会的情势、表露进行的话题以及表露双方的关

---

① Kowalski, R. M. Speaking the Unspeakable: Self-disclosure and Mental Health[M]. In: Kowalski, 1999: 225-247.

② Cozby, P. C. Self-disclosure: A literature review[J]. Psychological Bulletin, 1973, 79(2): 82.

第二章 自我表露的研究回顾

系等的影响。①

本研究中借鉴了以上研究的部分结论,参考了自我表露的三个基本参量,尤其是表露的广度与信息量。在自我表露的相关影响因素上,在本研究过程中也特别留意到表露者性格、话题和表露双方的关系都会对表露产生作用。

此外,自我表露过程中最重要的因素之一——表露个体,也是研究者们所热衷的研究对象。人作为社会生活中最重要的部分,其多样性、灵活性、复杂性、独立性、群体性、社会性等特点正是学者们对于自我表露与个体之间关系研究频繁的重要原因。

朱拉德和兰兹曼1959年、1960年的研究中,分别选择护理学校9名女性对其同事以及9名男性本科生对其同学进行自我表露。其结果都显示,一方的自我表露可以同样获得表露对象相应及相关的自我表露。之后在1963年,朱拉德与瑞奇曼(Richman)通过研究再一次证明个体对父亲、母亲、最好的同性朋友、最好的异性朋友所进行自我表露都可以相应得到他们回应的自我表露。相似的研究又进一步在相互亲密的人群之间展开,在1967年,黎曼(Rissman)、欧利希(Ehrlich)、葛瑞文(Graeven)、默多克(Murdoch)、陈奥西(Chenowith)随后进行的相关研究都证实无论表露程度或高或低,熟悉或亲密的人群都会产生相互的自我表露,而且具备高自我表露倾向的个体会诱导出更多与交流内容相关的自我表露信息,低自我表露个体则相反。国外有的学者还指出,一个个体产生一定量的自我表露即代表着他(她)对亲密关系的渴望和他(她)的信任感。表露主体产生越多的表露信息,就会收到越多来自表露客体的表露信息。②

相似的结果也出现在米勒(Miller)、博格(Berg)及阿奇尔(Archer)的研究中:低自我表露个体对高自我表露个体所进行的

---

① Chelune, G. J. Self-Disclosure: An elaboration of its basic dimensions[J]. Psychosocial Reports, 1975, (36).

② Cozby, P. C. Self-disclosure: A literature review[J]. Psychological Bulletin, 1973, 79(2): 81.

表露要比其对低自我表露个体进行的表露多;高表露个体对于低表露和高表露的表露对象人,均表现出高自我表露的状态;熟人和朋友之间都倾向于对高自我表露的个体进行自我表露,而较之不愿意向低自我表露个体进行表露。①

除了上述对于自我表露个体的研究外,学者们又将自我表露的个体细化,从个体性别、民族、种族、社会地位、文化背景、所在地区以及职业特点等不同,对个体差异在自我表露中的表现做了进一步的研究:朱拉德和拉斯科诺通过实施朱拉德自我表露问卷,在白人和黑人大学生中开展了调查,研究从种族、性别、目标认知的不同、婚姻情况的差异对自我表露程度、形式等的影响和学生向父母的自我表露程度、内容差异等几个方面综合显示了结果:未婚白人和黑人学生,对母亲进行的自我表露均高于对父亲、对同性朋友和异性朋友;学生倾向于将大量的个人信息归类并进行自我表露,而学生对于态度与观念、品味与兴趣以及工作内容的自我表露较高,而相关金钱、人格和对自身身体认识的自我表露则较低;白人学生的自我表露高于黑人学生,女性高于男性;已婚学生对父亲、母亲、同性朋友和异性朋友的自我表露低于未婚学生,已婚学生对配偶的自我表露均高于其他表露目标人;学生的自我表露与其父母亲的关系有相当的联系:学生与父母关系越好,自我表露则越多,程度也越高。② 相似地,戴蒙德(Dimond)与芒兹(Munz)的研究还指出,在有兄弟姐妹的高中生群体中,老大不愿过多地进行自我表露,相反其弟弟或妹妹则表现出更开阔的社会性,对他人进行的社会表露较多;同样,该研究也得出了与朱拉德所做研究相似的结论:女高中生的自我表露要高于男性,而她们对母亲和女性朋友进行的自我表露也高于男性。③ 除此之

---

① Miller,L. C. ,Berg,J. H. & Archer,R. L. Openers:Individuals Who Elicit Intimate Self-Disclosure[J]. Journal of Personality and Social Psychology,1983,(44):6.

② Jourard,S. M. & Lasakow,P. Some factors in self disclosure[J]. Journal of Abnormal and Social Psychology,1958:98.

③ Dimond,R. E,Munz,D. C. Ordinal position of birth and self-disclosure in high school students[J]. Psychological Reports,1967,(21).

外,朱拉德和雷斯尼克(Resnick)通过对 80 名未婚女大学生进行的问卷及相互的访谈了解女性高自我表露与低自我表露个体之间的相互作用和影响,研究结果显示:呈现低自我表露状态的个体进行自我表露时均呈现较低的自我表露形式并透露很少的个人信息;而高自我表露个体进行相互的自我表露时,都进行了较多的自我表露;高自我表露的个体与低自我表露的个体在交流时,低自我表露个体会变得更加积极主动和开放,高表露个体则依然表现出其高自我表露的特性。① 除此之外,朱拉德和拉斯科诺还提到,女性比男性具有更高的自我表露意识,男性表现较低的自我表露意识与他们较少的同情心、较弱的洞察力以及相对女性而言较短的寿命等因素有直接的关系。② 然而对此观点,戴蒙德和赫尔曼(Hellkamp)在则持反对意见,他们认为在自我表露上,没有男女性别方面的差异。③ 为此,朱拉德和帕洛各(Plog)认为,导致研究结果产生差异的原因在于地域的不同,对于在美国南部地区的研究中,男女会表现出自我表露的差异,而在美国北部和西部地区则没有在性别上表现的差异。同样,在进一步对自我表露个体在以种族和民族为基准层面的研究中,朱拉德和拉萨科(Lasakow)指出黑人与白人相比,自我表露意识较低。④ 也有学者通过研究证实,白种人与黑种人会在自我表露上产生差异,其原因是社会阶层、地位等的不同。⑤ 卢因(Lewin)发现,美国人会更多地进行自我表露,但他们所交往的朋友很少能成为亲密关

---

① Jourard, S. M, Resnick, J. L. Some effects of self-disclosure among college women[J]. Journal of Abnormal and Social Psychology, 1957.

② Jourard, S. M. & Lasakow, P. Some factors in self disclosure[J]. Journal of Abnormal and Social Psychology, 1958.

③ Dimond, R. E. & Hellkamp, D. T. Race, sex, ordinal position or birth, and self-disclosure in high school students[J]. Psychological Reports, 1969, (25):235-238.

④ Jourard, S. M. & Lasakow, P. Some factors in self disclosure[J]. Journal of Abnormal and Social Psychology, 1958.

⑤ Cozby, P. C. Self-disclosure: A literature review [J]. Psychological Bulletin, 1973, 79(2):76.

系的伙伴。而相对德国人自我表露程度没有美国人的高,但他们亲密伙伴较美国人更多。①

对于自我表露个体差异的研究,涉及个体的性别、民族、种族、背景等,本研究在这些研究的基础上考虑了自我表露主体的性别、性格、背景等因素,同时也考虑到被表露对象性别、民族、背景等的差异。

在对自我表露与职业个体的研究中,中国学者徐露凝、李林英关注了具有职业特点的个体其自我表露的显现程度,并对其进行了分析。他们对20~69岁的心理治疗师通过问卷的形式,了解中国21个省市心理治疗师自我表露的倾向、内容、方式、原因、影响因素,及其与性别、理论取向间的关系,研究结果显示大部分心理治疗师都可以主动地运用自我表露技术,并且性别差异大,男性治疗师比女性治疗师主动。总体来看,无论是在主动还是被动自我表露的情况下,中国治疗师均表现出了较高的表露倾向。②

了解了自我表露与其最主要的因素——个人(会涉及个人的不同内涵与层面)的相互关系,可以发现自我表露在人际交往中所起到的积极作用。它具有相互性、交互性以及依赖性,它是一个人际交互的、双向的、持续的过程。之前学者关于自我表露个体的研究也给予本人一定的启示,表露个体的性别、背景;被表露个体的性别、民族、背景以及表露者和被表露者的亲密关系都应被考虑在表露的过程中,表露者、被表露者不同的背景都会对自我表露的内容、程度及作用产生影响。

---

① Lewin, K. Some social-psychological differences between the United States and Germany[J]. In G. Lewin (Ed.), Resolving social conflicts: Selected papers on group dynamics, 1935—1946. New York: Harper, LUBIN, B. & HARRISON, 1948.

② 徐露凝,李林英.中国21个省市心理治疗师的自我表露调查[J]. 中国组织工程研究与临床康复,2008,(24):4758-4762.

第三节 自我表露与个体间微观作用的研究

目前,国内外对自我表露开展的研究,除了探讨个体进行表露的情况及其影响因素外,还涉及了自我表露对个体产生作用和影响的研究,主要涵盖个体的心理因素、精神健康以及社会人际交往等方面。

一、自我表露与个体精神状况的研究

霍尔沃森(Halverson)和肖尔(Shore)对53位成年人开展的相关调查显示,自我表露与精神健康存在积极的关联。菲茨杰拉德(Fitzgerald)对300名女性进行的自尊指数调查也显示,女性的自我表露与自尊测试内容的相关指数也有着积极的相关性。同时,帕德森(Pederson)和希格比(Higbee)通过帕德森人格问卷对51位女大学生进行自我表露与精神健康关联性的研究也证实自我表露对精神健康有着积极的作用。有趣的是,帕德森与希格比同样通过帕德森人格问卷对56位男性大学生进行研究时却发现,男性学生的自我表露对自身精神健康存在着消极的影响和作用。相似的结论也出现在帕德森和马克斯(Marks)1970年在对81名年龄在18~22岁的男性开展的研究中。同样的自我表露与精神健康的研究,国外相关专家通过莫兹利人格量表对137位精神过敏症患者进行测试,认为自我表露与精神健康没有直接的关联。[①]

---

① Cozby,P.C. Self-disclosure: A literature review[J]. Psychological Bulletin, 1973,79(2):77.

此外,还有一些研究涉及自我表露对个体个性影响的微观领域,主要涉及以下几个方面:女性气质特征、权利主义、社交性与外向性,人际间信任与个体间喜好等几个方面。研究主要侧重于自我表露与个体社交性、自我表露与个体间喜好,其中又以自我表露与个体间喜好和偏爱的研究尤其丰富。

二、自我表露与个体间喜好与偏爱的研究

泰勒(Taylor)、阿特曼(Altman)和法兰克福(Frankfurt)使用爱德华个人偏好目录对100名17～20岁的男性进行互助交往、行为养成、异性恋等内容的研究,发现自我表露对年轻男性性格特征中涉及交往、行为习惯和异性爱恋起到积极的作用。此外,国外相关专家的研究也表明,自我表露与个体外向性格、社交性、主动性也有着积极相关的联系。[①]

朱拉德的研究显示,自我表露与偏好有积极的关联性。此后,也有许多学者的研究证明,人们愿意向他们喜欢的人进行更多的自我表露。[②] 沃西、加里及卡恩(Worthy,Gary,Kahn)指出,自我表露者会对于自己喜欢的对象表露更多的信息,而在双方进行自我表露之后,双方都会对有高自我表露的个体产生强烈的喜爱和兴趣。[③] 相似的观点也出现在达舍(Daher)、泰勒等人的研究中:人们会对向自己进行表露的个体以喜爱之情,并愿意对向自己表露更多个人信息的个体进行更多的自我表露。[④] 这一观点也对本研究的部分设想给予了启示。

---

① Cozby, P. C. Self-disclosure: A literature review[J]. Psychological Bulletin, 1973,79(2):79.

② Fitzgerald, M. P. Self-disclosure and expressed self-esteem, social distance, and areas of the self revealed[J]. The Journal of Psychology,1963,(56).

③ Worthy, M., Gary, A. L., Kahn, G. M.. Self-disclosure as an exchange process [J]. Journal of Personality and Social Psychology,1969,(13).

④ Daher, D. M., Banikiotes, P. G. Interpersonal attraction and rewarding aspects of disclosure content and level[J]. Journal of personality and Social Psychology,1976,(33).

第二章 自我表露的研究回顾

然而,对此种观点也有不同的意见,例如国外有学者对九名男性进行的测试则没有发现自我表露与个体喜好之间的关联性。对此,兰兹曼总结道,男性在情感上表现出强硬、沉默与不信任感,而女性则对于她们喜爱的事物普遍表现更感性、健谈和过度的信任,因此女性比男性更易受伤与被欺骗。① 同样,埃利希(Ehrlich),霍伦斯坦(Horenstein),吉尔伯特(Gilbert),布罗德(Broder)也都认为自我表露与个人喜好之间仅是有限的或者根本没有关联。②

自我表露对个人喜好的影响产生了不同的观点,有研究者继续研究并指出,只有在一定条件的影响下,才会使自我表露与个人喜好出现不相关的关系③。科斯比认为,自我表露与偏好之间存在的是曲线关系:高自我表露个体很有可能因为自身过于亲密的表露而引起对方的焦虑感,因此高自我表露个体有可能会引起对表露客体的不良影响。同时,他的研究还发现了高自我表露与交流个体熟悉程度与自我表露内容的关系:高自我表露向熟悉的个体进行表露,其表露的内容也更亲密和深入。沃西(Worthy)等人还提到偏好会引起个体对他人的表露,也就是喜欢一个个体,就会向这一个体进行自我表露;同样他人的表露也会激起广泛的偏好,受试者最喜欢的个体是对其表露最多的其他受试者。④ 同样证实自我表露与个体偏好有积极关联的结论也出现在国外其他相关学者的研究当中。⑤

此外,佩德森与希格比还提出,表露者不同的性格特点与性别也会产生不同的偏好、引起不同的表露效果。同样,相关学者

---

① Cozby, P. C. Self-disclosure: A literature review[J]. Psychological Bulletin, 1973,79(2):82.

② Ehrlich, H. J., Graeven, D. B. Reciprocal self-disclosure in a dyad[J]. Journal of Experimental Social Psychology,1971,(7):389-400.

③ Archer, R. L., Berg, J. H. Disclosure reciprocity and its limits: A reactance analysis[J]. Journal of Experimental Social Psychology,1978,(14):527-540.

④ Worthy, M., Gary, A. L. & Kahn, G. M. Self disclosure as an exchange process[J]. Journal of Personality and Social Psychology,1969,(13):59-63.

⑤ Cozby, P. C. Self-disclosure: A literature review[J]. Psychological Bulletin, 1973,79(2):83.

对配偶之间的表露也做了研究，他们指出配偶之间的自我表露要高于其他亲密关系，"爱"会比"喜欢"产生更多的自我表露。①

国外对自我表露与个体微观呈现偏好和喜爱的研究，可以看到自我表露与个人喜好之间会产生三个方面的影响：第一，人们更喜欢对他们进行自我表露的个体；第二，人们愿意向他们喜欢的人表露更多；第三，人们喜欢他人因而会向他们进行更多的自我表露。

第一个影响的方面，已有研究证实：一方大量、亲密的自我表露会引起他人对他（她）的好感；表露者进行亲密的表露行为，会被他人视为是更值得信赖、更友善、更温暖的人；人们会对有意愿与他们分享个人信息的人产生更加良好的个人印象，而对于没有与其分享个人信息意愿的人没有好的印象。人们喜欢对他们进行自我表露的个体，也有在个体表露适应性、性别、表露者个人的素质、表露内容等方面有所不同。对于在第二个影响的方面的影响，朱拉德1971年指出，人们更倾向于向他们喜欢和信任的人进行表露。② 社会渗透理论认为，表露者愿意让他人更多地了解自己的个人信息，是因为表露者也可以从中获益。有学者认为，自我表露对于表露的接受方来说也是获益的过程，而人们也会对其喜爱的人给予更多的利益；③同时，林恩（Lynn）指出，任何深层次的自我表露其先决因素均是个人的喜好。④ 因此，不难看出，人们更愿意向他们喜欢或有好感的人表露更多，而在这一方面，男人与女人对他们喜爱的个体进行自我表露的程度没有明显的

---

① Cozby, P. C. Self-disclosure: A literature review [J]. Psychological Bulletin, 1973,79(2):83.

② Jourard, S. M. The Transparent Self (2nd ed)[M]. Litton Educational Publishing, Inc,1971.

③ Collins, N. L., Miller, L. C. Self-disclosure and Liking: A Meta-analytic Review[J]. Psychological Bulletin,1994,(116):466.

④ Lynn, S. J. Three theories of self-disclosure exchange[J]. Journal of Experimental Social Psychology,1978,(14):466-479.

差别。① 第三方面的影响,朱拉德提出,有着积极感受的自我表露缘起于他人的自我表露,也起源于对自我表露者的偏爱。② 其他研究也表明,在已有结论的前提下(人们喜欢向他们进行自我表露的人),让这些个体再对他们喜欢的个人进行自我表露,会发现其自我表露的程度明显增高,这就产生了自我表露的交互作用。③

从现有的研究看出,自我表露与个人的喜好之间存在直接的、积极的相互作用。而自我表露与个体间喜爱和偏好的三个方面的关系也被研究一一证实,但三个方面的影响程度有所不同:研究发现,第二个方面(人们愿意向他们喜欢的人表露更多)这个表现得最为明显,体现得最为深入,它反映了人们在多大程度上喜欢一个人,就在多深入的层次对其进行自我表露。④

三、自我表露与个体依赖性、主观性、交往性的研究

20世纪六七十年代,还有一些关于自我表露与个体间微观作用的研究,主要表现在自我表露与个体信任与依赖性、个人主观性、交往性等方面:有的学者通过对两组海军新兵高互相依赖和低互相依赖的研究表明自我表露可以使表露个体之间产生依赖性,并能够使个体社交活动表现得更加活跃。⑤ 相似地,尼克(Nickel)、夏姆堡(Schaumburg)在2004年的研究也证实了信任与自我表露的关系,越高的信任会产生更多的自我表露。

---

① Collins, N. L., Miller, L. C. Self-disclosure and Liking: A Meta-analytic Review[J]. Psychological Bulletin, 1994, (116): 467.

② Jourard, S. M. Self-disclosure and other cathexis[J]. Journal of Abnormal and Social Psychology, 1959, (59): 428-431.

③ Collins, N. L., Miller, L. C. Self-disclosure and Liking: A Meta-analytic Review[J]. Psychological Bulletin, 1994, (116): 469.

④ 同上,第470页.

⑤ Cozby, P. C. Self-disclosure: A literature review[J]. Psychological Bulletin, 1973, 79(2): 84.

此外,自我表露还能对个人的主观性以及个体间的相互交往产生积极的作用:迪克(Dik)和斯蒂格(Steger)认为,自我表露可以提高参与者的自我决策能力、职业规划决策能力和自我效能意识。适当的自我表露可以推动个人提高其对生命意义的认识以及增强职业使命感。① 类似地,国外还有学者于1997年利用共同群体模型(The common ingroup identity model)测试出自我表露有助于组群间的交往联系,它还有利于降低组群间的偏见并建立更加稳固强大的印象意识。② 温伯格(Wanber)、威尔士(Welsh)及米勒(Mueller)还指出,自我表露有利于在某一特定内容条件下,促进个体与个体间良好的交流关系,如果双方都进行自我表露,表露者都会表现出更高的自我表露意识,这对于个体间的指导和交流都会起到积极的作用。③ 吉布斯(Gibbs)、埃利森(Ellison)及海诺(Heino)认为,自我表露所包含的关于真诚、数量、意图和价值的表露可以产生成功的交往、越多的自我表露会产生越有效的交往。

目前,对自我表露的研究以探讨自我表露个体、自我表露个体间微观作用为主,辅以自我表露自身的作用、维度、影响因素的研究,国外研究较多,国内对此的研究寥寥无几。这可能是因为自我表露的概念由美国学者最先提出,国外学者对自我表露的研究达到一定程度后,2004年左右这一概念才逐渐被我国学者认识,而国内学者主要研究的内容也与前期国外研究的内容形式相似。

从目前的研究看出,自我表露确实存在于社会生活和人际交往的各个方面,不同背景的人会产生不同内容形式的自我表露,

---

① Dik,B. J. ,Steger, M. F. Randomized trial of a calling-infused career workshop incorporating counselor self-disclosure[J]. Journal of Vocational Behavior,2008,(73).

② Dik,B. J. , Steger, M. F. Extending the Benefits of Recategorization:Evaluations,Self-Disclosure,and Helping[J]. Psychology,1997,(33).

③ Wanberg,C. R. ,Welsh,E. T. ,& Mueller,J. K. Protégé and mentor self-disclosure:Levels and outcomes within formal mentoring dyads in a corporate context[J]. Journal of Vocational Behavior,2007,(70).

而自我表露也会对个体间产生微观的作用和影响,特别是会增进人与人之间的喜爱、信赖;推动个体间的交往,促进个体和群体间的亲密关系。这些研究的部分结果与本研究的研究预想吻合,也证实了自我表露能够实现个体的社会功能并满足个体的交往需求。这些研究也为本研究提供了以下几方面的启示:第一,自我表露通过语言的形式向个体传递个人信息,它能够促进个体之间的交往和交流,并能推动人与人之间亲密关系的发展。大学英语教学的课堂,同样是个体与个体间的沟通交流的场所,而语言教学又以语言文字为载体,这就为自我表露在教学中的使用做了铺垫;第二,自我表露本身具有一定的功能,与个体间也呈现多种微观作用,这些有益的作用融入教学当中,能形成师生间深层次的交流,并对教学形成积极的影响;第三,自我表露能产生表露个体间的喜好与依赖,对表露者和被表露者都能产生积极的作用,双方都能从中受益。教学中的教师表露,也有可能使学生对教师产生偏爱和信任,并从中获得益处;第四,自我表露可以提高个人认识,实现自我澄清,提高决策能力与效能感,教师进行自我表露也可能帮助教师提高个人认识,实现自我澄清,增强职业感。

第四节 自我表露在教育领域的相关研究

自我表露作为有效的人际交往形式,它的功能和作用已经在社会的人际交往、社会心理学、临床心理学和临床医学等方面凸显。教育作为社会生活重要的组成部分之一,教育行为活动中的教师和学生正是处于个体与个体、个体与群体交往交流的环境当中。那么,在教育教学过程中,教学主导与主体的教师与学生是否也进行着不同内容与形式的自我表露,这样的自我表露对教育教学是否也会产生作用?中外学者也对此开展了相关研究,特别是国内学者也逐渐开始了相关的研究。目前的研究按内容和研究对象侧重点的不同,可以被划分为两个方面:第一,学生自我表露的相关研究;第二,教师自我表露的相关研究。下面就目前自我表露在这两方面的研究进行梳理。

一、学生自我表露的相关研究

(一)学生个体的自我表露

中国学者李林英、陈会昌 2004 年以 424 名大学生为对象,测试中国大学生自我表露的特征。其研究结果显示,女生的自我表露程度显著高于男生;大学生对不同的目标人在不同方面的表露也是有差异的,我国大学生对父母表露最多的是"学习",最低的是"身体"与"个性";大学生对朋友表露最多的是"兴趣",表露最低的是"金钱";男生对男性朋友的表露最高,其次是母亲、父亲和女性朋友;女生对母亲的表露最高,其次是女性朋友、父亲和男性朋友。① 该研究的结果部分与朱拉德研究的结果相似,但也有不相同的地方,这是由于文化、社会背景等的差别,我国青少年在接受人生观、价值观、世界观教育的时候对于"公我"和"私我"在各个层面有不同认识的缘由。类似的研究结果出现在邱莉 2007 年对中学生所做的自我表露发展趋势及差异研究中,研究结果表明,中学生对母亲的表露最多,其次是父亲,再次是男性朋友和女性朋友;女性中学生对母亲的表露高于男生对母亲,两者对父亲进行的表露差异并不明显;男女生对同性朋友的表露均高于对异性;高中生的自我表露均高于初中学生。② 对中学生自我表露的研究,邱莉、陈会昌、岳永华也指出,中学生在态度、爱好、学习、金钱、个性和身体六个维度的自我表露水平上呈现从初中到高中均衡上升的趋势;中学生在各个维度的表露上有明显差异,在"爱

---

① 李林英,陈会昌.大学生自我表露的调查研究[J].心理发展与教育,2004,(3):62-67.
② 邱莉.青少年自我表露水平与表露对象的研究[J].赣南师范学院学报,2007,(2):72-75.

好"和"学习"上表露最多,其次是"态度"与"个性",对于"身体"和"金钱"则表露最少;在自我表露的六个维度中,同样存在着年级上的差异;性别年级差异交互作用的影响。①

对不同学科、不同性别、不同年级的学生来说,向自己的好朋友、一般朋友、父母进行自我表露,民族地区的文科生、女生都呈现出较高的自我表露;相对于民族地区的理科生、男生,他们则向教师进行自我表露的程度更高;当表露对象是父母或朋友时,低年级学生自我表露程度要高于高年级学生。何朝峰、李培在他们2014年的研究中这样指出。② 相似的结论在韩笑2010年的研究中也曾出现,但她的研究也指出,高年级学生同低年级学生之间自我表露的水平差异并不明显。③

李林英2003年通过朱拉德自我表露问卷(JSDQ)及孤独量表,对26名在心理上存在不同程度焦虑和交流障碍的男女大学生进行测试,并将被试学生的结果与普通大学生进行比对,结果显示被试大学生孤独感明显高于其他大学生,他们自我表露的程度也明显偏低,但这部分学生对心理咨询员的表露程度明显高于生活中其他人。④ 2004年,李林英又通过实证研究证实了个人特质是影响表露的重要因素,男性学生相对女性学生而言,他们由于担心表露带来的不良后果而进行较少的自我表露,大学女生则更强调表露的适度原则。研究也证明越是能够进行自我表露的人,越是容易开放自己,适度的自我表露有益于双方情感的建立,从而体现出自我表露互惠性的特征。⑤

---

① 邱莉,陈会昌,岳永华. 中学生自我表露的发展[J]. 心理发展与教育,2006,(1):43-46.

② 何朝峰,李培. 民族地区大学生自我表露调查——以广西H学院为例[J]. 河池学院学报,2014,(1):82-86.

③ 韩笑. 大学生自我表露与社会支持及其关系研究[J]. 继续教育研究,2010,(3):151-153.

④ 李林英. 大学生自我表露的比较研究[J]. 北京理工大学学报(社会科学版),2003,(1):12-15.

⑤ 李林英. 对大学生自我表露认识的访谈分析[J]. 北京理工大学学报(社会科学版),2004,(6):34-36.

同时,自我表露不仅涉及学生个体与他人的关系,也会直接影响到学生自我的心理健康状况。基于此,李林英,陈会昌(2004)的研究就旨在探讨大学生自我表露与人格特征、孤独及心理健康的特征,研究选取424名年龄在17～37岁的大一至研究生阶段学生,通过问卷对调查对象进行团体施测,结果显示进行程度高、低不同的表露者与他(她)的孤独感或人格特征、情绪体验有一定相关性,具体表现:大学生的自我表露程度与性格的外向性有显著的正相关;与孤独呈显著的负相关;低表露者比高表露者的孤独感体验强烈。[1] 除了了解自我表露与大学生心理健康的关联以外,还有的研究针对大学生自我表露与更宽泛的社会层面的关系,韩笑在2010年针对大学生自我表露与获得的社会支持程度的关系开展研究,结果显示除了与其他研究相似的自我表露性别的差异外,文科生的自我表露高于理科生;社会支持对于文理科学生有明显差异:文科生显著高于理科生,大学生自我表露与社会支持总分呈正相关,即获得的社会支持越高,大学生自我表露的程度也就越高。这就表明,给予大学生更多的社会支持可以很好地促进自我表露,大学生也可以在人际交往中更好地提高自身自我表露的水平。[2]

目前,对学生自我表露的研究仍然基于早期自我表露个体的研究,旨在了解学生个体对不同表露人不同表露内容的差异。研究涉及不同的学生背景,不同的表露个体因素会呈现不同的自我表露状态和产生不同的作用。对学生自我表露的影响同样也涉及了与学生个体间的微观作用。

(二)自我表露与学生个体间的微观作用

刘丽梅、李慧卿就自我表露训练对大学新生自我表露、自我

---

[1] 李林英,陈会昌.大学生自我表露与人格特征、孤独及心理健康的关系[J].中国临床康复,2004,(33):233-235.

[2] 韩笑.大学生自我表露与社会支持及其关系研究[J].继续教育研究,2010,(3):151-153.

第二章 自我表露的研究回顾

效能感水平的影响做了研究,该研究通过对119名大一新生进行自我表露的分班,进行实际训练并得出结论:自我表露训练对提高大学生的自我效能感有显著的作用。同时,自我表露训练能使自我效能感严重不足的大学生受益明显;自我表露训练对男性大学生的自我表露水平提高作用显著。[①]

周倩着重探讨了自我表露对于大学生成长的作用和意义,她认为自我表露是维护大学生心理健康的重要方式,能够缓解压力、调节情绪。自我表露也是大学生获得社会支持的有效方式,它可以促进大学生的人际发展、促进学生的自我的认知。[②]

除了国内对学生自我表露的研究外,国外也有一些非常有趣的研究:哈珀(Harper)等人的研究关注了学生通过博客进行的自我表露。研究发现,博客确实能够通过内容、描述和评级等形式促进学生进行自我表露;博客同时还提供了一个机会弥补传统的面对面交流的课堂中出现的交流缺失,而大部分学生也能够从中获益。[③]

罗伯特(Robert)则将学生自我表露的研究置于大学课堂教学,以211名大学生为对象研究大学生在课堂中进行自我表露的适宜性。结果表明,过于频繁的自我表露、消极的自我表露、与课程内容没有关联、违背课堂教学活动的自我表露都是学生不适宜在课堂中进行的自我表露内容和形式。而在课堂中进行上述自我表露学生,则会被同伴认为是能力较低、不受欢迎的一类。[④] 罗伯特的研究终于将学生自我表露置于课堂教学的范畴之中,将学生表露与课堂教学活动相结合,这与其他研究略显不

[①] 刘丽梅,李慧卿.自我表露训练对大学新生自我表露、自我效能感水平的研究[J].中国成人教育,2010,(8):130-131.

[②] 周倩.大学生自我表露研究及其对高校学生工作的启示[J].聊城大学学报(社会科学版),2010,(2):216-217.

[③] Harper, V. B., Haper, E. J. Understanding Student Self-Disclosure Typology through blogging[J]. The Qualitative Report,2006,(11).

[④] Robert,J. S. Violating Student Expectations:Student Disclosures and Student Reactions in the College Classroom[J]. Communication Studies,2013,(3):241-258.

同,但他的研究也仅仅讨论了学生在课堂中实施自我表露的适宜性,对学生自我表露对课堂教学或对其学习的作用或并没有进行讨论。

就目前国内外对学生自我表露的研究来看,大多集中在对学生自我表露的表露对象、表露内容、程度、倾向等方面,主要在于探究学生对不同表露对象、不同表露内容进行不同程度的表露,并以此分析学生自我表露的现状。此外,目前的研究还较多关注了学生心理健康与自我表露的关系,这些研究对于了解学生心理、生理发展的趋势和变化,帮助学生建立积极友好的人际关系、养成健康向上的心理状态有积极的作用。

现有对学生自我表露的研究基本是将学生作为自我表露的主体,研究学生在表露内容、对象、程度等方面的差异,并对学生自我表露对学生个体产生的微观作用。关于学生自我表露的研究基本是将前人的研究迁移至"学生"这个对象的范畴,较少有研究将学生自我表露置于教学或课堂教学的背景之中,关于学生学习过程中自我表露的研究鲜有发现、对课堂教学环境中学生自我表露行为的研究非常少,特别是学生自我表露对课堂、对学习产生的作用影响,以学科划分不同学科学习过程中学生自我表露几乎没有研究涉及。

自我表露在教育领域的研究,除了以学生为研究主体,涉及表露内容、对象、程度的差异,以及自我表露与学生个体微观作用的相关内容外,还有一部分学者还将目光投向了教育教学中与学生密不可分的教学主导——教师,并开展了教师自我表露的相关研究。

二、教师自我表露的概念界定及教师自我表露的相关研究

(一)教师自我表露的概念界定

教师自我表露的定义,许多国外学者在早期的研究中就已明

确,索伦森(Sorensen)首先提出将教师自我表露与课堂教学结合,并对课堂教学产生作用,并为其定义:"教师自我表露就是教师在课堂上有意识地向学生表露学生所不知道的关于教师自身的信息,包括个人的生活、经历、观点以及对当下事件的看法。"[①]富拉尼(Fusani)说:"教师的自我表露是师生交流丰富的个人资源。"[②]我国学者史清敏等人认为:"教师自我表露就是在教学的过程中,教师向学生表露的与课程内有关或无关的个人信息。它可以被看作是一种教学工具和一种非正式课程,恰当地使用教师自我表露对教学有益。"[③]目前的研究基本都将教师自我表露界定在了课堂教学的过程中,表露涵盖与教师相关的各种信息,对课堂教学和学生学习产生作用。

笔者看来,教师自我表露是教师在教学活动中与学生进行的交流活动,是教师向学生表露情感、态度、价值、行为或过程方法等信息,并对学生产生影响的交往行为,是一种潜在的课程资源。它被置于课堂教学的环境中,基于教师个人资源,适应教学的开展、满足教学的需要。它的内容与课堂教学密切相关,它的形式与学生的学习需求紧密相联。教师自我表露这一概念,一定要紧紧围绕教学,立足教学实际、满足教学需要与学生需求。因此,本研究将学者们的观点进行整合,认为教师自我表露是教学过程中,基于教学实际与教学需要,教师有意识地向学生传递与教学内容相关的个人信息(价值理念、意识形态、行为事件、情感情绪),并对教学和学生产生作用的行为。课堂教学中的教师自我表露可以被视为借助教师因素改善课堂教学的途径,通过它对课堂教学及学生的学习产生作用。

[①] Sorensen,G. The Relationships among Teachers' Self-disclosive Statements,Students' Perceptionsand Affective Learning[J]. Communication Education,1989,(38):233.

[②] Fusani,D. S.. Extra-class communication:Frequency,immediacy,self-disclosure,and satisfaction in student-faculty interaction outside the classroom[J]. Journal of Applied Communication Research,1994,(22):232.

[③] 史清敏,张绍安,罗晓. 教师自我表露教学效果的跨文化比较[J]. 教师教育研究,2008,(3):46.

(二)教师自我表露的类型和作用

戴勒拉(Delegra)和马古利斯(Margulis)将自我表露划分为描述型和评价型自我表露。描述型自我表露主要是对事实性信息的表露,包括个人的思想、经历等;评价型自我表露是指个人对自己感受、评价或判断的表露,包括自我评价、内心感受等。德维托(Devito)将自我表露分为正向的和负向的自我表露。正向的自我表露是指表露内容有关个人正向的、积极的信息,不会对自己产生不良影响;负向自我表露的内容则是个人试图隐瞒或不愿表露,会对自己产生不良影响。教师自我表露也具有自我表露的共性,因此这些类型划分也适用于教师自我表露。①

我国学者何旭明和陈向明又根据教师自我表露的内容将其分为情感表露和认知表露,并认为这两种表露会对学生的学习兴趣产生不同的影响。② 认知表露可以包含教师成长经历或工作经历等内容,情感表露则涉及了教师个人的情感感受与情绪体验。诸多学者对于自我表露的类型划分也为本研究自我表露内容维度的认定给予了一定的启示。

对于教师自我表露的作用,很多学者也有各自的见解:"教师在课堂中通过幽默、故事、激情以及自我表露等形式表达的自我特征,对于学生领会和理解课程内容起到积极的作用。"③ 麦克布莱德(McBride)和沃尔(Wahl)认为:"教师的自我表露是增进师生亲密程度的策略。"④ 洛兹(Rouse)表示,教师自我表露有助于增

---

① 孙悦亮,黄慧婷. 国内外教师自我表露研究述评[J]. 内蒙古师范大学学报(教育科学版),2011,(12):76.

② 何旭明,陈向明. 教师的自我表露影响学生学习兴趣的质的研究[J]. 全球教育展望,2008,(8):58.

③ Andersen, J. F., R. W. Norton, J. F. Nussbaum. Three investigations exploring relationships between perceived teacher communication behaviors and student learning [J]. Communication Education, 1981, (30):377.

④ McBride, M. C., S. T. Wahl. "To say or not to say?" Teachers' management of privacy boundaries in the classroom[J]. Texas Speech Communication Journal, 2005, (30):8-22.

进师生之间的相互理解。① 开曼(Cayanus)则认为，教师自我表露有利于师生关系的亲密性与开放性。②

（三）教师进行的自我表露及影响自我表露的因素

史清敏、张绍安与学者托纳尔森(Tonelson)、罗宾森(Robinson)2009年对职前和在职教师对自我表露的认识做了相关研究，结果显示，虽然职前教师与在职教师对自我表露的认识有所不同，但他们均认为教师的个人学习经历、家庭情况、亲人朋友、教师的个人喜好、观点及看法都可以作为自我表露适宜的话题；而教师的政治倾向、宗教信仰、亲密个人关系以及违背道德的行为等则不适宜作为教师自我表露的话题。教师适当的自我表露应以促进教学和学生学习为目的，若自我表露只是教师为了自娱或是娱乐学生，这样的目的则是不适宜的；同时，该研究还发现，教师的自我表露应在很大程度上考虑学生的背景、性别、年龄及情感状况等，很多不成功的教师自我表露都是没有考虑到学生的相关因素导致的。③ 这一结论也印证了汉森(Henson)的观点，他认为在课程实施内容的选择过程中，要关注四个因素：知识或信息、社会的需求和人类的发展。④ 教师的自我表露涉及教师在课程实施中的决策，教师自我表露的过程中考量学生需求因素对于能否成功进行自我表露有着较大的影响，由此可以看出史清敏、张绍安等人的研究对进一步认识和理解教师在课堂教学中进行自我表露有着积极的实践指导意义。

---

① Rouse, R. E., Bradley, D. Personally Shared Reading: How Teacher Self-disclosure Effects on Student Self-disclosure[J]. Middle School, 1989, (20).

② Cayanus, J. L. Effective Instructional Practice Using Teacher Self-Disclosure as an Instructional Tool[J]. Communication Teacher, 2004. (18):7.

③ Shi, Q. M, Zhang, S. A., Tonelson, S., & Robinson, J. Preservice and inservice teachers' perceptions of appropriateness of teacher self-disclosure[J]. Teaching and Teacher Education, 2009, (25):1117-1124.

④ Henson, K. T. Curriculum Planning: Integrating Constructivism, Multiculturalism, and Education Reform (3rd ed.)[M]. Long Grove, IL: Waveland Press, 2006.

相似地,康奈利(Connelly)与克兰迪宁(Clandinin)认为,教师的个人经历可以被作为课程,当教师进行自我表露的时候即被视为在与学生进行个人经历与信息的分享。教师要在自我表露的过程中考虑内容、形式、时机、学生背景等因素。① 这就又将教师的自我表露与学生因素、课堂因素、课程实施等因素紧密地结合在了一起,为课堂教学中的教师表露从策略方法上提供了思路。

冯佩佩2010年的研究通过对500名学生的访谈和对教师的问卷调查,得出结论:中学教师中女性教师较男性教师自我表露水平更高;而教师的自我表露与学生沟通动机、学生兴趣之间存在显著关联。② 简丽英通过研究提出,教师的性格和教学理念会影响课堂教学中的自我表露的;而教师职业倦怠也可能会阻碍教师进行自我表露。③ 何旭明与陈向明在研究中也表示,教师应当具备自我表露的本钱,即学历、职称、业绩、经历、品德等,同时自我表露时教师还要掌握合适的时机与拿捏表露的程度。④

康菁菁的研究选取F区心理教师及班主任教师为对象,通过问卷、访谈的形式了解该区小学教师自我表露的成因,研究从表露内容积极正向、追求诚实准则的成因、较强表露意愿与较少表露数量的成因、特定年龄及教龄阶段教师自我表露行为的成因、学生年龄因素以及对教师表露的反馈情况制约教师的自我表露行为等几个方面对小学教师自我表露的现状和成因进行具体的分析,建议教师应当疏通表露渠道、调整表露方式,进行自然、真诚、适时和适度的自我表露。⑤

---

① Connelly,F. M. & Clandinin,D. J. Teachers as Curriculum Planners:Narratives of Experience[M]. New York:Teachers College Press,1988.
② 冯佩佩. 教师自我表露与学生课程兴趣.沟通动机的关系研究[D]. 保定:河北大学,2010.
③ 简丽英. 大学英语课堂教师自我表露调查分析[J]. 海外英语,2013,(21):6-7.
④ 何旭明,陈向明. 教师的自我表露影响学生学习兴趣的质的研究[J]. 全球教育展望,2008,(8):58-63.
⑤ 康菁菁. 小学教师自我表露调查及成因分析——以北京市F小区小学教师为例[D]. 北京:首都师范大学,2011.

相关研究表明,教师的自我表露内容涉及教师的相关个人信息,但在教学过程中教师一定要明确表露的目的、选择适宜的表露内容,并结合学生个人因素进行自我表露。此外,目前开展的研究还指出,教师个人因素也可能对自我表露产生影响。而教师进行自我表露还要具备一定的素质和素养,并在表露过程中考虑时机、形式、内容和学生因素。这都为本研究自我表露的内容的界定、形式的认定、表露的开展,以及影响教师自我表露个体因素的归纳给予了很大的启示,同时对教师素质的要求也是本研究关注的研究内容之一。

(四)教师自我表露对课堂教学产生的作用

自我表露在教师与学生的课堂教学过程中具有积极的作用和影响:罗杰斯(Rogers)和埃斯普(Aspy)认为:"自我表露是营造安全、温暖课堂气氛的重要影响因素。"[①]库姆斯(Combs)也认为,学习是一个纯个人、纯情感的过程,学习不应让学生感到抽象、与现实社会脱节甚至让学生觉得没有动力。[②] 因此,在学习过程中就有必要加强课堂中的情感因素与气氛,教师自我表露所能传递的情感信息可以成为增强课堂情感因素的手段,对自我表露与学生教师的影响研究也更多地应立足于课堂:

雅各布(Jacob)等人 2009 年的研究表明,教师在课堂中进行的自我表露与学生课堂上表现出的交往动机有关。研究结果显示,教师课堂中进行一定内容数量及相关内容的自我表露能激发学生的功能性和参与性的动机;而如果教师进行含有负面或消极信息的自我表露,则会给学生课堂学习的动机带来一定的负面影响。[③] 不适宜内容的自我表露反而会对课堂教学产生消极的影

---

① Rogers,C. R. Freedom to Learn[M]. Columbus,Ohio:Charles E. Merrill,1969.

② Combs,A. Affective education or none at all[J]. Educational Leadership,1982,(39).

③ Jacob,L. C. , Matthew, M. M. , & Alan, K. G. The Relation Between Teacher Self-Disclosure and Student Motives to Communicate[J]. Communication Research Reports,2009,(26):105-113.

响,因此教师在课堂教学中进行自我表露的过程中,内容信息应是教师着重考虑的方面之一,表露内容一定要结合教学实际,减少负面的自我表露。

加里(Gary)和维克托(Victor)的研究通过问卷分别向教师和学生了解教师自我表露对学生课堂参与的影响。教师和学生的观点证明了教师自我表露对学生的课堂参与有积极的作用。研究中,加里和维克托还强调,教师自我表露不仅仅推动学生积极参与课堂教学活动,还是形成师生亲密关系的成因之一。① 相似的研究,凯瑟琳(Cathrine)和托马斯(Thomas)却认为,学生的课堂参与同教师的自我表露与并无关系,决定学生课堂参与的重要因素应是课程的结构。②

戈德斯坦(Goldstein)、贝纳西(Benassi)也证实,教师的自我表露及表露的程度与学生课堂的参与呈积极的正相关关系,教师表露的越深入、越恰当越能在课堂中引起学生参与的意识与学习兴趣。③ 相似的结论在我国学者何旭明、陈向明的研究中也有体现,他们认为教师的认知性表露能融洽师生关系,激发学生的学习兴趣,并满足学生的归属需要,教师的情感性表露能感染学生并调动学生的情绪,使积极的情感更积极、消极的情感不再具有破坏性。④

2008年,史清敏、张绍安、罗晓以180名美国和509名中国师范生为研究对象,研究中美师范生自我表露对教学效果产生的影响。研究表明,教师的自我表露可以帮助学生了解讲课内容、使课堂教学更加生动有趣,学生参与课堂教学活动的积极性会更高。研

---

① Gary, S. G., Victor, A. B. The relation between teacher self-disclosure and student classroom participation[J]. Teaching of Psychology,1994,(21):212-217.
② Cathrine, W., Thomas, B. Teacher self-disclosure and student classroom participation revisited[J]. Teaching of Psychology,1997,(24):262-263.
③ Goldstein, G. S., Benassi, V. A. The relation betweenteacher self-disclosure and studentclassroom participation[J]. Teaching of Psychobgy,1994,(21):212-214.
④ 何旭明,陈向明.教师的自我表露影响学生学习兴趣的质的研究[J].全球教育展望,2008,(8):58-63.

究还表明,中美师范生都认为自我表露对于建立良好和谐的师生关系、促进师生之间交流、加强学生参与课堂活动有积极作用。①

韩二敏针对教师在课堂教学中的自我表露展开研究。研究谈到在课堂教学中教师都会或多或少地流露出一些与课程内容相关或无关的个人信息,不管是有意还是无意的"泄密"对于增进师生关系、激发学生学习动机,促进学生参与课堂活动都有很大作用,恰当地运用自我表露可以引导和激发学生的学习动机和兴趣、增强师生间的相互吸引和理解、增进师生关系,并有效提高课堂教学效果和质量。同时该研究还强调,教师在平时的自我专业发展过程中要自觉增强自我表露意识的培养,注重自我表露的技巧和运用智慧的把握,真正发挥教师自我表露的积极作用,提高课堂教学质量。② 相似地,简丽英2013年的研究通过与大学一线英语教师的访谈得出结论:教师进行自我表露能够提高学生的学习兴趣、增进师生间的了解与信任,并对建立良好的师生关系起到积极作用。③

洛兹(Rouse),布拉德利(Bradley)则在具体的课程教学中开展了教师自我表露的研究:研究要求教师在阅读课中对125名五年级学生就书中的某些问题进行询问,并进行录音,然后教师结合阅读课内容向学生进行情感和个人经历的自我表露,再记录学生对于教师自我表露的反应。研究结果显示,教师的自我表露可以营造良好的学习氛围,而这种氛围则能更有效地诱导出个人的表露(学生的自我表露);教师与学生相互的自我表露是一个温馨自然的分享过程,学生可以通过教师的自我表露激发对阅读的兴趣和动机。④ 洛兹等人的研究还对教师在课程教学中进行自我表露的方式、内容和形式提供了建议。

---

① 史清敏,张绍安,罗晓. 教师自我表露教学效果的跨文化比较[J]. 教师教育研究,2008,(3):45-49.
② 韩二敏. 教师在课堂教学中的自我表露[J]. 现代中小学教育,2011,(3):50-53.
③ 简丽英. 大学英语课堂教师自我表露调查分析[J]. 海外英语,2013,(21):6-7.
④ Rouse, R. E., Bradley, D. Personally Shared Reading: How Teacher Self-disclosure Effects on Student Self-disclosure[J]. Middle School,1989,(20).

以上研究表明,教师自我表露能够增进课堂教学过程中的师生关系、提高学生参与课堂教学的积极性、增进学生学习的兴趣,并提高课堂教学的效果。这些研究涉及本研究所关注核心问题,也从一个方面证实了研究教师自我表露的必要性。从目前的研究发现,教师自我表露会对课堂教学及学生学习产生相应的积极作用,而教师如何适当地利用个人资源,体现个人素质、发挥个人优势将这些积极作用呈现在课堂教学中,则是本研究需要进一步思考的问题。

(五)教师自我表露对学生产生的作用及影响

斯科特(Scott)和玛利亚(Maria)2009年以67名大学本科生为研究对象,了解教师自我表露对学生产生的作用和影响,研究表明,教师进行与课程内容及与学生自身相关信息的自我表露,有利于学生性格、能力等的培养。研究也显示,学生认可教师课堂中进行的自我表露,并希望教师继续使用这种教学手段。[①]

施托尔茨(Stoltz)等人的研究将102名大学生分成两组,分别测试教师自我表露与学生认知学习能力之间的关系,结果显示,教师自我表露能较好地帮助学生认识、理解并记忆课程内容的相关信息,但对于学生认知能力的影响则并不明显。[②]

欧苏利文(O'Sullivan)、亨特(Hunt)、利珀特(Lippert)研究发现,学生通过浏览教师具有高自我表露信息与内容的网页,会在学习中产生高动机和情感性行为,对该教师的课程表现出积极的态度与较好的学习行为,更重要的是,学生会对该教师产生积极的情感与相关的行为。[③]

[①] Scott,A. M. ,Maria,B. College Students' Perceptions of How Instructors Establish and Enhance Credibility Through Self-Disclosure[J]. Qualitative Research Reports in Communication,2009,(10):9-16.

[②] Stoltz,M. ,Young R. W. ,Bryant K. L. Can Teacher Self-disclosure Increase student Cognitive Larning? [J]. College Student Journal, 2014,(1):166-172.

[③] O'Sullivan,P. B. ,S. Hunt,L. Lippert. Mediated immediacy:A language of affiliation in a technological age[J]. Journal of Language and Social Psychology,2004,(23).

马泽(Mazer)、墨菲(Murphy)和西蒙兹(Simonds)选择129名大学本科生为对象,研究学生对通过"脸书"(Facebook)进行自我表露的教师的信用问题。研究结果显示:学生对通过Facebook网页进行高自我表露的教师的信任程度要高于没有通过网页进行自我表露或只进行了低表露的教师;如果教师在网页上进行了自我表露,学生则会通过这一媒介发现和认识他们与教师之间的共同点;教师通过自我表露可以很好地实现教师的自我澄清、提高学生的学习热情、改善学生的学习动机、促进情感性学习、提高学生的认知能力。该研究还有一个积极的发现,通过"脸书"网页进行自我表露的教师会与学生之间产生积极的、相互信任的关系,因此该研究建议在"脸书"有过积极的、高程度自我表露的教师有必要在与学生面对面的课堂中也保持与之相一致的风格,否则会与学生对教师良好的设想发生冲突,使学生丧失对教师的信任,从而对学生产生消极的影响。[1]

伍尔福克(Woolfolk)的研究则侧重于教师自我表露引起的学生表露,他在研究中指出,相对男性学生来说,女性学生更愿意向对自己进行过负面评价的老师进行自我表露,但如果教师对学生的评价是积极的,则男生与女生对教师进行的表露无差别。[2] 此外,伍尔福克,盖林斯特(Garlinsky),尼克李奇(Nicolich)还认为,无论是男生还是女生,都愿意向对他们学习进行过积极评价的老师进行更多的自我表露,相对应地对给予他们负面评价的老师,男女学生均呈现较少的自我表露。[3] 伍尔福克,梅耶斯(Meyers)还指出,对成人学生来说,亲密的教师表露可能会引起他们消极的反应,而程度较低的教师自我表露则会引起成人

---

[1] Mazer, J. P., Murphy, R. E., & Simonds, C. J. The effects of teacher self-disclosure via Facebook on teacher credibility[J]. Learning Media & Technology, 2009, 34(2).

[2] Woolfolk, A. E. & Woolfolk, R. L. Student self-disclosure in response to teacher verbal and nonverbal behavior[J]. Journal of Experimental Education, 1975, (44):36-40.

[3] Woolfolk, A. E., Garlinsky, K. S. & Ncolich, M. The impact of teacher behavior, teacher sex, and student sex upon student self-disclosure[J]. Contemporary Educational Psychology, 1977, (2):124-132.

学生较好的回应,自我表露中的交互理论很有可能无法在课堂环境中实现,过高程度的自我表露反而会对课堂中师生的关系产生消极的影响。① 此外,伍尔福克还对学生性别差异对教师课堂自我表露的影响进行了研究,结果显示,男中学生在教师进行过多自我表露的时候,对教师个人素质的评价印象和自我表露意向会明显降低,对于此,女中学生对教师的表露程度相对较高。该研究也得出结论:对中学生进行自我表露,教师需要掌握表露程度,过于亲密的自我表露有可能是不适宜的教师行为②。

除国外研究者在教学课堂所做的研究外,我国学者林立、程乐华、叶嘉雯通过学生分别以视频(录音)形式观看(收听)教师无自我表露、涉及个人经历的自我表露的工作的讲座片断,并要求学生对讲座中的教师表现情况进行评价。结果显示,不论是通过视频还是录音形式,进行自我表露的老师均受到了学生的好评,进行亲密自我表露的教师会获得更高学生的评价。他们认为,教师自我表露为改进教学方法提供了参考意见。③ 中国学者的研究结论与伍尔福克之前的研究结果有一定的出入,但该研究在一定程度上认识到教师自我表露对学生在情绪上、心理上以及行为上产生的影响,进一步反思教师自我表露对学生产生的深层次的影响。

学生是教师自我表露最直接的感受人和体验者,教师自我表露对学生学习及个人产生的直接或间接的积极作用在又一定程度上奠定了教师自我表露的学术研究价值。同时,学者们的研究也指出,教师过度的自我表露可能会对学生产生消极影响。因此适应学生需求,满足课堂教学要求,适宜适度的教师表露可能对学生及教学活动更加适合,这也对本研究给予了一定的启示。

---

① Woolfolk, A. E. & Meyers, L. Sex-roles and the perception of self-disclosing behavior[Z]. Paper presented at the annual meeting of the Eastern Psychological Association, Boston, 1977.

② Woolfolk, A. E., Self-Disclosure in the Classroom: An Experimental Study[J]. Contemporary Educational Psychology, 1979, (4).

③ 林立,程乐华,叶嘉雯. 教师课堂教学中的自我表露对学生评价的影响[J]. 心理发展与教育, 2006, (3):82-86.

总体而言,对教师自我表露的研究一方面能认识和澄清教师自我表露的目的、方式、内容、方法等,也对改进教学、促进学生个人发展和学习进步起到积极的作用。目前国内外对教师自我表露的研究主要涵盖了部分教师自我表露的现状、表露的内容、表露的作用和影响等。教师自我表露对课堂教学及对学生产生的作用仍有不同观点,但总体来看,课堂中的教师自我表露有利于学生课堂的参与、有助于学生学习兴趣的提高、学习动机的激发。教师应立足教师背景,结合课程设置、学生背景、教学要求等因素在课堂教学中进行适度的自我表露。

这些研究结果也为本研究提供了参考依据:第一,教师自我表露对课堂教学及学生是有积极作用的,它有可能在一定程度上解决大学英语教学中存在的问题;第二,部分研究中涉及教师自我表露要考虑自我表露的内容、时机、形式,以及影响教师自我表露的因素,如教师的教学理念、背景、性格等。这也为本研究教师自我表露的相关影响因素提供了参考意见;第三,目前部分研究中提到教师进行自我表露应注意的形式、表露的程度等要求也给予本研究一定的启示。

虽然现有关教师自我表露的研究给予了给本研究一定的参考,但相关的研究并没有特别丰富,研究也主要侧重教师自我表露在多大程度上对课堂教学、学生心理、情绪、兴趣、动机等产生的作用。而且目前的研究没有具体涉及学科教学,如大学英语教学;研究也较少涉及教师表露对学生及学生学习产生的作用影响,如大学英语教师自我表露对课堂教学、对学生学习的作用及影响。此外,目前也没有关于教师应如何具体地、有策略地、有步骤地在课堂教学中进行自我表露的研究。

总结目前国内外的研究看出,自20世纪50年代自我表露的概念被提出以来,国内外对它的研究主要围绕在心理学、医学及社会交往等方面,在教育领域的研究主要侧重于教师或学生进行自我表露的程度及自我表露所涉及的内容程度差异,对教师与学生之间进行的自我表露或一方自我表露对另一方产生作用和影响的研究并不多。尽管如此,从目前的研究中还是能够发现,不管进行何种内容或形式的自我表露,都可能会对表露者和被表露者产生积极的心理作用,也会在一定程度上促进表露者与被表露者之间的沟通交流,增进个体间的信任与亲密关系。同样,在教育领域,目前的研究也表明,教师对学生进行的自我表露会对学生的学习兴趣、课堂参与及师生关系等产生积极的作用。这些研究结果都对本研究产生直接或间接的启示。

本研究旨在研究大学英语教师课堂教学中自我表露的现状及其作用影响,就要立足大学英语课堂,明确大学英语教学对教师的要求,了解课堂教学的现状与问题,结合目前对大学英语教师素质及教学的相关要求思考我国大学英语教师课堂教学自我表露的可能性、可行性与必然性,在探究教师自我表露的同时,尝试性地给予教师要求与建议。因此,要对我国大学英语课堂教学现状、教师教学情况及教师专业发展要求有一定的认识。

第五节 对我国大学英语课堂教学及教师素质要求的相关研究

一、我国大学英语课堂教学现状

目前大学英语课堂教学,多以传统教学为主,然而,"传统教学无法满足学生个性发展与全面发展的需要。"[①]课堂教学过程是周而复始地预习、讲解、练习;[②]教师大多延续传统教学模式,制约了教师和学生的积极性和主动性。[③]"以教师为主导的传统课

---

① 王嘉毅,马维林.再论"以学生为中心"的教学意蕴与实践样态[J].中国教育学刊,2015,(8):67.
② 王雁冰.当前大学英语课堂教学存在的问题及对策[J].教育探索,2013,(5):40.
③ 刘敏.大学英语课堂教学思考[J].新疆大学学报(社会科学版),2003,(S1):47.

堂教学,教师很少为学生提供表达思维、观点、立场的机会,师生交流沉闷单一,学生认知主体性被忽视,学生的潜能和个性被扼杀……。"①众多学者已经在各自的研究中表达了对目前我国大学英语教学现状的担忧。此外,也有研究者从不同的研究角度阐述和分析了我国大学英语课堂教学的问题:

丰玉芳在对大学英语课堂教学现状的研究中表明:"目前大学英语课堂教学在逐渐摆脱以形式为中心的教学,并逐渐向着以意义为中心的模式转变,'填鸭式''满堂灌'式的知识传授模式已有所改观,但传统教学方式,如复述句子、反复操练句型依然是主要教学形式。"她还指出,教师教学理念滞后,教学方法单一也是课堂教学中教学效果不理想的原因之一。因此,研究建议,教师要转变教学观念,以学生学习的需求为指导,在课堂教学中避免单一的教学方法,增强教学的趣味性,贯彻交际教学思想,加强交际教学与传统教学的有机结合。②

郑丽琦在《大学英语课堂教学现状调查》的研究中指出,目前课堂教学存在学生对英语教学兴趣不高,学习纯粹是迫于压力;大学英语与中学英语的界限比较模糊,上课方式单一、死板、灌输式教学等问题。研究建议教师在课堂教学中应了解和满足学生的学习需求,加强大学英语教学的实用性和应用型。③

刘敏从大学英语课堂教学"教什么""怎么教"入手,分析了目前我国大学英语课堂教学中存在的问题,研究指出目前课堂中使用的传统教学方法把教学重点放在了语言体系上,学生仅对语言规则死记硬背,却不能灵活和自由地掌握语言;而在课程教学中,如大学英语的重头课精读课,教学模式也遵循着机械的教学理念和教学模式,整个课堂教学贯穿着教师串讲课文、举例、释义、解释、比较等讲解语言点、对课后题答案,久而久之学生盲目接受知

---

① 李卉. 大学英语课堂教学策略研究[J]. 教育与职业,2009,(11):148-149.
② 丰玉芳. 大学英语课堂教学现状调查与研究——兼析交际教学法在大学英语课堂的实施状况[J]. 扬州大学学报(高教研究版),2007,(4):87-90.
③ 郑丽琦. 大学英语课堂教学现状调查[J]. 煤炭高等教育,2010,(6):112-115.

识信息,而不会运用所学的语言材料。研究要求大学英语课堂结合课文语境或社会语境,结合语言操练情景,落实学生对语言的具体使用。①

黄宇元的研究则继续指出了大学英语课堂教学明显存在的问题:教师忽略了对学生态度、兴趣、情感的培养,学生对英语学习无法形成主观价值感等一系列问题,导致课堂教学效果不尽如人意。该研究同样对教师提出了转变教学理念,实施有效教学等的要求。②

蒋亚瑜和刘世文则认为目前大学英语课堂教学存在学生语言交际能力差、学习主动性不高、教学效果差的原因在于教师、学生、学校和社会几个方面,要改善目前大学英语课堂教学费时低效的问题,教师则应摒弃传统教学模式,以情感教学,构建和谐的教学生态环境,研究还要求教师使用动机策略调动学生学习的积极性以改善课堂教学中出现的问题。③

王雁冰指出,大学英语课堂教学中师生互动不够,教师教学理念落后,使用的教学方法单一陈旧、多媒体教学运用不当等问题普遍存在。研究建议教师以学生为本,建立和谐交流的师生关系,培养学生英语交际的能力,选择学生乐于接受并适应课堂教学的方法。④

随着对大学英语教学课堂的关注,也有很多学者看到了大学英语教学课堂发生的变化:自2008年以来,大学英语课程教学模式单一、教学方法陈旧的问题已逐步缓解。⑤ 教师以传统讲授法(语法翻译法),但会结合交际性教学法和任务型教学法的使用,

---

① 刘敏. 大学英语教学课堂思考[J]. 新疆大学学报(社会科学版),2003,(S1):46-48.

② 黄宇元. 大学英语课堂教学有效性探究[J]. 学术论坛,2009,(11):201-204.

③ 蒋亚瑜,刘世文. 大学英语课堂教学现状剖析及有效性研究[J]. 集美大学学报,2015,(3):76-79.

④ 王雁冰. 当前大学英语课堂教学存在的问题及对策[J]. 教育探索,2013,(5):40-41.

⑤ 王海啸. 大学英语教师与教学情况调查分析[J]. 外语界,2009,(4):6-13.

第二章 自我表露的研究回顾

每种教学方法都在课堂教学中显现着各自的作用。[①] 此外,听说法、情景教学法等教学方法被大学英语教师认可并广泛运用在课堂教学之中,课堂中教师采用精讲多练、以学生为中心、改讲解性课堂为交际性课堂。[②]"重视师生间的双边活动,强调学生的参与性,避免机械性灌输。教师在课堂教学中也在积极营造与学习主题相关的情景,教学中教师注意教学内容的意义和趣味性。"[③] 然而,由于大学英语教学课时数少、各地方教学环境不尽相同、师资水平参差不齐等原因,目前大多数课堂教学仍不能很好地满足学生学习的需要并适应课程教学的要求。

此外,侯秀丽(2006)[④]、王晓红(2010)[⑤]、郭骞(2009)[⑥]、南华(2004)[⑦]等学者从教学环境、教学方法、教学形式、教学策略等方面对大学英语课堂教学现状及相关因素进行了探讨,多数研究都基于课堂教学的问题对大学英语教师提出了要求。

从目前对大学英语课堂教学现状的研究可以看出,虽然大学英语课堂教学中的问题逐渐缓解,学者及一线教师也在教学方法、教学内容上不断尝试改进,但教学中仍然存在教师教学理念落后、师生交流互动少、教学方法陈旧单一、教学效果不尽如人意等问题,而目前对大学英语课堂教学的研究,无论是依据教学现状,还是结合教学环境、教学方法,抑或是联系教学策略,都着重

[①] 覃成强. 对中国高校英语教学方法的反思[J]. 学术论坛,2006,(7):201-205.
[②] 王莉. 以学生为中心开展大学英语课堂教学[J]. 陕西师范大学学报(哲学社会科学版),2003,(S2):60.
[③] 马骁骁,刘睿. 谈改进大学英语课堂教学的有效途径[J]. 教育理论与实践,2006,(18):64.
[④] 侯秀丽. 大学英语课堂教学心理环境的调查[J]. 外语与外语教学,2006,(5):31-33.
[⑤] 王晓红. 生态化大学英语课堂教学环境的构建[J]. 黑龙江高教研究,2010,(9):179-181.
[⑥] 郭骞. 任务型教学(TBLT)在大学英语课堂教学中的应用——《新视野大学英语》任务课堂教案分析与研究[J]. 中国成人教育,2009,(5):129-131.
[⑦] 南华. 合作学习在大学英语课堂教学中的运用[J]. 广西民族学院学报(哲学社会科学版),2004,(S2):225-228.

向教师提出了要求,教师被要求改变教学理念,重视学生学习的要求,增进与学生的交流、改进教学方法等。这些研究的观点和结论都与本研究的部分观点相似:立足大学英语课堂教学实际,缓解或解决大学英语教学中存在的问题,要着眼于教师,从调整和改进课堂教学入手,寻求新的途径并作用于课堂教学。同时,现有研究对大学英语教师提出的要求、要求教师具备的素质同样也适用于本研究。然而,现有的研究对大学英语教师提出的素质要求,基本上是从宏观角度出发,例如教师要转变教学理念、改进教学方法、运用教学策略等,却很少有研究给予教师改变教学理念、改进教学方法、实施教学策略的具体指导,目前也没有将教师自我表露作为改善大学英语课堂教学问题途径的研究,同样也没有发现将教师自我表露于教师素质相结合的研究。

二、我国大学英语教师应具备的素质

对于具体英语教师所应具备的素质,陆谷孙教授提出以下几点:"语言准确、知识丰富、亲密无间、事业心强、行为模范、语言流利、综合素质、幽默感、不偏不倚、判断力、同情心、思想开朗、操纵自如、不失师尊、自我批评、兼收并蓄、思维敏捷、理想主义与现实主义等。"[①]综合考虑这些因素,可以知晓,英语教师不仅要具备较强的专业素质、丰富的教育教学理论与实践经验,还应在人格、行为规范、情感交流等方面具有高标准的要求。因此,大学英语教师应具备的素质可以被归纳为:专业技术能力、交际交流能力以及个人影响能力。

(一)专业技术能力

李洁(2006)通过实证研究对不同背景、年龄、性别的大学英语教师具备的素质与对教学效果的影响进行了分析,研究中指出

---

① 陆谷孙. 英语教师的各种素养[J]. 外语界,2003,(2):2-6,23.

了这样一点:"大学英语教师认同感较高的是扎实的基本功、指导学生技能、分析和解决问题技能、激发学生兴趣、需求和动机技能。"[①]研究将扎实的基本功放在了第一位。张清东认为:"教师要掌握语音、词汇、语法、语用等知识理论,并具有较强的听、说、读、写、译及语言运用能力,并具备较丰富和较高的跨文化知识与跨文化交际能力。"[②]相似的观点也出现在郑素杰的研究中,他认为:"对教师素质的要求还应结合实际教学内容,教材体现出的时代性、知识性、创新性、趣味性要求教师扎实的基本功,而教材内容会涉及语言学、语用学、文学、修辞写作等内容,同样也要求教师深厚的理论功底与背景知识。"[③]

张宜等学者通过开展学生与教师问卷来明确对大学英语教师素质的要求,1600名学生及教师的观点如下:大学英语教师应有丰富的外国文学知识、综合文化知识、较强的科研能力、较强的英语及汉语表达能力以及灵活运用教学方法并积极创新的能力。[④] 这项研究还提出了对教师语言表达能力的要求,教师要具有较强的汉语及英语语言表达能力,这既是对大学英语教学的要求,也在一定程度上构成对教师自我表露的要求,依托较强的语言表达能力,通过语言输入和言语形式完成向学生的信息传递。

傅梦媛等则认为,大学英语教师除了要有广博的中西方文化知识、精深的英语专业知识、过硬的英语语言基本功外,还要具备一定的心理学知识,通过对学生心理需求的了解和掌握,引导学习者的学习,并激发学习者的学习热情和主动学习的能力。[⑤]

[①] 李洁.大学英语教师个人特征对知识、技能和能力的影响研究[J].外语界,2006,(4):53.

[②] 张清东.大学英语教师素质及在职自我发展途径的探讨[J].教育与职业,2011,(5):45.

[③] 郑素杰.再谈大学英语教师素质提高的问题[J].教育与职业,2007,(33):152.

[④] 张宜,王新,郭威,于森.大学英语教师素质调查报告[J].外语与外语教学,2003,(10):23-26.

[⑤] 傅梦媛,魏福利,张琍华.建构主义模式下的大学英语教师素质研究[J].中国成人教育,2006,(11):180.

对大学英语教师专业素质的要求,不仅涵盖了英语语言知识及文化知识,更要求教师具备较强的语言表达能力与提高学生学习兴趣与动机的知识基础与能力要求,这些都与教师进行自我表露的一些素质要求不谋而合:教师要具备较强的语言表达能力,结合教学实际输入语言,并实现语言和信息的传递。目前研究中对大学英语教师专业素质的要求也为教师在教学中的自我表露做好了铺垫。

(二)交际交流能力

大学英语教师应善于同学生交流,通过交流活动解决学生生活学习方面的问题,成为学生亦师亦友的伙伴。[①] 陈小曼,郑长贵的研究也指出,《大学英语课程教学要求》的实施对英语教师的素质提出了新的要求,教师要从单一的知识传递者转变为培养学生英语全面综合运用人才的指导者和促进者,这就要求大学英语教师要具备良好的课堂组织及与学生交流沟通的能力,通过形式多样的交流沟通增进师生关系,影响教学。[②]

袁有社、李玲(2006)强调,当代大学英语教学应由传统的以"教师为中心"向以"学生为中心"转变,转变教学思想,改革教学模式,强调师生互动,突出师生间的交流沟通,调动学生的学习积极性使学生实现由"让我学"到"我要学"、最终实现"我会学"的根本性转变。[③] 成功的大学英语教师,不仅要具备过硬的专业学术功底,还应具备转换角色的能力,怎样更好的转换角色,从单纯的知识传递者变成学生学习的组织者和推动者,这首先要求教师与学生建立良好的沟通渠道,消除师生和生生之间的隔阂,在师生之间、生生之间建立沟通渠道。

[①] 张宜,王新,郭威,于淼. 大学英语教师素质调查报告[J]. 外语与外语教学,2003,(10):23-26.

[②] 陈小曼,郑长贵. 论转型时期大学英语教师专业自我发展[J]. 教育学术月刊,2009,(6):68-69.

[③] 袁有社,李玲. 大学英语教学改革的几点思考[J]. 中国成人教育,2006,(2):150-151.

第二章　自我表露的研究回顾

黄伟明提出:"教育部办公厅印发的《大学英语课程教学要求(试行)》,旨在推动大学英语教学改革,不断提高大学英语教学水平,培养学生英语综合应用能力。它强调"大学英语课程不仅是一门语言基础知识课程,也是拓宽知识了解世界文化的素质教育课程"。课程要求中提到的需要注重学生交流能力的培养。教师在自身交流能力水平上应具备较高能力,这也是对大学教师自身交流能力提出的要求。① 大学英语教师具备沟通交往的能力,应当体现在课堂教学内与课堂教学外,教师通过与学生在课堂中进行的交流,了解学生的学习需求,这对于学生在课堂教学中学习效率、学习热情的提高是大有裨益的,同时也有利于教师与学生在课堂中信息的互通有无,从而提高课堂教学效果。万明莉也在研究中指出,大学英语教师要摒弃"填鸭式"教学,在教学中采用交际教学法等能够与学生广泛开展交流活动、能够实现教学信息有效传递的教学方法,这也需要教师具有相当的交流能力。② 通过有效的交流手段、巧妙的交流技巧、有深度的语言表达实现与学生的交流互动。

大学英语教师具备的交流能力是语言教学的基本要求之一,只有实现教师与学生之间积极的交往活动,教学活动才能有效地开展,而有效的交往需要教师依托交流能力在教学过程中逐步实现,这种能力不仅是与学生进行浅层的对话,还要与学生进行深入、有内涵、有影响力的交流,这就要求教师提高自身的交际交往能力以适应教学的需求。同样,交流能力也是教师自我表露需要的基本素质要求之一,只有通过有效、富有感染力、真诚、真实的交流,自我表露才能凸显它对教学及其学生的作用与价值。

---

① 黄伟明.大学英语教师应具备的素质——剖析《大学英语课程教学要求(试行)》[J].西南民族大学学报(人文社科版),2004,(9):390.
② 万明莉.对提高大学英语教师专业素质的思考[J].教育与职业,2007,(32):136.

(三)个人影响能力

作为大学英语教学改革的中坚力量,教师自身素质与发展的要求也会随着我国大学英语教学的需求不断提高,对教师的要求已经远远超出了"传道、授业、解惑"的范畴,正如戴曼纯、张希春在研究中提出的:新时代的大学英语教学,乃至高校教育,更要求教师在人格、特性、素质等各个方面逐步充实自身,并在教学中具备反思意识、具有个性突出等的能力。①

高悦伶在对高校优秀大学英语教师特征初探的研究中指出,学生更青睐学术功底扎实、教学方法多样、能积极、热情有效调动学生学习热情、了解学生需求的老师。同时该研究还指出了一项重要的因素,即学生对具有人格魅力和高情商的教师更加欣赏。因此高校英语教师不但要进一步提高专业素养,还应具有较高的情商。教师的情商可以体现自身的影响力,影响力足够与否又会影响到教师与学生的情感交流,继而影响教学计划的实施。② 研究中提出的教师与学生情感交流的能力,人格的魅力即是教师能与学生进行深层次情感交流与互通的要求,如果教师能在该层面满足学生的要求,就可以实现教师情感对学生学习的影响,推动教学的开展。

于芳和宁爽的研究认为,大学英语教师要有健全的心理素质:观察力和判断力、情绪反应能力、积极的心境、坚强的意志和宽宏的度量。③ 张宜等人的研究也继续指出,大学英语教师应当具备健康向上、乐观进步、幽默风趣的个人影响力,有活力、有动

---

① 戴曼纯,张希春. 高校英语教师素质抽样调查[J]. 解放军外国语学院学报,2004,(2):45-49.

② 高悦伶. 高校优秀大学英语教师特征初探[J]. 首都经济贸易大学学报,2008,(6):124-127.

③ 于芳,宁爽. 提高大学英语教师素质以促进英语教学改革[J]. 教育与职业,2009,(27):62.

力、有魅力,更有个人影响力与感染力。①

姜国波也从教师个人能力方面对大学英语教师提出了要求,他认为大学英语教师需要具备专业情意,即教师要树立教育观、学生观、教育活动观,教师要用心施教并起表率作用,培养与人合作交往的个性、培养良好的心理承受力和宽容谦逊的品质,更重要的是教师需要发掘自我发展的内部动力。② 专业情意要求教师用心施教,这有利于大学英语教师对教学目标、教学对象、教学活动建立更加明晰的认识,基于对学生的认识改进自身的教学,教师也能够对自身能否更好地适应教学要求有更深层次的剖析,发掘自身潜能并将其发挥在教学之中。

此外,张清东还指出,大学英语教师还需具备控制情绪力,教师的情绪会给教师自身带来极大的影响,也会给学生造成不同的作用,或是积极的给予学生心灵慰藉的,或是消极的会对学生产生难以弥补伤害的,因此教师在课堂教学中需要以积极的情绪状态面对学生,面对自己、面对教学。③

教师的个人影响力是教师个人内在素质的体现,它也会作用于教学之中形成对课堂、对学生、对教师自身潜在的影响。把握和发挥好教师的个人影响力,能在一定程度上推动教学的持续发展,教师的个人影响力也可能会形成潜课程对学生产生深入、持续、长久的影响,并形成迁移对学生语言学习产生积极作用。教师自我表露,要求教师表达观点、表明立场、讲述经历见闻,这些信息通过教师传递给学生,教师在信息加工传递的过程中借助个人影响表情达意,教师的个人影响力也是自我表露重要的素质要求之一。

---

① 张宜,王新,郭威,于淼.大学英语教师素质调查报告[J].外语与外语教学,2003,(10):23-26.
② 姜国波.论大学英语教师的专业素养[J].教育与职业,2011,(32):106-107.
③ 张清东.大学英语教师素质及在职自我发展途径的探讨[J].教育与职业,2011,(5):45.

三、我国大学英语教师面临的教学困境与出路

在了解了目前大学英语教学对教师的要求后,还要明确当前我国大学英语教师在教学中的困境,只有认识到教师的教学困境、克服教学中遇到的问题,找到解决问题的出路,教学改革才能有效地开展,教师的素质才得以提升,才能最终满足教学的要求。

大学英语教师与其他大学专业课程教师有所不同,首先,从课程角度来说,课程边缘化导致"尊重"的需要得不到满足,从而使教师的教学主体性、积极性发挥不够。张贯之、曾宏伟指出:"大学英语很早即获得了制度层面的支持(如教育部的重视取得了大学必修课的地位,但英语课程,与课程的施教主体(教师)都被贴上了在人们的认知与意识之中根深蒂固的'中心与边缘''主与次'价值评判标签。"[①]英语课程与专业课程相比处于边缘地位。大部分非英语专业学生,是否很好地掌握英语语言运用能力对其就业及与其今后的生活并无直接关联,大多数学生仅仅为了考试学习英语,学而无用却又必须通过相关考核,造成学生心理逆反,进而导致课程教学难度加大。

马茂祥和刘敏等人认为,大学英语教师习惯了学习和讲授英语语言知识,而不注重语言的文化内涵,教学中也缺少了对于不同价值观产生的背景分析;[②]教师的教学科研压力大,缺乏足够的精力探寻课堂教育教学的方式方法及教学技巧。[③]

卢志君则指出了教师情感因素和其导致的心理和教学的相关问题:教学中大学英语教师受情感因素的制约,包括他们的感情、感觉、情绪、态度等。存在情感障碍的教师表现出自我效能低、无成就感、师生关系冷漠或紧张等,这都会影响学生的英语学

---

① 张贯之,曾宏伟. 大学英语教师的人文困境、人文关怀与大学英语教学[J]. 黑龙江高教研究,2012,(1):92.
② 马茂祥. 大学英语教学的问题与前瞻[J]. 山东外语教学,2009,(6):35.
③ 刘敏. 大学英语课堂教学思考[J]. 新疆大学学报(社会科学版),2003,(S1):46.

习,导致英语教学停滞不前。①

夏纪梅则指出,我国大学英语教师普遍存在职业倦怠感,心理处于迷茫状态,这就要引导教师对学生观、人生观、学习观、评价观、课堂观等进行更新。② 相似地,邹琼指出,大学英语教师缺乏危机感,多数教师在超负荷工作并在没有危机感的情势下产生错觉,教师缺乏应有的专业和生存危机感。③

对于大学英语教师面临的困境,刘向辉(2010)强调,大学英语教师主体地位应该得到恢复和发展,应让教师大胆地对自身的教学进行创新和改革:在处理师生关系上,教师要创造和谐平等的师生关系、给学生心理上的支持,使学生思维更加活跃,探索热情高涨;同时,教师还要提高自身道德修养和情感素质,提高人格魅力,开展师生间平等对话,提高师生间协作水平。④ 该研究强调大学教师主体地位的提升,一方面可以促进大学教师自主能动性的发挥,有利于教学改革的开展与落实,另一方面对教师心理的疏导会起到积极的作用,教师可以通过自主权的行使恢复对教学的热情、逐步消除倦怠的教学情绪、再次建立起教学的信心,进一步探索有效的教学途径与方法。同时,刘向辉的研究强调,在师生关系的处理上,教师要与学生进行平等的对话,寓情于交流之中,通过情感的共鸣与教师人格的影响进一步创建和谐的师生关系。不难看出,在情感交融基础上建立起的和谐师生关系,对教学是大有裨益的。教师可以通过情感交流的形式了解学生学习需要,并在这个过程中通过情感感染学生,使学生产生相应的情感回应,再将这样的情感迁移到学习当中。这也在一定层面上再次证实了教师进行自我表露具备的基础、条件与必要性。

夏纪梅2012年的研究强调,对于大学英语教师产生的心理

---

① 卢志君.呵护教师情感提高大学英语教学[J].职业时空,2007,(18):21-22.
② 夏纪梅.新时期大学英语教师发展的难点与出路[J].外语教学理论与实践,2012,(2):6-8.
③ 邹琼.大学英语教师素质缺陷思辨[J].中国成人教育,2004,(5):91.
④ 刘向辉.后方法时代的大学英语教师角色转换思考[J].教育与职业,2010,(2):58-59.

上的迷茫,可以对教师进行专业化的心理咨询、辅导,或是开展以学生为课题的讨论研究。[①] 通过对学生的认识与了解、透过与学生的有效交往,帮助教师对教学主体和教学主导产生直观的认识,结合教师对自身的剖析制订更易被教师接受和使用、更适应学生学习需求的教学方法与手段,以满足学生学习需求、实现教学目标为出口,逐步化解教师教学中心理上的困惑与迷茫。

陈国崇指出,大学的学校和院系应当为大学英语教师创造更多学习和不断接触新观念的机会提高教师个人综合素质,解决教师教学中的困难。[②] 此外,黄晓林(2008)[③]、高越、张玥、尹立鑫(2009)[④]、顾莹(2010)[⑤]、刘建东(2006)[⑥]、李良勇(2012)[⑦]、郑素杰(2007)[⑧]、高战荣(2012)[⑨]、叶丽萍等(2013)[⑩]、蒋玉梅(2010)[⑪]、朱淑华,王丹丹(2012)[⑫]等学者或者从理论的角度、或者从实证的方面论证了我国大学教师应该在新时期新的教学形式和要求下,

---

[①] 夏纪梅. 新时期大学英语教师发展的难点与出路[J]. 外语教学理论与实践,2012,(2):6-8.

[②] 陈国崇. 新世纪大学英语教师面临的挑战与对策[J]. 外语界,2003,(1):48-53.

[③] 黄晓林. 关于大学英语教师专业发展的研究[J]. 教育探索,2008,(11):91-92.

[④] 高越,张玥,尹立鑫. 论大学英语教师的专业化自主发展[J]. 教育探索,2009,(3):89-90.

[⑤] 顾莹. 浅论大学英语教师的自我发展[J]. 东南大学学报(哲学社会科学版),2010,(S2):173-175.

[⑥] 刘建东. 浅谈提高大学英语教师专业素质的方法[J]. 教育与职业,2006,(26):55-56.

[⑦] 李良勇. 微观视角下的教师信念研究——基于大学英语教师的实证研究[J]. 黑龙江高教研究,2012,(6):102-105.

[⑧] 郑素杰. 再谈大学英语教师素质提高的问题[J]. 教育与职业,2007,(33):153-155.

[⑨] 高战荣. 国外 ESP 教师教育对我国大学英语教师知识发展的启示[J]. 外国教育研究,2012,(4):85-91.

[⑩] 叶丽萍,胡双全,李立. 现代英语教学改革过程中的问题探索[J]. 中国教育学刊,2013,(S4):135-136.

[⑪] 蒋玉梅. 转型时期大学英语教师的专业化发展[J]. 江苏高教,2010,(1):96-97.

[⑫] 朱淑华,王丹丹. 转型期"大学英语教师"的自我定位与发展探析[J]. 教育与职业,2012,(9):90-92.

发展自身以适应新的教学要求：例如，英语教师应树立终生学习的思想、培养自主学习的意识、加强教学理论修养、强化科技意识与研究能力，并加强教师间的合作等。通过这些手段与途径可以使教师在意识形态、能动行为和认知理解方面实现全面的个人提升，并进一步作用于教学，从而更好地适应学生需求与教学要求。

就目前对我国大学英语教师所进行的相关研究看，大多侧重对教师素质标准在宏观及微观教学方面的要求，并有相当一部分研究侧重于针对大学教师个体特性、个体发展需求、心理需求及教师在教育教学中所面临的困惑与问题。针对提高教师素质、帮助教师摆脱教学困境等问题，也多在宏观领域给予指导性的建议，而这些建议也多是基于发展教师专业素质、提高教师主体意识、提升科研水平、改进教育教学方法等方面，如何通过具体策略帮助大学教师面对教学现状、走出教学困境，目前大多数研究并没有给出具体的建议。另外，大学英语教师除了提升教师专业素养、克服职业倦怠等外，还应从交流及情感交融等方面实现各种诉求，通过有效的交流和情感的沟通，实现对自我需求、自我发展、教学目标要求、学生发展需求、学生情感归属的认识，从而为帮助教师走出教学困境、推动全面、合理、有效、有序的教学创造先决条件。但目前多数研究在一定程度上忽略了教师的交往需求和情感要求。

第六节 问题与启示

对自我表露、大学英语教师素质要求、大学英语教师教学现状等相关文献进行阅读与梳理，为的是深入了解自我表露的内涵和特点，了解它作为一种交流形式和潜课程表现在教学实际中运用的必要性与可行性。通过对自我表露特征、功能、作用等的认识探究它对教育教学产生的作用和影响。同样，教师作为自我表露的个体，加深对教师素质要求的理解，在教学困境中探索教师自我表露的适切性、必要性与可行性都对本研究有一定的参考作

用。通过对目前现有部分研究的梳理,有以下认识与启示:

从目前的研究看出,关于自我表露及大学英语教师发展等方面的研究已经取得了一定的成果,但研究还有未涉及的方面和需要深入探究的问题:

从自我表露研究的整体情况看,国外的研究起步较早,涵盖的领域较广,国内对自我表露的研究起步较晚,主要涉及心理学与教育学,研究仍以对国外研究的综述为主,没有形成系统的相关理论和体系。

从研究内容上看,主要涉及对表露个体、心理因素及个体微观的相互作用;在教育领域对学生和教师自我表露的研究也多是心理学研究的延续,较少有针对教师或学生自我表露在教学过程中的研究,而关于自我表露对课堂教学产生作用和影响的研究也并不多见,将自我表露研究置于学科教学的研究更是少见。此外,国内外目前也鲜有研究将自我表露与改进课堂教学、促进教师自我发展相结合。

从对大学英语课堂教学和对我国大学英语教师素质要求的研究中可以发现,大多数研究都是站在宏观角度论述大学英语课堂教学的问题,并提出宏观的建议,或是基于理论原则对教师的教学特征、问题和现状进行剖析。仅有少量研究是依据教师发展、立足课堂教学实际,结合教师发展对课堂教学及教学手段进行的微观研究。此外,目前的研究无论是理论思辨还是实证研究,给予大学英语教师的发展策略都是相对笼统概括的,操作性与针对性都不强,似乎多是放之四海而皆准的原则,没有针对教师个体、教学环境或根据教学内容开展的关于帮助教师摆脱教学困境、提高教师素质、改进教学实践的方法或策略的研究,其结果较笼统概括,不深入、不具体,对教师及教学的指导作用不显著。目前也没有研究将自我表露与提高教师素质、促进个人发展相结合。

尽管国内对大学英语教学和对大学英语教师素质要求的研究呈现出对具体问题分析研究不足的状况,但仍可以通过目前的研究了解我国大学英语教师的教学现状、教学中遇到的问题,同时也能较清楚地认识大学英语教师所具备素质的实然与应然。联系现有的研究可以看出,目前大学英语教师已经符合或部分具备了进行自我表露的条件和要求,这既是教育教学对教师提出的要求,更应是教师应具备的素质,同样也是教师职业发展和个体进步的需要。

通过对现有部分研究的研读与梳理,也给予本研究如下启示。

自我表露基于心理学概念并被研究至今,它作为人与人沟通交流的方式、作为稳定的个体或关系特质的行为事件,自我表露能实现精神内容的释放,深化和拓宽个体之间、个体与群体之间的认知,促进个体间、群体间产生融合的作用和相互的影响。

自我表露在教育教学中的运用证明了它能够帮助学生建立积极友好的人际关系、养成健康向上的心理状态;对于教师了解学生心理、生理发展的趋势和变化有不容忽视的作用。同时,教师自我表露还有利于建立和谐的师生关系,透过良性发展的师生关系,有效、有序、有价值的教学才能够实现;教师自我表露还能在课堂教学中显现提高学生学习兴趣、激发学生学习动力、促进课堂参与等积极作用。

自我表露具有相互的作用,表露的双方可以对不同性别、不同特征、不同背景的个体进行程度不同、层次不等的表露。因此,在教学中教师通过表达自身观点经历、表露自己情感情绪的方式与学生沟通、了解学生的情感需求和发展要求、改进教学方法以适应学生情感需求、满足学生的归属要求;同时,教师自我表露能够实现师生间的有效交往,可以在一定程度上推动教学活动的顺利开展。

自我表露与个人偏好、喜好之间呈现出正相关关系。个人喜好会直接作用于自我表露,而自我表露也能直接影响到个人的喜好与偏好,这一研究结果对教学实践有一定的启发:教师通过自我表露传递信息、表情达意,实现教师与学生之间的相互的情感偏好,促进师生关系的良性发展,继而可能将学生对教师的喜爱迁移为对课程的喜爱。

对我国大学英语教师素质的要求,其中包含激发学生学习兴趣的能力、具备人格魅力、情感交流的能力、沟通的技巧以及建立和谐师生关系的本领。这些对教师提出的能力要求也可以遵循和利用自我表露的特点与特性,通过教师自我表露来实现和完成。这也进一步证实了自我表露在大学英语教学中运用的适切性、合理性与必要性。

基于对目前研究存在不足和问题的认识和进一步开展研究的需要,本研究选取国内两所高校,通过对大学英语教学现状和问题的梳理、对大学英语教学改革的认识、对大学英语课堂教学的解读和对大学英语教师素质的要求,了解目前我国大学英语教师课堂教学中自我表露的情况,探究教师自我表露对大学英语课堂教学和对学生学习产生的具体作用及影响,并针对不同教师的特点,结合教学环境、教学内容、教学对象等因素,探讨教师自我表露在课堂教学中运用的策略,并尝试探索大学英语教师专业发展的新途径。

第三章 自我表露研究的理论基础

自我表露存在于社会个体与个体、群体与群体、个体与群体的社会性活动中,作为社会交往活动它遵循了社会交往的相关理论。个体自我表露的内容有相应的维度划分,其影响作用也依据了相关理论。同时,自我表露与英语语言教学相结合,也符合英语语言教学的有关理论。

第一节 本研究的理论基础

一、社会交换理论与社会渗透理论

阿特曼、泰勒和索伦森提出,自我表露应被置于社会交换与社会渗透的范畴之中。[1] 泰勒强调,人际关系的增长应当被假设为人际奖励成本因素、人格特征和情境决定因素共同作用的结果。[2] 人际关系由疏远到亲密的转变即包括了语言形式的表露、行为的参与和非语言的交流形式,而这种社会转换的程度和内容又取决于人际奖励成本因素过去、现在和预测未来的交换。社会

---

[1] Altman, I. & Taylor, D. Social Penetration: The Development of Interpersonal Relationship[M]. New York: Holt, Rinehart, & Winston, 1973.

[2] Taylor, D. A., Altman, I. & Sorretino, R. Interpersonal exchange as a function of rewards and costs and situational factors: Expectancy confirmation-disconfirmation[J]. Journal of Experimental Social Psychology, 1969.

渗透理论恰恰与社会交换相似,都强调人际奖励成本因素,同时它也强调人交往交换之间的语言表露与非语言交流形式。①

(一)社会交换理论

社会交换理论(Social Exchange Theory)由乔治·霍曼斯(George C. Homans)于20世纪50年代提出,它是强调人与人之间心理动机的研究。社会交换理论指出,个人与集体间的社会过程是有价值的资源交换,经济学上的报酬与心理学上的强化概念相对应,以此为基础,霍曼斯将社会行为视为一种"至少在两人之间发生的、或多或少要获得报酬或付出成本的、有形或无形的交换活动"。② 他将人类行为划分为六个命题,即成功命题、刺激命题,价值命题,剥夺—满足命题、攻击—赞同命题及理性命题。③ 霍曼斯通过这六个命题试图解释人类社会行为的内涵、价值及意义,在他看来,人与人之间的交往都是一种基本的交换过程,这种交换带有一定的目的性,并被一定的利益关系或物质因素所驱使,而交换可以是物质、情感、资源、利益或平等性。

霍曼斯之后,彼得·布劳(Peter M. Blau)又对社会交换的定义、条件、特征、原则、过程、社会交换与权力、社会交换与宏观结构及社会交换中出现的不平等与异质性进行了系统的分析。④ 但布劳认识到由于交换者的利益冲突及交换利益的矛盾性,在人与人之间社会行动交换的过程中会出现诸多两难的困境。与霍曼斯不同的是,布劳认为社会活动不包括没有目标取向的、由无理性的情绪所引起的行为,也不包含通过肉体强制或纯粹遵从内在化的规范的行动。⑤ 同时,布劳还提出理性原则、互惠原则、公正原

---

① Cozby,P. C. Self-disclosure:A literature review[J].Psychological Bulletin,1973,79(2):80-81.
② George,C. Homans. Social Behavior:Its Elementary Forms[M].New York:Harcourt,Brace,and World,1961. 13、16-39.
③ 周明侠. 论社会交换理论中的辩证法[J]. 学术界,2007,(2):216-220.
④ 同上.
⑤ [美]布劳. 社会生活中的交换与权力[M]. 孙非等,译. 北京:华夏出版社,1988:5.

则、边际效用原则、不平衡原则来解释社会交换,布劳认为并非所有的社会行为都可以被认为是交换,并且社会交换应以期待回报和换取回报为目的,这种交换可以是对内在美好、荣誉、爱的追求而产生的交换,而且社会赞同、尊重及服从都可以作为交换的回报。①

对于社会交换,科尔曼与布劳有相似的看法,他认为,决定人行为有两个因素,其中就包括了个人的利益和价值偏好。② 他认为社会行为是有目的、理性的,以交换各种资源的行为,交换资源包括财富、物品、事件、信息、技能、特长、感情等,这一切都是行动者相互依赖的起因,而交换的过程也应侧重于互惠和公正原则,即使这样的交换没有回报,但是获得了心理的满足和平衡的行为也该算在交换的范畴内。③

无论霍曼斯、布劳还是科尔曼,他们所推崇的社会交换理论都触及了社会活动的内涵和本质,并一再重申社会行为及其所产生的交换形式的目的、意义与价值。同时给予本研究理论依据:课堂教学涵盖了学生与教师多数的社会性活动,师生在课堂中的各种活动属于社会交换的范畴,这一交换也是有目的、有利益及有意义和有回报的活动,课堂中驱使交换产生的起因也应当是对内在价值与美好的追求,产生的回报体现在课堂教学中也应是相应的社会认同、个人影响在精神层面产生的价值、尊重或服从。课堂教学中教师与学生进行着社会性的交往活动,教师为实现与学生的交往所采用的自我表露同样也隶属于社会活动,这一活动是基于教学的原则和立场而产生的有目的的、理性的活动,交换的内容包括事件、信息或情感。同时也会对表露双方产生相应精神与情感等的交换与回报,这有益于课堂教学,也能对个体的发

---

① 俞弘强.社会交换理论与理性选择理论之比较研究——以布劳和科尔曼为例[J].中共浙江省委党校学报,2004,(3):61、64-103.

② 郑莉.比较社会交换理论与理性选择理论的异同——以布劳·科尔曼为例[J].学术交流,2004,(1):108-113.

③ 俞弘强.社会交换理论与理性选择理论之比较研究——以布劳和科尔曼为例[J].中共浙江省委党校学报,2004,(3):61、64-103.

展起到推动作用。

(二)社会渗透理论

社会渗透理论(Social Penetration Theory)是指个体之间从表面化的沟通到亲密的沟通而经历的关系发展过程。该理论由欧文·阿特曼和达尔马斯·泰勒(Irvin Altman and Dalmas Taylor)提出。① 他们强调,人际关系的增长应当被假设为人际奖励成本因素、人格特征和情境决定因素共同作用的结果。② 人际关系由疏远到亲密的转变即包括了语言形式的表露、行为的参与和非语言的交流形式,而这种社会转换的程度和内容又取决于人际奖励成本因素过去、现在和预测未来的交换。

社会渗透理论强调人交往过程中的语言表露与非语言交流形式。③ 社会渗透理论是在社会交往理论的基础之上,重申个体之间由疏远到亲密的关系,论证在亲密关系之中的社会交往对个体之间产生的作用。渗透理论强调人际交往之间的语言表露与非语言形式,根据渗透理论的内涵,将自我表露归为社会交换的形式,它通过不同内容和形式的"表露""表达"来实现"交换"和"渗透"。渗透也是社会活动、人际关系交往逐渐形成并实现个体间关系由疏远到亲密的过程,它将社会交换的作用和影响渗透至这一过程之中,完成交流互通与发展,并形成良好的人际关系。亨德里克(Hendrick)认为社会渗透理论为探索人与人关系中的自我表露模式提供了一个框架。④

对于人与人之间的交往,阿特曼和泰勒曾经用洋葱比喻,随着互相了解、互相作用的增多,人们会一层层拨开外衣,增进相互

---

① 侯玉波. 社会心理学[M]. 北京:北京大学出版社,2007:130-131.

② Taylor,D. A. ,Altman,I. & Sorretino,R. Interpersonal exchange as a function of rewards and costs and situational factors:Expectancy confirmation-disconfirmation[J]. Journal of Experimental Social Psychology,1969,324-339.

③ Cozby,P. C. Self-disclosure:A literature review[J]. Psychological Bulletin,1973,79(2):80-81.

④ 蒋索,邹泓,胡茜. 国外自我表露研究述评[J]. 心理科学进展,2008,16(1):115.

的交往,通过不同内容形式的交往,发生个体间对彼此的渗透与影响,逐渐形成对个体的作用和影响。它给予本研究的理论启示是:教师与学生通过自我表露产生交往,通过不同内容形式的表露在师生间实现信息、情感、情绪等的交换,随着交往的深入,随着交换的持续,交往活动产生的交换会逐渐产生渗透的作用,作用于学生、作用于学生学习,也作用于师生关系,而师生关系又依存于师生间的不同内容形式产生的"交换"与交换产生的渗透作用,这样的相互作用和产生的作用力又能够推动亲密师生关系的形成,并促使自我表露以更亲密、更深入的内容形式发生,并继续生成师生相互间的渗透作用,最终形成持续性的渗透,并推动师生关系处于良性循环的发展状态。

二、交往理论

对于交往,不同学科和研究领域会有不同的认识和理解,有人认为交往是传递信息思想,分享感情的过程;有人认为交往是通过语言或非语言的形式,通过不同的形式与手段实现相互影响的过程。

课堂中的教师的自我表露是师生交往过程中的一种交流形式,它基于教学的需要,它的产生、经过和结果都必须建立在教师与学生的交往过程中,师生的交往也是教师自我表露发生、发展、实现并产生作用的基础,随着师生交往的日益密切与深入,教师自我表露的内容与形式也会不断变化。下面就交往理论进行简要概括,通过对理论的学习,深入认识和了解大学课堂中的师生交往及其交往中的形式、内容及其作用。

交往有狭义和广义之分,狭义的交往将其看作单一的对象,了解交往的形式,手段和交往信息的传递等。广义的交往是将其置于历史、社会和文化等大环境中,研究其与社会系统之间的关系。还有一种哲学的交往观,它主要研究人与人交往过程中的互主体性,哲学观点认为,交往是人与人之间相互作用的中介,是人基本的生存方式,它涵盖了人类社会生活的方方面面。哲学对交往的认识主要体现在马克思、哈贝马斯等人的观念当中。①

(一)马克思的交往理论

交往理论是马克思哲学思想的重要方面,其理论提出交往是与自然的交往、内部交往、外部交往、个人交往与普通交往、地域交往与世界交往几个方面。而人类的交往活动大致可以分为物质的交往、精神的交往,物质交往主要是个体与个体之间物质与能量的能动交换,而精神交往则主要指人精神生产活动及其产生的交换和交流。② 马克思主义交往理论一再强调交往对于个体发展的是基于社会和历史发展规律的,是无法避免的:"一个人的发展取决于和他直接或间接进行交往的其他一切人的发展。单个人的历史决不能脱离他以前的或同时代的个人历史,而且是由这种历史决定的。"③ 马克思的交往理论认识到了交往的实质,它顺应了历史发展的规律和个人的发展需求。它对于认识和理解大学英语课堂教学中教师与学生的交往行为又奠定了一项理论基础。

(二)哈贝马斯的交往理论

哈贝马斯将社会行为分为四类,包括目的行为、规范调节行为、戏剧行为与交往行为,而交往行为是其理论的核心范畴,只有交往行为通过生活世界协调着角色所面对的客观世界、社会世界和主观世界,也只有交往行为与三个有效性要求都有所关联。如表3-1所呈现:

---

① 陈旭远. 关于交往与教学交往的哲学认识[J]. 东北师大学报(哲学社会科学版),1998,(5):85-91.
② 同上.
③ [德]马克思,恩格斯. 马克思恩格斯全集(第3卷)[M]. 北京:人民出版社,1960:515.

表 3-1 哈贝马斯社会行为理论关系呈现①

行为类型	中心概念	对应世界	有效性要求	体现的知识	语言态度
目的性行为	行为抉择	客观世界	真实性 有效性	实用性知识	工具主义
规范调节行为	遵循规范	客观世界 社会世界	公正性	道德性知识	文化主义
戏剧性行为	自我表现	客观世界	真诚性	主观性知识	形式主义
交往行为	相互理解	客观世界 社会世界 主观世界	真实性 公正性 真诚性	对话性知识	理解主义

在哈贝马斯看来,把以语言或符号为媒介的相互作用理解为交往活动,这种交往活动应以语言的有效性为基础实现个体间的相互理解与信任。个体间的相互作用必须遵守的规范规定着相互的行为期待,并且必须得到至少两个行为主体(人)的理解和承认。② 交往行为是以语言为媒介,以理解为目的的行为,而交往行为理论是唯一全面理解语言在社会行为中功能的理论。这一理论不是支离破碎地去理解语言的"相互理解性中介功能",而是把语言的相互理解功能视为协调行为的基本机制。③ 同时,哈贝马斯提出,作为媒介的言语行为必须满足三个有效性条件:真实性、正确性及真诚性。④

哈贝马斯的交往理论与马克思主义交往观都承认人与社会

---

① 王凤才. 批判与重建——法兰克福学派文明论[M]. 北京:社会科学文献出版社,2004:219.
② 童恒萍. 交往与现代性——哈贝马斯交往理论述评[J]. 华南师范大学学报(社会科学版),2001,(2):37-43.
③ 艾四林. 哈贝马斯交往理论评述[J]. 清华大学学报(哲学社会科学版),1995,(3):11-18.
④ [德]哈贝马斯. 交往与社会进化[M]. 张博树,译. 重庆:重庆出版社,1983:66.

的发展需要通过交往行为来促进和推动。交往行为可以实现知识和文化的传播与更新,塑造人的本质和特性。哈贝马斯更强调语言作为媒介在交往行为中的作用,这种作用与主观世界、客观世界和社会世界都具相关性,因此,这样的交往活动是全面的、直观的、准确的,并能通过语言形式解释复杂的社会行为及其所具备的功能。由此可见,以语言作为媒介和手段的交往,在哈贝马斯所倡导的"生活世界"中承担举足轻重的作用,诠释着生活的不同本质并满足社会和个体的发展需要并推动社会的进步。当今的教育已然不仅仅是知识传递与接受的过程,而是教师与学生进行交往、交流而形成的"生活世界",而这也给予本研究以启示:大学英语课堂教学也是这样主观、客观和精神世界的微缩呈现,在这种世界中开展的教学活动中同样存在着人与人的交往,这样的交往也需通过语言作为媒介来实现。以真实、真诚的语言为主要内容形式的自我表露在一定程度上遵循和满足了哈贝马斯交往理论的内在核心与原则要求。

(三)雅斯贝尔斯关于教育交往的理论

交往理论是雅斯贝尔斯生存哲学的重要部分,强调交往的条件,即主体性、语言和爱。主体性即在交往的过程中主体能动地进行自主选择、主观创造等;语言作为交往行为的媒介,需要通过对话的形式来实现,雅斯贝尔斯将对话视为人探索真理和自我认识的途径。[①] 人通过对话发现和传递知识,启迪智慧,人对语言的体验过程就是交往的过程;生存交往是人真实的交往,而主体必须以爱和情感作为交往的动机和源泉,个体间只有存在爱与感情才能促使真实交往的发生。雅斯贝尔斯提出的爱的概念还涵盖更高级的精神层面的认可、尊重、信任及温暖,他认为真实交往的发生是以爱为源泉和基础的,只有以此为基础,个体间才能彼此

---

① 向玉桥,陈君丽. 雅斯贝尔斯交往的条件[J]. 吉首大学学报(社会科学版),2011,(1):13-16.

尊重、求同存异以取得共同的发展,相应地,以爱与情感为基础实现的交往也能激发和显现出更多爱。

大学课堂中,教师与学生的交往及交流不可能失去感情基础,在爱与感情的基础上,交往会自然而然地发生,同时在交往的过程中,也会进一步促进双方情感的融合甚至升华。师生交往中的自我表露可以是传递信息实现交流的工具,也是感情积累到一定程度的最真实迸发,在自我表露实现感情迸发的过程中又会萌发更深刻的爱与感情。

对于大学教育,雅斯贝尔斯提出:"本真教育即是一种存在交往,也只有存在交往,才能更接近本真的教育。"①交往和交流是培养大学人才的重要手段。他认为:"大学把追求科学知识和精神生活的人聚集在一起。按照大学的理想,彼此应该毫无限制地相互发生关系,以达到完整统一的一体。不只是在科学的专业范围内需要交往,而且从事科学研究的个人生活也需要彼此沟通。因此,在大学圈之内,研究者之间、研究者与学生之间都应互相讨论并发表各自不同的看法。"②雅斯贝尔斯提倡大学教育中的师生、师师、生生之间的交往,他肯定了教育中交往过程不仅存在于专业范围中,还应有个体之间的精神交流、情感的融合。此外,教育交往还应是建立在人与人交往基础上个人完善的过程,通过交往实现个体的发展。因此,雅斯贝尔斯的(教育)交往理论也让本研究认识到:不仅要实现个体之间的亲密关系,教育交往还以真实情感为基础,通过个体间亲近关系的构建、形成爱与情感,最终实现个体的完善与发展,自我表露作为个体间交往的方式,通过个人信息的传递,促成个体间亲密关系的建立和情感的产生,并实现个体不断地完善、发展与进步,这也是将自我表露置于教育范畴中研究的初衷。

---

① 黄英杰,崔延强.自我唤醒与教育救赎——雅斯贝尔斯教育哲学思想初探[J].教育学报,2012,(1):38.

② 转引自刘宝存.雅斯贝尔斯的大学教育理念述评[J].外国教育研究,2003,(8):63.

三、自我表露的测量

（一）朱拉德自我表露问卷

朱拉德提出自我表露的概念以来，他就制订并不断修订自我表露测试问卷，并在研究中不断丰富问卷内容，最终在1958年制订出了相对成熟的朱拉德自我表露问卷（Jourard Self-disclosure Questionnaire，JSDQ）对个体自我表露的内容和差异进行测量。该问卷通过六个自我表露的维度："态度和观点""兴趣和爱好""学习或工作""金钱""个性""身体"，每个维度由十个项目组成，共60个项目，每个项目针对五个目标人（父亲、母亲、男性朋友、女性朋友和配偶）分别回答自我表露的程度，0表示不向他人表露；1表示向他人说了一些；2表示非常详细地告诉他人；X表示对他人说谎或不正确地表达自己。

在"态度和观点"内容维度中，涵盖了对宗教的看法、对政府的看法、对性道德的看法、对饮酒的看法、作为男人应具备的品质、对魅力女人的看法、对父母如何与子女相处等的看法；"兴趣爱好"内容维度包括对喜爱的食物、喜爱的读物、喜爱的电影电视节目、喜爱的音乐、喜爱的着装、业余爱好等内容；"学习或工作"内容维度包括工作学习的压力、工作学习中感到令人讨厌的事情、工作学生中令人满意的地方、阻碍工作学习进一步发展的缺陷、工作学习上的优势、工作学习的志向和目标、对任课教师和对同学的评价感受等；"个性"内容维度包括个性特点、感到羞耻或罪恶的事、沮丧忧郁的事、烦恼害怕的事、伤害感情的事、感到骄傲、兴奋、充满自尊自爱的事；"身体"内容维度包括对身体的看法、有无健康状况、如何看待自己的外貌、有无生病记录、对外表的评价、对性生活质量的评价等；"金钱"内容维度则包括收入来源、资产、有无外债、如何投资理财等。

朱拉德自我表露问卷通过对表露者向不同表露对象表露不

同的内容,了解自我表露内容程度的个体差异。本研究的研究目的之一是了解教师向学生自我表露的内容程度情况,本研究问卷第三部分"教师自我表露内容问卷"借鉴了朱拉德自我表露问卷的部分维度及内容:"态度和观点""兴趣爱好""工作或学习"维度,并根据研究需要增加了"情感情绪"维度。在"态度和观点""兴趣爱好"和"工作或学习"维度中,根据本研究的目的保留了朱拉德自我表露问卷相关内容维度的题目,删除了部分与本研究内容无关的题目(如"对饮酒的看法""对性道德的看法"等)增加了部分题目(如"对社会现象或事件的看法""对爱情、婚姻、家庭的看法"等),并对一些题目内容进行修改。

(二)教师自我表露教学效果问卷

探究大学英语教师自我表露对课堂教学和对学生产生的作用也是本研究的目的之一,该部分问卷借鉴了史清敏、张绍安和罗晓研究使用的《教师自我表露教学效果问卷》[①],包含17个条目,将教师自我表露的作用划分为"师生关系与师生交流""学生的学习效果"以及"课堂参与"三个维度,并采用里克特五点量表,被试反应方式从"1非常不同意"到"5非常同意"来评测教师自我表露对课堂教学及对学生产生的作用。本研究学生问卷第四部分"教师自我表露作用问卷"借鉴了该问卷中教师自我表露作用的维度,题项中也借鉴了该问卷中的一些题目,如:"包括自我表露可以使课堂生动有趣""对课堂产生兴趣""教师自我表露有助于发展师生间的信任关系"等,并依据本研究需要增删了一些题目。此外,已有研究表明:"通过自我表露能获得自我认同,通过自身向他人分享的信息,引发对方或他人对自己意见、信息的意见、观点、看法和反馈,在这个过程中,个体能实现自我反思,并对自身有更新、更深入的认识。"[②]自我表露也可能产生某些消极作

---

① 史清敏,张绍安,罗晓. 教师自我表露教学效果的跨文化比较[J]. 教师教育研究,2008,(3):47.
② 蒋索,邹泓,胡茜. 国外自我表露研究述评[J]. 心理科学进展,2008,16(1):116.

用,例如发现对方对建立亲密关系不感兴趣;表露的信息被对方用来在关系中获得控制或权力混淆个人界限;信息的互惠失衡等。[①] 鉴于自我表露对个人发展的作用和它可能产生的消极作用,本研究增加了"个人发展的积极作用"和"英语学习的潜在消极作用"两个维度。

(三)教师自我表露认可问卷

教师自我表露认可问卷(Questionnaire of Approval of Teacher's Self-disclosure)是戈德斯坦和贝纳西1994年制订,旨在了解学生对教师自我表露的认可程度及对自我表露的态度。问卷包括"学生对教师自我表露的认识""学生对课堂参与的认识""学生参与课堂的自由程度"三个维度,每个维度包含三个题项,本研究参考了该问卷"学生对自我表露的认识"及"学生对课堂参与的认识"维度中的部分题项,包括"乐于教师进行自我表露""对我的学习有帮助和提高""愿意参与课堂讨论""学习积极性有所提高"。

四、大学英语教学的目标与要求

(一)大学英语教学的目标和要求

大学英语教学是高等教育的一个有机组成部分,是素质教育的重要体现,其教学的重点是进一步打好英语语言的学习基础,提高语言的应变能力,达到语言交往的目的。大学英语教学要求不仅提高学生听、说、读、写、译及英语语言运用的能力,还要提高学生的文化素养、培养学生自主学习的能力。[②]

2007年颁布的《大学英语课程教学要求》(以下简称《课程教学要求》)提出:"大学英语教学应采用新的教学模式……体现英

[①] 蒋索,邹泓,胡茜. 国外自我表露研究述评[J]. 心理科学进展,2008,16(1):116.
[②] 杨治中. 从实际出发,求实际成效——关于大学英语教学的若干思考[J]. 考试与评价(大学英语教研版),2013,(4):1.

语教学的实用性、文化性、趣味性相结合的原则,应充分调动学生和教师两方面的积极性,确立学生在教学过程中的主体地位。"[①]《课程教学要求》还强调,转变教学模式,转变教学理念,从以教师为中心,单纯传授语言知识与技能的教学模式向以学生为中心,既传授语言知识与技能,更加注重语言运用能力和自主学习能力的模式转变。《课程教学要求》为本研究立足课堂教学,探求新的教学途径,寻求课堂教学的新模式提供了政策依据。

大学英语教学要求采用多变的教学方法,基于国情、校情和教学对象的特点,结合教学对象的教学要求与特点,调动学生积极性,根据教学要求随时变换教学方法;要求教师发挥主导作用和主观能动性激励学生学习兴趣、培养学生自主学习的能力;要求学生英语语言综合运用能力,不仅要舍弃"哑巴英语""聋子英语",还要让学生广泛学习语言文化背景知识、了解西方的文化;要求现代化教学手段的使用;要求教师不断提高专业水平和个人素质;要求创造良好的学习和使用英语的环境。[②]

大学英语教学的目标和要求为本研究课堂教学标准及教师专业水平和个人素质要求提供了理论依据。

(二)学生英语语言学习的要求

"我国大学生处于18~25岁之间的身心发展黄金时期,他们的逻辑记忆能力连续发展,思维的独立性和批判性大大增强,思维的独创性日益发展,个性心理品质趋于稳定、成熟和完善。大学生的学习具有知识专业性、外延开放性、求解探索性、运用实践性、个体差异性等特点。他们要求摒弃'填鸭式',崇尚提高思考问题的能力、培养自主学习能力、创新能力、探索能力的教育。"[③]

---

① 教育部高等教育司. 大学英语课程教学要求[Z]. 上海:上海外语教育出版社,2007.

② 杨治中. 从实际出发,求实际成效——关于大学英语教学的若干思考[J]. 考试与评价(大学英语教研版),2013,(4):1-6.

③ 畅肇沁. 大学生学习特点探究[J]. 山西师大学报(社会科学版),2010,(5):131-133.

对于大学英语,虽然有部分学生还停留在通过大学英语四六级考试或通过各高校自己拟定的校四级或同等水平英语测试的阶段。但是随着近几年社会需求和学生个人发展及严峻就业形势等因素的影响,越来越多的学生意识到大学英语学习的重要性,也越来越关注大学英语在考研进修、出国深造、就职就业等方面所起的积极作用,因此,学生对语言学习的要求逐渐提高,对课堂的关注度也较以往更高,他们希望教师采用多种教学方式,帮助提高学习兴趣,增强英语语言的运用能力;此外,目前高校学生基本为95后,普遍表现出独立自主和自我的个性特点,对教学的"教"与"学"都有更高的要求和标准。因此大学英语教学"既要保证学生在整个大学期间的英语语言水平稳步提高,又要有利于学生个性化的学习,以满足他们各自不同专业的发展需要。"① 在这样的形势下,学生对教师、对教学赋予了更多的希望。他们盼望有个性、有品位、有见地、有思想、有学术道德的教师;他们要求课堂教学为他们带来的不仅仅是知识,他们更注重自身独立思考和独立判断能力的培养。②

大学生学习的特点和对英语学习的要求为本研究立足学生学习需求,对教师个人素质要求、教学方法的运用给予启示,也为本研究学生访谈内容的制定提供了相关依据。

(三)对教师课堂教学的要求

大学英语教师应善于同学生交流,通过交流活动解决学生生活学习方面的问题,成为学生亦师亦友的伙伴。③ 大学英语教师要努力转变传统教学模式,并有意识地尝试转变角色,成为课堂的组织者、管理者和学生学习的引导者,促进学生自主学

---

① 教育部高等教育司. 大学英语课程教学要求[Z]. 上海:上海外语教育出版社,2007.

② 王莉. 以学生为中心开展大学英语课堂教学[J]. 陕西师范大学学报(哲学社会科学版),2003,(S2):59-60.

③ 张宜,王新,郭威,于淼. 大学英语教师素质调查报告[J]. 外语与外语教学,2003,(10):23-26.

习、管理课堂,并激发学生的学习兴趣和参与意识。① 教师在教学中应运用英语语言知识和英语国家的文化知识,使用相应的外语教学技能,包括教学方法与教学手段的灵活运用,并在教学中具备终身发展的意识,不断以教学实际和教学要求为导向,更新教学内容、不断改进教学方法与手段,不断提高个人素质适应教育教学需求。②

对教师及课堂教学的要求是本研究立足课堂教学,实施教师课堂观察的依据,同时也为教师访谈中关于对大学英语教学的认识给予了启示。

(四)大学英语教学的特点

大学英语教学有它的要求与目标,实际教学当中遵循教学要求与目标,呈现不同的教学特色。也为本研究探索新教学手段、提高教师素质以适应大学英语教学奠定了理论依据。

"大学英语教学要体现以人为本,以学生为中心,以交流为导向的特点,具体教学过程中呈现教学形式多样化、大学英语课程体系与教学内容进一步优化、教学方法与教学手段不断更新、教师能力与素质不断提高等特点。"③大学英语教学体现以人为本的特点,既符合语言教学的要求,又凸显教育即交往的理念,在课堂教学中具体体现在以学生为中心,以师生间的交流互动作为教学的导向,立足大学英语课堂教学、依托不断更新的教学方法、手段、途径,通过高素质的教师不断丰富和优化教学内容,体现大学英语教学的特点,实现大学英语教学的目标。大学英语教学所呈现出的特点同样也为本研究学生及教师访谈中对大学英语的认识与要求等相关内容提供了依据。

---

① 芮燕萍.课堂观察视角下的大学英语教师教学实践研究[J].教育理论与实践,2014,(4):35.
② 蒋玉梅.转型时期大学英语教师的专业化发展[J].江苏高教,2010,(1):96-97.
③ 汤冬冬.新常态下的大学英语教学特点及应对策略[J].亚太教育,2015,(25):101.

五、大学英语教学的基本理论

（一）对话教学理论

对话的概念最早由俄国学者巴赫金提出，教育家保罗·弗莱雷将它转为教育理论。对话教学理论把教学过程看作是师生"对话"的过程，它把教学看作双向互动的过程，它提倡师生平等、自我实现、共同分享、主动参与、双向互动，主张师生对话、生生对话。通过师生间的平等关系实现互动关系。[①] 对话教学理论还认为，教学过程中学生不是被动接受的个体，他们能够积极地进行创造性思维，并能调动他们的自我意识。而在教学活动中，开展对话教学，则要求教师转变角色，建立同学生平等的师生关系，考虑教学过程，以专业知识为载体和对话素材，通过课堂中的语言交流，保证学生意识的积极活动和思维的活跃，并传递教师较深刻全面的观点，丰富学生的思想，弥补他们阅历、视野和专业素养的不足。[②]

自我表露是双向和互动的交流过程，通过平等的师生关系实现师生间的互动关系。由语言形式传递教师全面深刻的观点，它的目的也是为了引起被表露人的思考、回应及表露，并对表露双方，尤其是被表露人产生积极的作用及影响，这也立足于对话教学理论主张以专业知识为载体和对话素材，在平等的师生关系中通过语言交流引发思考与对话并促进个人的发展的要求之上。

（二）监控理论

第二语言习得（Second Language Acquisition/SLA）是在语

[①] 周兴国. 对话教学：有待进一步澄清的几个问题——对当前对话教学理论研究的审视与反思[J]. 课程·教材·教法，2010，30(7)：26-30.

[②] 刘瑞敏. 对话教学理论探究——以巴赫金对话体系为基础[J]. 沈阳工程学院学报(社会科学版)，2014，(2)：279.

言环境和语言条件两个方面通过语言交际交流活动,有意或者无意地获得和学习除母语以外的语言学习。二语习得研究中,由美国语言学家克拉申(Krashen)提出的监控理论是二语习得研究中影响最大的理论体系,他认为语言具有规则或原则约束的系统,语言习得的过程就是将心理规则(原则)或语法内化的过程。① 监控理论提出语言习得与学习假说、监控假说、自然顺序假说、语言输入假说和情感过滤假说,通过语言环境和语言输入两个条件完成"二语"的习得。在五大"假说"中,语言输入假说在理论和实践上都最具重要意义,克拉申提出,一定量的可理解的输入要对语言学习者起作用。他认为,对学习者的语言输入是略高于学习者目前的语言水平,并不断反复出现,才能形成习得。这也就是著名的"i+1"公式。(i=学习者现有的水平,1=学习者下一阶段要达到的水平)。同时,输入的内容应具有可理解性并有趣又相关。② 从克拉申的输入理论可以发现,要向语言学习者输入一定形式、程度的内容,这些内容会有助于学习者语言习得的形成。教师自我表露就是通过语言形式对学生进行学习性输入,内容与教学直接相关或间接相关,教师可根据学生的学习程度和学习需要,掌握自我表露输入语言的内容及层次,为语言习得的形成打下基础。此外,克拉申还指出,习得能够获得足够的语言输入,情感因素起着过滤的作用。语言必须通过学习者个人的情感过滤,语言才会被吸收,这一情感因素在于学习者个体是否具有明确的学习目的、良好的学习动机、个体是否置身一个良好的学习环境之中,是否具备良好的人格及性格特征,他还强调学习者良好的情感和精神状态会产生较低的屏蔽,会接受较多的输入,反之则输入较少。而具有"i+1"的输入和较低或较弱的情感过滤作用是

---

① 刘正光,冯玉娟,曹剑. 二语习得的社会认知理论及其理论基础[J]. 外国语, 2013,36(6):42-52.

② 王丽萍. 克拉申监控理论述评[J]. 学术交流,2007,(5):146-148.

习得所必须具备的两个条件。① 因此,在学习过程中,应当尽量创造一种情感过滤程度低的环境,排除习得者的心理障碍,这是语言输入的前提和输出效果的保证。习得者不仅要理解语言输入,而且还要愉快地接受语言输入。②

监控理论提出的输入假说强调了外语教学中对语言学习者(习得者)给予输入性语言,其语言输入的内容、程度、频度会影响语言学习者(习得者)对于语言的接受,同时,如果输入的语言内容形式过于枯燥,就很难调动学习者(习得者)的兴趣和积极性,甚至会使学习者(习得者)产生排斥,因此输入内容除了包含词汇语法的篇章输入外,还要为学生提供在轻松愉悦学习环境中的有趣的话语输入。③ 这也证实语言输入的内容与形式会作用于学习者(习得者)的情感并产生情感过滤,输入的语言内容和形式经过学习者(习得者)的情感过滤后不同程度地被吸纳。

情感过滤假说也对本研究教师自我表露输入的内容和形式提供了理论依据:教师自我表露的形式与内容可以根据学生背景与学习需要选择"i+1"模式,而表露的内容一般涉及的都是与课程内容相关的语言内容,同时由于教师赋予表露以个人观点、经历见闻和兴趣爱好等内容形式,这些内容是有趣、生动和形象的,这在一定程度上满足了输入语言内容要具有趣味性的要求,有趣味性的语言输入能使学习者(习得者)产生较低的情感过滤并更多吸收输入性语言。同时,教师进行自我表露作用于环境产生的影响也直接或间接对学生情感因素和个人心理产生作用,这也会对学习者语言学习和习得的养成产生影响。监控理论中的语言输入假说及情感过滤假说也在一定程度上为本研究的研究设想提供了理论依据。

---

① Stephen, D. Krashen. Principles and Practice in Second Language Acquisition [M]. Pergamon, Oxford, 1982.

② 张弓.克拉申"监控理论"在英语教学中的英语[J].教学与管理,2009,(15):142-143.

③ 贾云鹏.二语习得角度下的英语教学理论分析[J].中国教育学刊,2014,(S5):28-29.

(三)动态系统理论

动态系统理论源于经典力学,是指确定性规律随时间演化的系统。[①] 1997年,拉珊-弗里曼(Larsen-Freeman)将其引入应用语言学领域。动态系统理论视角下的语言习得观认为,可将语言学习者视为一个社会系统中的动态子系统,该系统包含大量相互作用的属下动态子系统:认知环境(如记忆能力、智力、母语和二语知识、动机、意图)、社会环境(如与二语的接触、受教育的程度、与教师和同学的社会交往)、教学环境(如课程、教材、教法)以及社会政治环境、客观物质环境等。[②] 而这些子系统之间又相互作用,相互影响,使整个过程形成非线性变化。拉珊-弗里曼认为,语言系统对新的事物和能量是开放的,它通过吸收环境中的新事物和能量增加语言的秩序和复杂性。语言学习者的子系统之间发生复杂的相互作用与关联并产生系统的自组织,继而引起复杂语言的重现,而无须先天的机制的存在。[③] 动态系统理论为二语习得的研究开辟了一条新的认知领域,它认为语言的学习受多种因素作用和影响,二语习得的形成不能靠固有的模式和形式及方法使其形成线性发展的过程,语言者学习的过程是一个动态发展的过程,其中每个子系统中的诸多变化、细小差异都会对学习者语言学习产生作用和影响。在目前已有的动态系统理论视阈下对进行二语学习的研究也表明,学习者在词汇、语法、语言、学习习惯等方面,即便在相同或相似的背景、学习环境与教学方法中仍然存在较大的差异,有些学习者的学习过程呈现S型而非线性。这也再次表明,二语学习过程中,应考虑子系统中更多变量对学习者的影响,语言者学习的过程中有不可控因素的影响和作用,如一项关于二语习得者词汇量输入的研究就表明,学习者二语词汇

[①] 沈昌洪,吕敏.动态系统理论与二语习得[J].外语研究,2008,(3):65.
[②] 韦晓保.第二语言习得研究的新视角——D-C-G模式[J].外语界,2012,(5):20.
[③] 同上.

的发展呈线性趋势,即并非学习者付出了时间和精力,各项词汇能力就一定会得到提高。① 因此,动态系统理论认为,语言学习的系统是发展变化和敏感的,任何细微因素和细小的变化都会对二语学习产生影响,甚至是蝴蝶效应,因此,二语学习和语言习得的形成,要考虑某些变量对其他某些变量的影响,甚至是对整个系统产生的作用及影响。大学英语教学存在教师与学生之间的交往、存在师生之间的信息传递和语言输入及输出,更有多样的教学环境影响着师生间的教学交往活动,在复杂多变的教学过程中,必然会产生更多影响学习者语言输入的子系统因素,也会产生更多影响学习者学习的变量。基于动态系统理论提供的理论依据,教师自我表露也可以作为对语言学习者学习产生积极影响的变量,教师自我表露作用于学生、作用于课堂教学、作用于学生的语言学习,它产生的作用和影响亦会对学生的第二语言学习产生非线性的变化。

第二节 本研究的理论模型构建及分析框架

马克思认为:"人只有在交往的世界性的普遍的发展中,才能超越动物的生存条件。人也只有在一定社会关系中,把社区积累的共同财富内化到自身,获得人的现实实践本性。反过来说,社群间的个体相互封闭、缺乏沟通与交流,社群就失去了存在的可能,个体也就失去了发展的机会。"② 人作为群体存在的共同体,要发展就要有交往,在交往的过程中,由语言充当中介和载体并产生传递和交换,实现群体存在和个体发展。

大学英语课堂教学活动,是社会中存在的个体进行的群体性

---

① 张振虹,杨啸鸣. 动态系统理论框架下的二语习得实证研究述评[J]. 天津大学学报(社会科学版),2015,(2):160.

② 转引自张文喜. 马克思的交往理论及其价值特性[J]. 云南社会科学,2000,(6):23.

活动,也是群体存在及个体发展的需要,其宏观目的是为了提高学生的语言水平及语言的综合运用能力,更好地满足社会发展的需求并实现个人价值,在微观层面是为了完成教学大纲对学生语言发展提出的不同要求,并在教学的过程中不断提高学生语言学习的兴趣,树立学生的学习意识、帮助学生习得语言的语法规则、熟练运用语言,并形成良性循环的语言学习过程。

语言的学习不是一个简单的学习语言语法规则的过程,语言本身融合了人文、社会及心理等方面的内涵,语言语法规则的传递与习得的养成也要通过复杂的语言输入与接收过程,学习者自身更是一个复杂的学习系统与子系统,语言输入的过程中,受语言输入形式内容和教学环境等因素的影响,学习者要对语言进行复杂的加工与再加工,最终形成对第二语言的学习并形成习得。这是一个非常复杂烦琐的过程,它涉及涵盖社会全方位信息的语言文字,包含处于社会生活中的教师与学生,也涉及所有社会个体需要接触的社会环境。因此,在第二语言学习的过程中,教师与学生的课堂学习一定是交往、交流、交换、渗透的过程,在这个过程中双方彼此影响,彼此联系,彼此作用,最终形成对知识的传递、语言习惯的形成、语言习得的养成。这一语言学习并形成习得的过程也符合交往理论和交换理论。

基于相关理论,结合本研究的内容,笔者认为在课堂教学中,教师根据教学内容,结合英语语言教学环境进行自我表露(语言输入),教师与学生之间形成信息的交换和渗透,对学生产生作用。教师自我表露受个人因素影响,它对学生产生的作用也会受到学生的个人因素制约。基于此,本研究对教师自我表露的过程及影响因素尝试建构模型(如图3-1所示)。

此外,本研究重点是在交往的教学环境中,大学英语教师自我表露的现状、教师自我表露的内容、影响因素、对课堂教学和对学生学习的作用及影响及教师自我表露的策略。依据本研究相关理论,笔者提出了本研究的分析框架,如图3-2所示,本研究要在课堂交往的教学环境中,在自我表露相关理论和大学英语教学基本理论的基础上,着重探讨大学英语教师自我表露的现状、自我表露的内容、影响表露的因素、产生的作用以及进行自我表露的策略。

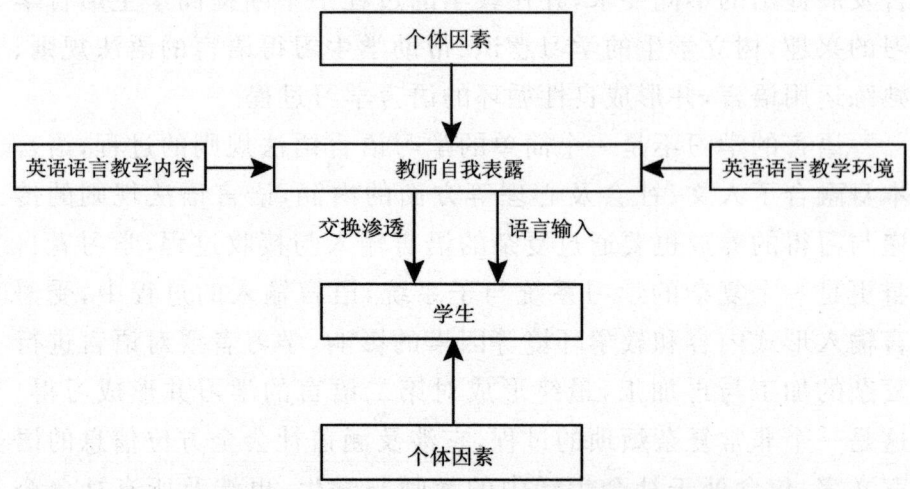

图 3-1　大学英语教师课堂教学中自我表露的过程和影响因素理论假设模型

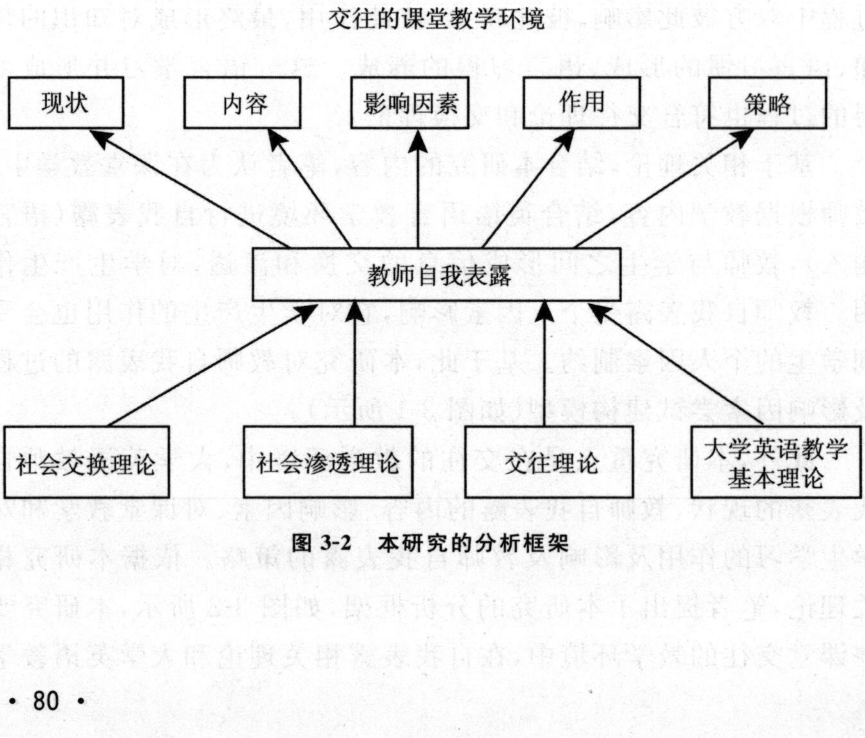

图 3-2　本研究的分析框架

第四章　研究思路与研究方法

将定性研究与定量研究相结合,基于对大学英语课堂教学的观察,实施与教师和学生的访谈,配合学生问卷,获取课堂教学中教师自我表露情况的第一手资料。通过访谈了解教师对自我表露的认识、理解和运用,更从学生角度获取信息了解大学英语教师自我表露对课堂教学和对学生语言学习产生的作用。

第一节　研究思路

本研究以两所大学的大学英语教学课堂为场域,以交往是促进群体及个体发展的必由之路为理论基础,探寻大学英语课堂教学过程中教师自我表露的情况,深入了解和探究教师自我表露对学生学习及课堂教学产生的作用与影响,分析影响教师自我表露的因素,试图探究大学英语教师进行自我表露的策略。

需要特别说明的是,本研究主要是为了探究教师自我表露对学生及其学生英语语言学习的作用和影响,并基于自我表露的作用、影响表露的因素探究大学英语教师自我表露的策略。学生是教师自我表露最直接的体验者、感受者、受益者与反馈者,因此,要了解教师自我表露的作用影响,学生的态度观点是最直接也是最有说服力的证据之一。因此,本研究在学生中展开了一定规模的问卷调查,通过相当数量的学生观点反映学生对教师自我表露的态度、观点、看法、建议及反馈。对于大学英语教师,与之前多数学者的研究内容不同,本研究并非基于教师为主体探究大学英语教师自我表露的内容程度，也不是了解大学英语教师对不同表露对象在表露内容、表露程度上的差异，而是要通过对大学英语教师课堂教学现状的认识，探究教师自我表露的现状，明确教师对自我表露的态度、观点和看法等。因此对于教师自我表露情况信息的获取，本研究采用了全面的课堂观察和深入的教师访谈。通过实地的课堂观察，通过直观、清晰的方式了解教师自我表露现状，接触和体会教师进行自我表露的情况，并直接感受教师自我表露带给课堂教学及学生的影响；通过与教师的访谈，更能准确、深入、全面地了解教师对自我表露的态度、观点、意见、看法及运用，并及时结合教师在课堂中呈现出的状态通过进一步的访谈获取更多来自教师的观点和信息。

基于对本研究研究目的分析，总体来说，研究思路包括以下几方面。

通过对现有文献的阅读、整理和分析，提出大学英语教师进行自我表露可能涉及的内容（包括内容维度以及在课堂教学中适宜进行自我表露的内容筛选）、设计相关问卷和访谈问题。

进入大学英语教学课堂，通过对课堂的观察，了解大学英语教师自我表露的现状，感受教师自我表露直观作用于学生和课堂教学所产生的作用。

在课堂教学之外与大学英语教师和学生进行访谈，获取学生、教师对自我表露的态度、观点、认识以及在课堂上未直接展现或被隐藏的信息。

通过问卷在学生中了解大学英语教师课堂教学中自我表露的情况、了解学生对教师自我表露的态度和直观感受，探究教师自我表露对课堂教学、对学生英语学习和个人发展产生的作用和影响。

通过教师对自我表露的认识及向学生进行的自我表露、透过学生的反馈，验证大学英语教师自我表露对课堂教学及对学生英语学习的作用，寻求教师自我表露的策略。

第二节 研究方法

一、观察法和访谈法

"定性研究对行动的研究主要从动机和意义的角度出发,通过解释实践行动的动机、意图及影响,来类比、理解和预测相似社会行动和现象。"[1]定性研究具有注重情境性、重在意义探寻、进行个案式解释及借助理论推论等特征。[2] 定性研究在教育研究中也被广泛运用,其在教育领域的研究具有"在自然情景中研究教育现象、注重整体现象的分析、在动态中把握现象的本质"的特点,并以"直觉与洞察""个人接触"等手段与方法实施研究。[3] 本研究是基于大学英语课堂教学,在实现师生交往的基础上对教师自我表露的研究,将采用定性研究中的观察法和访谈法。

(一)观察法

"观察是人类认识周围世界的一个最基本的方法,也是从事科学研究的一个重要手段。观察不仅是感觉器官感知到事物的过程,更是大脑进行积极思维的过程。"[4]观察者通过对自己研究目的的认识和分析,将自己置身于相应的观察环境之中,建立观察者与被观察对象之间的关系,并从观察的过程中创造出某种东西,这种东西就是与研究内容和研究目的有紧密关联的。观察法

---

[1] 陆益龙.定性社会研究方法[M].北京:商务印书馆,2011:25.
[2] 王富伟.质性研究的推论策略:概括与推广[J].北京大学教育评论,2015,(1):53.
[3] 王嘉毅.定性研究及其在教育研究中的应用[J].西北师大学报(社会科学版),1995,(2):71.
[4] 陈向明.质的研究方法与社会科学研究[M].北京:教育科学出版社,2009.

分为参与型观察与非参与型观察,根据本研究认识与探究大学英语课堂教学情况及教师自我表露情况的研究目的,采用非参与观察的研究方法,以旁观者的身份对大学英语课堂教学情况进行较客观的观察,获取真实的信息。因此,本研究研究者立足大学英语课堂,在教学实际情境当中观察真实的课堂教学情况,并对有价值的课堂教学现象进行深描,从对课堂教学的观察与描述中发现教师自我表露的情况,并从中提炼和分析教师自我表露的现状、内容、特征及学生对教师自我表露的反应、反馈及教师自我表露对课堂教学产生的直观作用。

本研究实施课堂观察的具体情况见表 4-1。

表 4-1　两所学校大学英语课课堂观察情况统计表

学校	观课时长	年级	涉及专业
M 大学	15 节	7 节(1 年级) 8 节(2 年级)	国际经济与贸易、会计学、民族学、电气工程及其自动化、保险学、历史学、新闻学、汉语言文学、应用化学、法学等
S 大学	17 节	10 节(1 年级) 7 节(2 年级)	数学与应用数学、新闻学、酒店管理、社会工作、应用心理学、会计学、历史学、学前教育、物理学、电子信息工程、地理科学、汉语言文学等

此外,本研究进行的观察是基于课堂教学实际,对教师在特定教学环境中自我表露的观察,教师的自我表露一定要与教学内容相关,一定要结合教学需要,绝不能是脱离教学实际与教学内容无关的表露或随意的聊天,更不能是与教学内容完全脱节的个人信息传递。因此,本研究也根据研究目的制订了课堂观察的标准,见表 4-2、表 4-3:

表 4-2　课堂观察内容选择标准

内容 是否选择	完全与教学内容有关的表露	部分与教学内容有关的表露	与教学相关内容有关的表露	适应教学环境要求的表露	满足教学需要的表露	满足学生需求或学习要求的表露
	√	√	√	√	√	√

表 4-3　课堂观察内容剔除标准

内容 是否选择	完全与教学内容无关的表露	完全与课堂教学环境不适应的表露	不符合学生学习要求的表露	与教学无关单纯的聊天	为取悦学生或炫耀自己的表露	不适宜在课堂教学中进行的表露（家长里短、个人隐私、琐事等）
	×	×	×	×	×	×

（二）访谈法

观察法有时候难以获得有效的信息,被研究者的观点、态度、认识、理解、看法、动机等难以仅仅通过观察的方法获得信息,因此访谈就是必要收集定性社会研究资料的手段。[①] 本研究为了了解大学英语教师自我表露的情况,并以此探究教师自我表露的具体运用及其产生的作用,这就要对表露主体——教师进行观点信息的深度挖掘:了解教师对自我表露的认识、理解及看法,结合教师个人情况探究进行自我表露的步骤、策略等。访谈中获取的这些信息是对课堂观察有益的补充。本研究运用半结构式访谈,在访谈提纲的指导下,与两所大学的大学英语教师(包括部分进行课堂观察班级的任课教师及没有观察其课堂教学的教师)及学生进行了全面深入的访谈。(教师访谈提纲见附录2,学生访谈提纲

---

① 陆益龙. 定性社会研究方法[M]. 北京:商务印书馆,2011:130.

见附录3。)

本研究进行访谈的具体情况见表4-4。

表4-4 访谈对象具体情况

	人数	性别(人数)	年龄分布
教师	31人	女教师(17人) 男教师(14人)	33~48岁
学生	8人	女生(5人) 男生(3人)	18~20岁

(三)调查对象的选择

研究主要采用目的性抽样并结合方便原则,选取M大学与S大学两所全日制普通高校的大学英语课堂及大学英语教师和学生作为观察和访谈的对象。M大学与S大学的大学英语教学在一、二年级学生中开展,为期四个教学学期。两所大学所涉及的大学英语教学班级数量都相对庞大。M大学的大学英语教学采用的是分级教学,即根据学生入学时英语成绩高低将教学行政班分别划分为不同级别。每学期一二年级大学英语教学班215个左右。S大学的大学英语教学是以学生所学专业行政班级为教学单位,教学中根据学生所学专业不同采用不同的教材。每学期一二年级大学英语教学班约165个。由于两所学校大学英语教学班级多,涉及教师数量多,为了更全面了解真实的教学情况,就要尽可能多次进入不同的教学班级进行观察。

"研究者要了解被研究者的体验、情感、情绪,要从'局内人'而不是从'局外人'的视角,设身处地,感同身受显得非常重要。"[①]笔者作为大学英语教师,承担着不同教学班的大学英语教学任务,因此,笔者可以作为局外人和局内人并从不同的角度和视阈下观察课堂。作为局外人,笔者可以在一定程度上依托自身对大

---

① 余东升. 质性研究:教育学研究的人文学范式[J]. 高等教育研究,2010,(7):68.

学英语教学的理解,将自己"悬置"起来,更为客观理性地对同行的课堂教学进行有目的性、有针对性的观察,并将其与自己的课堂教学进行比较,探究相似的方面,寻求不同之处。"作为局内人,与被研究者有着类似的生活体验,会对研究人的情绪、经历体察得更加入微,可以站在被研究人的立场上对研究结果进行解释。"① 笔者有着丰富的大学英语教学经验,所讲授部分课程也与M大学和S大学部分被观察教师课堂所授课程一致,在进行课堂观察的时候,能够理解教师教学中许多细节的初衷和目的,能基于教师角度对观察到的课堂现象给予分析、评估。有了身份上的便利,笔者可以根据研究需要不断变换自己"局外人"与"局内人"的身份,以局外人的身份了解当前大学英语教师自我表露的现状、内容、表现形式和教师自我表露对课堂教学和对学生产生的直观影响,从局内人的角度分析和探究教师自我表露对学生、对学生语言学习及课堂教学产生的深层次作用,并探索教师自我表露的有效策略。

(四)研究资料的收集

教育是一种社会现象,观察对于认识教育现象,收集研究的第一手资料起着重要的作用。② 王鉴教授说:"研究者作为观察者从日常教学事件发生、发展和变化的点滴行为窥视出被观察者的教学行为以及针对教材内容所展开的教学情况,从而更直接、客观地观察、描述课堂教学的现象。"研究者通过将观察到的课堂现象与自己的理论体系与知识素养融合在一起,能够对教学的意义与价值等做出合理、科学、系统的解释。③ 基于对研究方法的认识,本研究采用了时间抽样观察法,在特定教学时间内观察教师的上课情况,通过非参与式观察的形式来观察教师在大学英语教学的课堂中自我表露的内容、自我表露的频度;采用场面抽样观

---

① 陈向明. 质的研究方法与社会科学研究[M]. 北京:教育科学出版社,2009:134.
② 李秉德,檀仁梅. 教育科学研究方法[M]. 北京:人民教育出版社,2001:39.
③ 王鉴. 课堂研究引论[J]. 教育研究,2003,(6):83.

察法观察教师进行自我表露的内容、表达的形式及学生在教师自我表露前、中、后的表现及反应;或观察教师在某一表露场景下教师和学生的具体表现。在观察的过程中,笔者使用了教师自我表露观察记录表(见附录4)记录教师在课堂中的表现,教师是否进行自我表露、自我表露的时间点、时长,具体不同内容的表露、自我表露的程度、表露所使用的方式、运用的手段等,并对教师进行自我表露时男女学生的不同表现、反馈、对课堂教学的配合程度、积极性、师生的互动等情况进行观察。观察过程中在教师允许的情况下辅以拍照、录音等辅助手段,笔者还将自己对教师课堂中的教学行为及时记录下来并进行文字形式的反思。

  在两所大学,笔者对大学英语课堂进行了非参与式的观察,在课堂观察的过程中,笔者还会注意到在课堂中表现积极活跃、参与度高或表现不活跃、上课全程较沉默的学生,并积极邀请他们作为课后的访谈对象。当笔者进行了自我介绍并简要介绍了自己的研究后,多数学生对笔者的研究表现出兴趣,表示愿意接受访谈,在与学生进行的访谈中,主要采用半结构式访谈,了解学生对目前教学的态度观点以及对教师自我表露的认识及看法。(访谈提纲见附录)除了向学生提出与笔者研究相关的问题外,还就笔者在课堂教学中观察到的现象和具体的教学状况与学生进行相关的交流。

  对不善于言辞的学生,笔者会给予他们一些启发,但会留给学生更多的时间畅所欲言,让他们表达对大学英语课程的认识、分享对教师进行自我表露的体会和感受,更鼓励他们对教师教学提出希望和要求。由于本研究还针对教师教学中的自我表露开展了学生问卷,因此,参与学生访谈的人数较少,最终两校进行访谈的学生人数为8人,女生5人,男生3人。

  与教师进行的访谈,笔者选择了课间或课后邀请大学英语教师进行访谈。在M大学,很多教师在课间或课后欣然前往邀约地点,访谈时间较充分。也有些比较忙的教师在电话里接受了访谈。在S大学进行的教师访谈,有的是在进行完课堂观察之后邀请该任课教师进行的访谈,也有的教师是在上课间隙或课后接受访谈。本研究访谈教师包括部分进行课堂教学观察班级的任课教师,也包括没有进行课堂教学观察班级的教师。教师访谈采用文字记录并在教师许可下配合录音。最终两所大学参与访谈的大学英语教师共计31人。在访谈进行中,对于在课堂教学观察后参与访谈的教师,发现其态度观点与其在课堂中的表现有吻合之处,也有的教师认可自我表露,却从未或很少在课堂中向学生进行过自我表露。这一现象引起了笔者的注意,并继续向教师追问,最终发掘到较有价值的观点。

(五)资料的整理

李秉德先生曾指出:"材料的收集、整理、研究这三个阶段的划分并不是绝对的,往往是边收集材料边对材料做初步整理,在系统地整理材料时就作了初步的研究工作。"[1]陈向明也提出:"在概念上,整理资料和分析资料这两个活动似乎可以分开进行,但是在实际操作时,它们是一个同步进行的活动。"[2]本研究每次进行完课堂观察和访谈后,笔者会在第一时间将观察和访谈到的内容(包括图片和录音)以文字的形式整理记录下来。"因为常常在打开录音机和关闭录音机之后有很多重要的信息,及时整理可以帮助我们增补信息。"[3]这种记录是对材料较为全面细致的记录,对观察到的现象进行细节的补漏和对简化内容的扩展。初步对教师课堂中的表现情况进行具体的分类和归纳,将学生对教师自我表露所产生的反应及反馈也进行分类和归纳。

对教师访谈材料的整理则是将访谈中被访者的言语行为和非言语行为作了整理和记录,并根据本研究的研究问题,将教师的个人信息、教育背景、教学理念、对大学英语教学的认识、对课堂中教师角色的理解和认识,实施课堂教学的手段、方法以及对

---

[1] 李秉德,檀仁梅. 教育科学研究方法[M]. 北京:人民教育出版社,2001:239.
[2] 陈向明. 质的研究方法与社会科学研究[M]. 北京:教育科学出版社,2009:270.
[3] 同上,第272页.

自我表露的认识和看法及使用等一一进行归纳和整理,提炼出两所学校大学英语教师对自身教学、对教师课堂教学中的行为及对教师自我表露的态度观点和看法,并在观察和访谈总结归纳的材料之上完善对研究报告的撰写。

在具体的文字整理和内容梳理上,笔者借鉴了王鉴教授提出的观察—访谈—深描—案例[①]的方法。在撰写的过程中注意被观察对象和被访谈对象表现出的具体细节,并将它们通过细致的文字展现出来,尤其是对其中具有代表性的内容进行典型案例描述,并试图从中提炼其现象所隐藏的本质及原因,揭示大学英语教师自我表露的作用与意义。

实践调研的写作,笔者以大学英语课堂教学的课前、课中和课后为主线。包括课前教室的陈列情况,学生和教师的精神面貌、教师和学生的课前准备情况等。课中描述课堂授课的内容,教师采用的教学方法与手段、教师与学生交流的途径、教师进行自我表露的内容、时机、方式方法、学生在课堂中的表现及反应、师生关系的亲疏、课堂气氛的发展变化等。课后主要对教师与学生进行的后续交流、感情的流露、观点的表达等情况进行描述,并就学生对教师自我表露的回应及反馈进行描述。

本研究参与访谈的教师以编号形式代替对教师的称呼如1号教师;课堂观察部分出现的教师,以字母称呼如L老师;参与访谈的学生以字母S添加数字赋予学生称谓,如S1、S2。

二、问卷法

本研究还旨在了解教师自我表露对学生英语学习产生的作用和影响,除了在两校对大学英语教师课堂教学进行观察、对教师和学生进行访谈了解教师自我表露的内容、形式、作用等相关信息外,还要在学生中通过问卷调查的方法获取教师自我表露对

---

① 王鉴. 课堂研究概论[M]. 北京:人民教育出版社,2007:189.

学生产生的作用、学生对教师自我表露的认识、理解、体会和意见反馈等信息。通过学生的反馈探究教师自我表露对学生的作用、对课堂教学的作用,明确学生的学习需求,并对教师自我表露提供策略、提出建议。

(一)调查对象

本研究问卷以 M 大学和 S 大学 2013—2014 学年第二学期大一及大二年级 1719 名本科生为样本,其中 M 大学 977 人,S 大学 742 人;一年级学生 438 人,二年级学生 1280 人(1 人年级信息缺失);男生 663 人,女生 1056 人;文科专业 765 人,理工科专业 954 人;汉族 961 人,少数民族学生 758 人。人数比见表 4-5。

表 4-5　两校学生问卷调查对象人数及百分比

学校		学生年级		学生性别		学生专业		学生民族	
M 大学	S 大学	一年级	二年级	男生	女生	文科	理工科	汉族	少数民族
977 人 (56.8%)	742 人 (43.2%)	438 人 (25.5%)	1280 人 (74.5%)	663 人 (38.6%)	1056 人 (61.4%)	765 人 (44.5%)	954 人 (55.5%)	961 人 (55.9%)	758 人 (44.1%)

(二)样本的收集

本研究的问卷从大学英语教师课堂教学自我表露情况、大学英语教师自我表露对学生个人产生的影响、学生对教师自我表露的要求与期望等方面了解大学英语教师课堂教学中自我表露的情况,同时问卷中也涉及了任课教师的相关信息。

本研究问卷自 2014 年 6 月起分别在 M 大学和 S 大学发放,问卷的发放考虑了两校学生所学的专业、人数,以两所学校大学英语教学行政班为单位发放,主要通过大学英语任课教师发放问卷。研究之初计划在两所学校各发放问卷 700 份左右,兼顾各年级并涉及两所学校主要专业。问卷填写 15 分钟左右,基本在课间进行,由于是受笔者所托,大学英语教师亲自发放并要求学生完成问卷,学生填写问卷都比较认真,遇到不清楚的地方还会举手提问。被试者完成后,问卷当堂收回,为保证数据的可靠和精准,要求被试学生匿名回答,并保证学生个人信息不出现在任何数据分析和文章中。

问卷发放的过程中也遇到了一些问题:6月是高考月,S大学部分大学英语教师担任高考英语阅卷的工作,当阅卷工作结束S大学2013—2014学年第二学期的大学英语课也已结束,这些负责进行高考阅卷的老师主要承担着该校大一年级的大学英语教学任务,因此,在S大学进行大一学生问卷发放的过程中就出现了承担高考阅卷工作的教师班级的问卷发放工作未完成的情况。因此,本研究问卷中一年级学生人数少于二年级学生人数。最终,在两校共发放问卷1980份,回收问卷1934份,剔除未填写完成或明显胡乱勾选、连续选择多个相同选项、有规律的交替勾选等无效问卷215份,有效问卷1719份。

(三)问卷设计及信效度测试

本研究的问卷由六部分组成(见附录1)。第一部分调查学生基本信息,包括学生性别、民族、所在学校、所在年级、所学专业。

第二部分调查学生英语学习主观意愿的相关信息,包括近一年来学生英语的愿望、对英语学习的喜爱、对目前大学英语任课教师的喜爱程度及近一年来英语学习兴趣变化的规律。

第三部分(教师自我表露内容问卷)调查大学英语教师进行自我表露的内容情况。包括大学英语任课教师的性别、年龄和性格。使用教师自我表露内容问卷(包括态度观点、工作学习、兴趣爱好、情感情绪四个维度,共计28题。

第四部分(教师自我表露作用问卷)调查大学英语教师自我表露对学生产生的作用。包括对学生英语学习产生的积极作用、对师生关系和课堂活动产生的积极作用、对学生个人产生的积极作用、以及对学生英语学习产生的潜在的消极作用四个维度,共计26题。

第五部分(学生意愿问卷)调查学生对大学英语教师自我表露的意愿与要求。包括学生对大学英语教师在课堂教学中自我表露形式的意愿;学生对教师自我表露具体运用的意愿两个维度,共计12题(其中包括多选题1题)。

第六部分,开放式问题,征求学生对大学英语教师自我表露的意见与建议。

在研究之初对学生问卷进行试测,在试测验证了问卷的信效度之后方才实施正式的问卷测试。

1. 问卷试测情况

(1)教师自我表露内容问卷

本研究的第三部分教师自我表露内容问卷参考了朱拉德自我表露问卷(Jourard Self-disclosure Questionnaire,JSDQ),朱拉德自我表露问卷通过六个表露的维度,包括态度和观点、兴趣和爱好、学习或工作、金钱、个性、身体,每个维度由十个项目组成,共60个项目,每个项目针对五个目标人(父亲、母亲、男性朋友、女性朋友及配偶)分别回答自我表露的程度。根据本研究的需要,选取了朱拉德自我表露问卷中涉及"态度和观点""兴趣和爱好""学习和工作"的内容,并增加了"情感情绪"方面的内容。

在形成初始问卷后,邀请了两名英语教学方面的专家和一名心理学研究的教授审阅了条目,对一些问题条目进行了修改和更正。并在2014年5月选择M大学两个英语教学班进行了问卷试测,样本数88人。教师自我表露内容问卷信度为0.876,效度在进行了探索因素分析后,删除4道题目,贡献率为58%,检出4个因子。

布莱曼(Bryman)和克莱姆(Cramer)认为,信度系数在0.80以上,表示量表有高的信度。[1] 通过对试测问卷中教师自我表露量表的内部信度和结构效度分析,其信度系数为0.876,教师自我表露内容问卷的内部效度,各题项在相应因子上的因子负荷值

---

[1] 吴明隆.SPSS统计应用实务[M].北京:中国铁道出版社,2000:47.

0.520~0.800之间；吴明隆认为，因素负荷量愈大，变量能测量到的共同因素特质愈多，因素负荷值在0.71，则题项变量状况即甚为理想；因素负荷值在0.63，则题项变量状况非常好；因素负荷量在0.5，题项变量状况好；因素负荷量在0.45，则题项变量状况为普通。因此，因素负荷量的挑选标准最好在0.45以上。① 因此，本研究就教师自我表露问卷中因子负荷低于0.45或0.45的题项予以删除。在对问卷中自我表露量表的题目进行修改和删除之后，增加两题。

（2）教师自我表露作用问卷

教师自我表露作用问卷根据朱拉德著作《透明的自我》一书中关于自我表露作用和影响的论述②，参考了史清敏等人所做《教师自我表露教学效果的跨文化比较》研究中的问卷维度，③结合了其戈德斯坦的《自我表露认可问卷》的相关内容，自编测试问卷。

史清敏等人的研究将教师自我表露的作用和效果划分为三个维度共计17个题目：师生关系与师生交流、学生的学习效果和课堂参与，并采用里克特五点量表，测试被试反应方式从1：非常不同意到5：非常同意。根据本研究研究目的，将本研究教师自我表露作用问卷归为三个维度：教师自我表露对学生产生的积极作用；对学生英语学习产生的潜在消极作用及对师生关系的积极作用，共计26题，采用五级制（1＝完全不符合，2＝多数不符合，3＝一半符合，4＝多数符合，5＝完全符合）。

在M大学进行的试测中，教师自我表露作用问卷的信度为0.865，效度做了探索因素分析，删除5道题目后，贡献率为60%，检出3个因子。教师自我表露作用量表各题项在相应因子上的

---

① 吴明隆．问卷统计分析实务——SPSS的操作与应用[M]．重庆：重庆大学出版社，2010：201．

② Jourard, S. M. The Transparent Self (2nd ed)[M]. Litton Educational Publishing, Inc,1971.

③ 史清敏,张绍安,罗晓．教师自我表露教学效果的跨文化比较[J]．教师教育研究，2008,(3):47-49.

负荷值在 0.553~0.947 的范围内,也符合因素负荷量大于 0.45 的标准。试测结果与问卷设计预期大体一致。试测结束后,根据其显示的结果,两位英语教学专家和心理学教授对量表中部分题目措辞和题目进行修改之后,实施正式的问卷测试。

2. 问卷正式测试情况

问卷信效度分析:正式测试的问卷中,对第三部分教师自我表露内容问卷、第四部分教师自我表露作用问卷和第五部分学生意愿问卷三个问卷进行信效度分析。

问卷效度分析:对问卷进行探索性因子分析。效度分析时,主要采用主成分分析法(principal components analysis)和最大方差法(varimax)进行问卷的探索性因素分析,并按照以下标准剔除问卷中的不合理项目:因素负荷值小于 0.3,因素层面涵盖题项少于 3 个的项目;在删除不合理项目之后,再做探索性因子分析。在效度分析的基础上进行信度分析。本研究采用内部一致性系数(Cronbach a 系数)来检测各题项之间的一致性。

(1)教师自我表露内容问卷信效度分析

效度分析:首次探索性因子分析结果显示,KMO 为 0.961,Bartlett 球形检验 x^2 为 22910(自由度为 378),达到显著水平(p 小于 0.000)。说明问卷适合做因子分析。第一次因素分析,抽取特征值大于 1 的 5 个因子,累计方差贡献率为 59.609%。然后根据以上标准经过多次探索删去 5 道题目,删去题目后,因素结构会发生变化,因此再次进行因素探索。第二次探索性因子分析结果显示,KMO 为 0.952,Bartlett 球形检验 x^2 为 17650(自由度为 253),达到显著水平(p 小于 0.000)。说明问卷适合做因子分析。抽取特征值大于 1 的 4 个因子,累计方差贡献率为 58.232%。各因素特征值方差贡献率与因素构成各项目分别见表 4-6、表 4-7。

表 4-6　教师自我表露内容问卷因素特征值方差贡献率

成分	初始特征值			提取平方和载入			旋转平方和载入		
	合计	方差的%	累计%	合计	方差的%	累计%	合计	方差的%	累计%
1	9.084	39.495	39.495	9.084	39.495	39.495	3.820	16.609	16.609
2	1.712	7.441	46.936	1.712	7.441	46.936	3.733	16.229	32.838
3	1.524	6.628	53.565	1.524	6.628	53.565	3.193	13.884	46.722
4	1.074	4.668	58.232	1.074	4.668	58.232	2.647	11.510	58.232
5	.850	3.697	61.929						
6	.704	3.060	64.989						
7	.685	2.979	67.968						
8	.610	2.652	70.621						
9	.586	2.548	73.169						
10	.558	2.426	75.595						
11	.548	2.383	77.979						
12	.540	2.349	80.328						
13	.491	2.135	82.462						
14	.474	2.061	84.523						
15	.457	1.988	86.511						
16	.440	1.912	88.423						
17	.418	1.817	90.239						
18	.409	1.780	92.020						
19	.397	1.725	93.745						
20	.389	1.690	95.435						
21	.376	1.633	97.068						
22	.350	1.520	98.588						
23	.325	1.412	100.000						

表 4-7　教师自我表露内容问卷因素构成各项目

	成分			
	1	2	3	4
C18	.721	.194	.160	.131
C16	.697	.153	.146	.283
C19	.692	.224	.230	.193
C15	.650	.191	.309	.137
C14	.617	.245	.261	.218
C13	.604	.174	.150	.361
C2	.067	.726	.219	.029
C5	.200	.649	.220	.247
C6	.217	.638	.290	.089
C3	.262	.635	.039	.231
C1	.001	.632	.253	.098
C7	.308	.596	.087	.210
C8	.331	.569	.094	.287
C4	.479	.569	−.035	.213
C25	.098	.141	.819	.108
C24	.118	.172	.779	.180
C27	.273	.201	.690	.063
C23	.271	.249	.636	192
C26	.405	.151	.555	.129
C12	.219	.177	.047	.718
C9	.214	.213	.097	.710
C11	.327	.174	.240	.678
C10	.188	.228	.328	.655

根据测试结果、结合研究内容对因子进行命名：

因素1包含6个题项，主要涉及工作学习的经历见闻等关联，命名为"工作学习"。

因素2包含8个题项，主要涉及观点、看法、态度等关联，命名为"态度观点"。

因素 3 包 5 个题项,主要涉及情感情绪关联,命名为"情感情绪"。

因素 4 包含 4 个题项,主要涉及兴趣、爱好、喜好关联,命名为"兴趣爱好"。

信度分析:对教师自我表露内容问卷中包含四个因素和问卷总信度进行分析,见表 4-8。

表 4-8 教师自我表露内容问卷信度分析结果

	克伦巴赫 a 系数	题项数目
工作学习	.859	6
态度观点	.858	8
情感情绪	.837	5
兴趣爱好	.789	4
总问卷	.930	23

以上结果可以看出,问卷各个维度以及总问卷信度均高于 0.78,说明问卷信度较好。

(2)教师自我表露作用问卷信效度分析

效度分析:首次探索性因子分析结果显示,KMO 为 0.952,Bartlett 球形检验 x^2 为 26780(自由度为 325),达到显著水平(p 小于 0.000)。说明问卷适合做因子分析。第一次因素分析,抽取特征值大于 1 的 4 个因子,累计方差贡献率为 63.113%。然后根据以上标准无须删去题目。各因素特征值方差贡献率与因素构成各项目分别见表 4-9、表 4-10。

表 4-9 教师自我表露作用问卷因素特征值方差贡献率

成分	初始特征值			提取平方和载入			旋转平方和载入		
	合计	方差的 %	累计%	合计	方差的 %	累计%	合计	方差的 %	累计%
1	9.792	37.660	37.660	9.792	37.660	37.660	5.059	19.456	19.456
2	4.323	16.626	54.286	4.323	16.626	54.286	5.040	19.384	38.840

续表

成分	初始特征值			提取平方和载入			旋转平方和载入		
	合计	方差的%	累计%	合计	方差的%	累计%	合计	方差的%	累计%
3	1.253	4.819	59.105	1.253	4.819	59.105	3.515	13.518	52.359
4	1.042	4.008	63.113	1.042	4.008	63.113	2.796	10.754	63.113
5	.845	3.251	66.364						
6	.803	3.089	69.453						
7	.685	2.635	72.088						
8	.565	2.175	74.263						
9	.552	2.124	76.387						
10	.511	1.967	78.354						
11	.502	1.930	80.284						
12	.470	1.809	82.093						
13	.449	1.726	83.820						
14	.415	1.598	85.417						
15	.415	1.597	87.014						
16	.373	1.436	88.450						
17	.356	1.371	89.821						
18	.339	1.304	91.125						
19	.336	1.293	92.418						
20	.314	1.209	93.626						
21	.308	1.186	94.813						
22	.295	1.134	95.947						
23	.292	1.122	97.069						
24	.272	1.048	98.117						
25	.258	.992	99.109						
26	.232	.891	100.000						

表 4-10　教师自我表露作用问卷因素构成各项目

	成分			
	1	2	3	4
D2	.804	-.195	.126	.236
D3	.781	-.167	.178	.192
D1	.764	-.123	.072	.237
D4	.748	-.120	.301	.151
D5	.710	-.101	.407	.142
D6	.664	-.134	.379	.220
D8	.535	-.117	.513	.196
D10	.465	-.159	.342	.462
D15	.432	-.130	.414	.417
D23	-.125	.834	-.075	-.085
D25	-.095	.827	-.104	-.014
D22	-.155	.820	-.021	-.079
D24	-.052	.808	-.157	.001
D26	-.127	.780	-.071	-.123
D21	-.072	.746	.017	-.050
D20	-.106	.718	.022	-.097
D19	-.081	.634	.238	-.039
D13	.139	.106	.704	.198
D9	.360	-.019	.679	.152
D12	.276	.012	.661	.322
D14	.218	-.057	.657	.237
D7	.536	-.062	.546	.103
D17	.314	-.161	.183	.786
D18	.247	-.050	.263	.709
D16	.163	-.060	.229	.705
D11	.435	-.150	.358	.487

第四章 研究思路与研究方法

根据测试结果、结合研究内容对因子进行命名。

因素 1 包含 9 个题项,主要涉及师生关系及课堂活动相关关联,命名为"师生关系和课堂活动的积极作用"。

因素 2 包含 8 个题项,主要涉及对学生英语学习的潜在消极影响关联,命名为"英语学习的潜在消极作用"。

因素 3 包含 5 个题项,主要涉及对学生英语学习积极作用关联,命名为"英语学习的积极作用"。

因素 4 包括 4 个题项,主要涉及对学生个人产生的积极作用关联,命名为"个人发展的积极作用"。

信度分析:对自我表露作用问卷中包含四个因素和问卷总信度进行分析,见表 4-11。

表 4-11 教师自我表露作用问卷信度分析结果

	克伦巴赫 a 系数	题项数目
师生关系和课堂活动的积极作用	.921	9
英语学习的潜在消极作用	.907	8
英语学习的积极作用	.820	5
个人发展的积极作用	.806	4
总问卷	.865	26

通过以上结果可以看出,问卷各个维度以及总问卷信度均高于 0.80,说明问卷信度较好。

(3)学生意愿问卷信效度分析

效度分析:首次探索性因子分析结果显示,KMO 为 0.865,Bartlett 球形检验 x^2 为 5245(自由度为 45),达到显著水平(p 小于 0.000)。说明问卷适合做因子分析。第一次因素分析,抽取特征值大于 1 的 2 个因子,累计方差贡献率为 55.621%。然后根据以上标准经过多次探索,删去 2 道题目,删去题目后,因素结构会发生变化,因此再次进行因素探索。

第二次探索性因子分析结果显示,KMO 为 0.850,Bartlett 球形检验 x^2 为 4476(自由度为 45),达到显著水平(p 小于 0.000)。

说明问卷适合做因子分析。抽取特征值大于 1 的 2 个因子,累计方差贡献率为 56.591%。各因素特征值方差贡献率与因素构成各项目,分别见表 4-12、表 4-13。

表 4-12 学生意愿问卷因素特征值方差贡献率

成分	初始特征值			提取平方和载入			旋转平方和载入		
	合计	方差的%	累计%	合计	方差的%	累计%	合计	方差的%	累计%
1	3.648	40.535	40.535	3.648	40.535	40.535	2.817	31.296	31.296
2	1.445	16.056	56.591	1.445	16.056	56.591	2.277	25.296	56.591
3	.780	8.663	65.254						
4	.678	7.532	72.786						
5	.596	6.622	79.407						
6	.543	6.028	85.436						
7	.497	5.521	90.957						
8	.452	5.025	95.982						
9	.362	4.018	100.000						

表 4-13 学生意愿问卷因素构成各项目

	成分	
	1	2
E9	.840	.052
E8	.813	.123
E10	.729	.214
E11	.637	.176
E7	.562	.244
E3	.086	.791
E1	.114	.780
E4	.195	.740
E6	.373	.585

第四章 研究思路与研究方法

根据测试结果、结合研究内容对因子进行命名。

因素 1 包含 5 个题项,主要涉及学生意愿中的教师自我表露具体运用关联,命名为"教师自我表露的具体运用"。

因素 2 包含 4 个题项,主要涉及学生意愿中的教师自我表露形式方式关联,命名为"教师自我表露的形式方式"。

信度分析:对学生意愿问卷中包含两个因素和问卷总信度进行分析,见表 4-14。

表 4-14 学生意愿问卷信度分析结果

	克隆巴赫 a 系数	题项数目
教师自我表露的具体运用	.789	5
教师自我表露的形式方式	.744	4
总问卷	.812	9

通过以上结果可以看出,问卷各个维度以及总问卷信度均高于 0.74,这说明问卷信度较好。

(四)数据统计

本研究采用 SPSS16.0 统计问卷数据。

具体使用因子分析测量 3 个问卷的结构效度。

选择 t 检验的方法,对不同性别、年级、专业及民族大学生的问卷得分差异进行检验分析。其中包括:对学生视角下不同性别、性格、年龄的教师自我表露的差异分析;教师自我表露对不同性别、专业、年级、民族的学生产生作用的差异分析;不同性别、专业、年级、民族的学生对教师自我表露意愿的差异分析。

采用相关分析的方法:分析教师自我表露不同内容(工作学习、态度观点、情感情绪、兴趣爱好)与师生关系及课堂活动的积极作用、英语学习的潜在消极作用、英语学习的积极作用、个人发展的积极作用之间的相关关系;对教师不同内容的自我表露与学生学习英语的愿望、对任课教师的喜爱及对英语学习的兴趣等进行相关分析。

本研究采用定性与定量结合的研究模式,通过观察与访谈了解教师课堂教学中进行自我表露的具体情况;使用问卷就学生对教师自我表露的认识、看法和要求予以呈现。本研究首先通过对教师课堂教学情况的观察、通过与教师的访谈了解目前大学英语课堂教学的情况及教师自我表露的现状,了解教师对自我表露的认识与看法,并进一步结合教师课堂中自我表露的情况,立足学生角度,明确学生对教师自我表露的态度观点及要求。因此,本研究将首先呈现大学英语教师课堂教学和自我表露的情况,再辅以学生对教师自我表露的态度观点反馈。

要了解目前大学英语课堂教学的现状及教师和学生在课堂中的状态,首先要认识和明确大学英语课堂教学的"应然",基于对理想课堂教学状态的认识,才能对大学英语教学及教师在课堂教学中呈现的状态做出准确的评判。

第五章　大学英语课堂教学的"应然"与两校大学英语课堂教学的"实然"

大学英语课堂教学应在交往的环境中,体现以人为本,以学生为本,以学生的发展为本的原则。课堂教学形式也应遵循"生命课堂""生态课堂"的要求及标准。基于对课堂教学"应然"的认识,才能较客观、较全面地认识、分析课堂教学的"实然"。

第一节　大学英语课堂教学的"应然"

一、教育即交往

教育即交往,个体在大的环境(社会、自然)和小的环境(学校、家庭、课堂)中不断接触其他个体,在与其他个体的交往过程中,通过自身内因、通过他人对自己的作用和影响,不断形成对世界、对事物、对各种现象等的了解、认识和积累,最终实现成人的目标。① 这就是教育,它也是一个交往的过程。任何学科的教学都应被涵盖在这个范畴当中,在交往的前提下、在交流的环境中被赋予不同的教学理念、教学任务、教学手段和策略。

---

① 马丽.交往视角下大学课堂生活的质性研究——以西北地区两所高校为例[D].兰州:西北师范大学,2014.

大学英语教学也符合交往的要求,通过教师与学生的各种教育教学活动,实现教师传递知识、学生接受和吸纳知识,最终实现教育教学的目的、实现学生个人发展的诉求。与其他学科不同的是,大学英语属于语言学范畴,它的教学内容是语言,实现大学英语教学的形式还是语言,因此,大学英语教学不仅要实现学生对语言中语法、句法、语言结构的掌握、对语言的灵活运用以及培养使用语言进行交流交际的能力,还要在师生交往的范畴中实现知识的传递,通过具有针对性(如交际交流性)的教学手段与方法(交际教学法,任务型教学法等)、通过教学中教师与学生真实的语言及情感交流,实现语言最终在"生活"及"现实"中用以交流融通的特性。叶澜教授曾经说过:"教师应借助语言,师生共享世界,师生精神相遇,从而使人的存在敞亮起来,并引起师生同往。"[①]潘裕民也指出:"教师应当通过对学生的了解,寻求有效的教育手段与方法,通过心与心的对话、通过交流,找到开启学生心灵的钥匙。"[②]

大学英语教学,教师需要通过语言向学生传递知识,更需要借助语言和情感的沟通实现语言课堂教学的交流特质,最终使学生在与教师精神互通和情感共享的环境中实现对语言的融会贯通。语言教学中,通过语言载体,借助不同的内容形式,给予教学交往以情感交融,这既是英语学科课堂教学的要求,也是对大学英语教师专业素质的要求。

课堂是大学英语教学具体的实现形式,师生在课堂中的一切行为都被视为交往。通过课堂及其课堂中的教学活动,教学大纲、教学计划、教学策略才能被实施和实现;通过课堂,教师才能了解学生的需求,探究学生的学习需要;通过课堂,语言知识的传递和语言操作的实践才得以实现;也只有通过课堂,学生才能向教师表达学习的欲望与探知的要求。由于大学英语课程本身的

---

① 叶澜等.教师角色与教师发展新探[M].北京:教育科学出版社,2001:150-152.
② 潘裕民.教师专业发展的理论取向与现实路径[M].桂林:广西师范大学出版社,2012:53.

第五章　大学英语课堂教学的"应然"与两校大学英语课堂教学的"实然"

特质,传递的不仅仅是语言语法知识。真实的故事、深刻的情感、社会生活的方方面面也都是大学英语课程内容的具体呈现。对真实社会生活的描述作为英语语言学习的内容,其学习内容体现交流性、其表现形式体现交流性,同时授课方式也应呈现出交际的特征。因此,大学英语课、大学英语课堂体现出的一切都是交往、交流和交际。因此,课堂教学是大学英语教学最为重要也是最能体现其交际交往特性的环节之一。

大学英语教学的本质也是基于师生间多种形式与内容的交往,这就要在大学英语教学的贯彻实施过程中体现其本质与特性。我国在《大学英语课程教学要求》中提出:"大学英语教学是以英语语言知识与应用技能、学习策略和跨文化交际为主要内容,集多种教学模式和教学手段为一体的教学体系……大学英语的教学目标是培养学生英语综合应用能力,使他们在今后工作和社会交往中能用英语有效地进行口头和书面的信息交流。同时增强其自主学习能力、提高综合文化素养,以适应我国经济发展和国际交流的需要。"[1]《大学英语课程教学要求》从目标导向上为大学英语教学界定了方向与目标,《课程教学要求》还提出,大学英语课程不仅是一门语言基础知识课程,也是拓宽知识,了解世界文化的素质教育课程,要尽可能地利用语言载体,增长学生见闻与知识。在教学模式上,《课程教学要求》主张:"改进原来以教师讲授为主的单一课堂教学模式,使英语学习朝着个性化学习、主动化学习方向发展,教学模式体现实用性、文化性和趣味性相融合的原则,充分调动学生与教师的积极性。"[2]根据大学英语教学改革提出的教学要求,大学英语教学应朝着提高学生语言沟通交流能力的方向发展,教师在课堂中也应依据学生的需求,结合自身条件,以多样、有效、趣味性的方式实现课堂教学。

---

[1] 教育部高等教育司.大学英语课程教学要求[Z].上海:上海外语教育出版社,2007.

[2] 同上.

二、"知识课堂"到"生命课堂""生态课堂"

教育教学活动会在很大程度上依托课堂来实现。在课堂中进行着的教育教学活动也呈现在不同的课堂模式之中。要更好地适应学生学习发展的要求,体现大学英语课程交往交流的本质特征,就要将教学形式沉浸在适宜的课堂模式中。日本学者稻川三郎认为:"有完全以教师为中心的课堂,它以强制性灌输的教学方式为主;还有课堂是以教师为中心,教师却会在课堂中激发学生的学习兴趣;第三种课堂则是学生为课堂的主角,教师为配角,教师在课堂中起引导、辅助和帮助的作用。"[1]第二和第三种形式的课堂尊重了教育的交往本质,通过教师的主观能动性和师生间的交流互动、配合学生的学习需要,引导学生学习的积极性,通过引导、启发等形式发挥学生的能动性并实现教学。王鉴教授则认为,我国目前的课堂形态分为两种,一种是知识型课堂,其课程设置以知识为中心,教师是知识的传授者,教师仅是将需要传授的知识进行自身的内化,并僵化地将知识传递给学生,教师在课堂中传授知识的过程只是"知识呈现中的方式的变化过程。"[2]第二种是"生命课堂",生命课堂的课程是多元的、开放的、生成的。教师在生命课堂中,"不再是传授知识的工具……教师在教学中研究教学,将'法定课程'与'师定课程'相结合……将课堂教学的主体性与教师教学工作的创造性、挑战性、趣味性融为一体,充分考虑学生的学习需要与发展需求,在课堂教学中将教师自身的生命价值与学生的生命价值统一起来。"[3]"生命课堂"强调教师的工作需要具有挑战性、趣味性。这就在很大程度上要求教师在课堂教学中根据课程教学的内容、依据学生的实际需求,积极探索课堂

---

[1] 转引自马丽.交往视角下大学课堂生活的质性研究——以西北地区两所高校为例[D].兰州:西北师范大学,2014:52-53.
[2] 王鉴.课堂重构:从"知识课堂"到"生命课堂"[J].教育理论与实践,2003,(1):30.
[3] 同上,第31页.

第五章 大学英语课堂教学的"应然"与两校大学英语课堂教学的"实然"

教学的新方法、新途径和新手段。课堂中教师不再单一内化书本知识、传递和转移书本知识,不再墨守成规地灌输知识点,不再单一使用讲授和重复练习等教学方法。

"生命课堂"中提到的"法定课程"与"师定课程"的结合,就是将学校课程与教师自身所具备的能够传递给学生的"潜课程"结合起来。在笔者看来,"师定课程"是教师根据自身对课程的理解和判断,向学生传递除书本课程以外的知识。师定课程可以是基于教师对自身的理解、认识、反思,立足于课堂教学实际,将自身正确的价值观、世界观、人生观展现给学生,并将自己的经历、经验、感悟和体会结合实际课程教学的需要,以学生能够接受的形式进行传递。"师定课程"所呈现出的内涵与特征在一定范围内与教师自我表露不谋而合。教师自我表露就是教师意识形态与价值体系的具体体现:教师向学生表达观念、流露情感,表明立场形成信息与知识的传递。教师传递的这部分知识和信息是经过筛选的、根据学生学习和发展的需要的、结合课堂教学实际的。教师将自身的经验、经历、感悟、体验、价值观等(这是构成教师生命价值的重要部分)传递给学生,使他(她)的生命价值与学生的生命价值统一起来,最终形成教育的目的——成人。

"知识课堂"转向"生命课堂"是尊重人性、尊重教育本质的体现,也符合学生身心发展规律的需要。"生命课堂"对教师、对教学提出的具体要求呈现在课堂教学实践中就可以包含教师的自我表露,教师通过表达自己的价值观念、观点看法,流露情绪情感向学生传递知识信息,这也是教师与学生实现生命价值融合的一种形式。因此,如今学者们所提倡的"生命课堂"对教师教学的要求也成为教师自我表露的先决和必要条件。

此外,岳伟、刘贵华、李森等学者还提出了生态课堂的概念:"一般的课堂被看作一个孤立、封闭、机械运转的实体,很少将课堂置于教育者和受教育者的整个人生中去思考……先进的教育理念和鲜活的现实生活无法进入课堂,课堂就成为了一潭死水。"①他们认为,生态课堂是生命发展的自主性课堂、是师生合作的共生性课堂、是多维互动的关联性课堂。这样的课堂所呈现的整个教育教学活动是活生生的生命体系,其关注课堂教学的生成性,要求教师把握课堂中的变化,捕捉转瞬即逝的教育机会,把握好有利于学生发展的生成性资源。② 这里提出的课堂教学的生成性,是将教师和学生看作是有思想、有情感、有阅历、有背景的复杂个体,他们在课堂教与学的过程中会产生新的需求和变化,基于此,教师就要不断充实和丰富课堂教学内容,以适应课堂的变化和学生的需求。课堂转瞬即逝的教育机会,则要求教师把握一切能对学生产生积极作用和影响的机会和时机,对学生产生意想不到的教学效果。这也与教师自我表露的某些特点相互吻合:教师利用自身优势,结合课堂教学不同时期的不同要求,或是可以预测的,或是即兴发生的,利用这样的教学机会对学生实施教育。同时,"在生态课堂中,教师与学生的情绪情感上的变化具有协同性,在课堂教学活动中,教师和学生的情绪情感相互交织,形成一个生态性的心理张扬场。"③教师的情绪情感会直接影响到学生:教师情绪饱满、热情高涨能够潜移默化地感染和打动学生,激发学生的学习热情,并促使学生有益于学习的积极情绪的迸发。反之,教师情绪低落萎靡、消极无所谓的情绪和态度也会直接作用于学生。同样,学生的情绪也会影响到教师,这种情绪情感上的协同变化会影响到课堂教学气氛,继而影响到整个课堂教学。

"生态课堂"要求教师把握课堂教学的生成性,这就要求教师具备不断适应课堂变化与要求的能力,同时教师要洞察学生的学习需求变化,适时地采用不同形式的教学手段适应变化着的课堂、适应变化着的学生学习需求,而不是机械地、一成不变地将预

---

① 岳伟,刘贵华.走向生态课堂——论课堂的整体性变革[J].教育研究,2014,(8):100.
② 同上,第105页.
③ 李森.论课堂的生态本质、特征及功能[J].教育研究,2005,(10):57.

第五章　大学英语课堂教学的"应然"与两校大学英语课堂教学的"实然"

设性教学模式贯穿课堂始终。同时,"生态课堂"强调的师生情绪情感在课堂中的协同变化,要求教师在课堂中持续性地保持良好的情绪和情感状态。试想数十年如一日的教学活动,教师在重复地教学活动中不断进行着相同或相似的教学内容,他(她)该如何始终保持较高的情绪情感状态,又如何通过课堂中表现出的真实情感情绪来打动和感染学生?除了学生要保持高度的学习热情和良好的学习状态配合教师的课堂教学以外,更重要的是通过教师自身不断充实,适时调整和改变自己的课堂状态。在这样的形势要求下,自我表露又可以成为课堂教学的选择:教师表露真实的想法、情绪情感,这种表露的内容是真实的,是有血有肉的,是鲜活的;自我表露的过程中,教师是充满真情实感的,他(她)充满着真诚与热情的,教师在高昂的热情和饱满的情绪中向学生传递思想、表达观点、流露情感,学生会不自觉地被感染、被打动。这对学生来讲也可以形成积极的心理环境。由教师发起的自我表露,带给学生积极、正向的影响、感化、暗示和启发,这会对课堂教学的效果和学生的语言学习起到积极的促进作用。[①]

　　社会发展到今日,教育所倡导的课堂不再是以预设性教学为目标,以机械导入和灌输为教学手段,学生死记硬背,教师对预设的教学目标一板一眼地执行贯彻、为"法定课程"做注解。这样的课堂中教师工作缺乏创造性,会在单调重复地工作中丧失对工作基本的信心与兴趣,更谈不上幸福感与成就感。[②]"生命课堂""生态课堂"的课堂形式强调为了人的发展而教学,它们实现"知识技能、过程与方法、情感态度价值"[③]三维的教学目标,这样的课堂是尊重人性发展、尊重教育本质的体现。

　　大学英语是我国高等教育课程系统的重要的组成部分,大学英语教学是基于师生交往,在满足个人需求和发展的基础上实现

[①] 侯秀丽. 大学英语课堂教学心理环境的调查[J]. 外语与外语教学,2006,(5):28-30.

[②] 王鉴. 课堂重构:从"知识课堂"到"生命课堂"[J]. 教育理论与实践,2003,(1):31.

[③] 同上.

知识传递的过程。大学英语课堂也应当是开放的、生成的、多元的并富有创造性的。学生是课堂的主人,教师充当学生学习的引导者,将自身特点和优势充分发挥和展示出来,通过"师定课程"向学生传递其自身发展所需要的知识与信息,实现学生的整体发展,并最终将自身的生命价值体现与学生的学习与成长结合起来。"生命课堂"与"生态课堂"尊重人的发展、尊重交往本质,体现英语教学的交际交往特性,应是我国大学英语教学最终呈现出的课堂教学形式。

要研究大学英语课堂教学中的教师自我表露情况,首先要立足对理想大学英语课堂教学形式的认识,其次要结合大学英语课堂教学实际了解大学英语课堂教学的现状,以理想的大学英语课堂教学为依据,结合现实的课堂教学情况评估教师课堂教学的状况,引申至对教师课堂教学中自我表露适切性、必要性、功能性及作用性的研究。

接下来将详细呈现两所学校大学英语课堂教学的具体情况,通过对两所学校大学英语课堂教学环境的观察、对教学"课前""课中""课后"教学的观察,对师生在课堂中"教"与"学"情况的观察分析,探究两所学校大学英语课堂教学的现状及教师自我表露的情况。

第二节 两校大学英语课堂教学的"实然":传统教学方式与教师自我表露并行的大学英语课堂

一、呈现出两种不同状况的"课前"

一堂成功的课应从课前贯穿课中直至课后:首先要了解和掌握实施课程的教学环境情况,再落实到课程实施的课前准备,包括教师的提前入场准备、学生进入教室和学生的课前准备活动。

第五章　大学英语课堂教学的"应然"与两校大学英语课堂教学的"实然"

教室情况包括教室的整洁程度、教室的布局、教室的设施陈列等。教室情况可能会对学生和教师的情绪状态产生影响,继而可能影响到学生和教师在课堂中的行为;教师的课前状态反映出他(她)对课程的规划、安排、准备及课堂教学的导入与具体的实施。教师也可以依托课前的各种活动提高学生的学习兴趣和学习能力;[①]同时,课前教师所做的准备活动和表现出的精神状态也在一定程度上反映出其对课程实施的态度。课前学生的表现也能映射出学生对课程的态度、对课程的期望程度;也可能反映出对该课程的兴趣,表现出参与课堂学习的热情及对任课教师的喜爱程度。课前学生和教师呈现出的状态在一定程度上可能会影响课程的实施,并作用于课中及课后的学习反馈及教师与学生的沟通。

课前学生和教师的互动、交往与交流情况也能在某些程度上反映出教师与学生的关系的亲疏程度,这也是教师在课堂教学中自我表露的先决条件,试想冷漠的师生关系、师生间彼此陌生的态度,教师如何在课堂教学中实现感情真挚、内容真实的自我表露?学生又如何体会和收获教师自我表露给予学生的生命价值体现?

走进大学英语课堂,首先要进入教室,课堂教学大多在教室中进行,教学活动中教师与学生之间的互动也多发生在教室,教室是教学环境当中最直接、最直观的因素,它在一定程度上影响或制约师生在课堂中教与学的行为。

(一)教室环境的呈现及其影响

在两所大学调研期间,笔者在大学英语课开课前半小时来到教室。提前进入教室选择中间后排的位子,这样能较清晰全面地对整个教室情况进行观察。在两所大学,笔者发现大学英语课上课之前的教室布局与其他课程并无两样,基本都是以"秧田式"

---

① 李春燕,高淑芳.大学英语课前教学情景设计探讨[J].长春理工大学学报,2012,(1):164-165.

（即教室内所有课桌椅均面向讲台）为主，且有些教室的课桌椅无法根据课程需要进行调整，无法进行"马蹄形""圆桌形""六边形"等的桌椅摆放形式，这是不符合大学英语作为语言运用型课程的教学需要的。在课前的观察中也发现，没有教师提前来到教室根据课程需要改变教室桌椅布局，有些教室卫生状况也不容乐观：教师讲桌不整洁，教室地面、学生课桌里都有之前上课遗留下来的垃圾。S大学，由于多数教室空间不大，采光不理想，又处于卫生欠佳的环境中，人会觉得压抑、不安和局促。德国新现象学的代表赫尔曼·施密茨认为，人在空间中会有一种情绪的体验，即现象空间。他认为人的情绪应该是一种类似于"天气"的空间性力量。① 人置身于某种空间中，空间带给其的感觉会充斥着人的身体，也在人的周围形成一种气氛。李秉德和李定仁先生曾指出："教学环境中的物理因素可以直接影响教师和学生的身心活动，一方面它们可以引起教师和学生生理上的不同感觉，另一方面使教师和学生在心理上产生情绪，形成情感。② 教室环境也是构成对教师和学生造成身心作用和影响的因素。它带给人体产生的空间性力量给予人消极的感受和体验时，于教师而言，会影响教学热情；一些既定的教学活动由于教师情绪原因未能实施，也有可能一部分教师预设的教学活动在此种教室环境中无法开展。于学生而言，会分散学生的注意力，并可能影响到学生参与课堂教学的情绪。

另外，在调研过程中，笔者进入两所大学的大学英语听说课堂，坐在中间有隔档的座位上，面对着局部遮挡讲台和黑板的电脑荧屏，笔者感觉到与讲台的距离。

基于两所学校目前大学英语教学的物理环境状况、在以大班教学为主要教学形式前提下，教师实施大学英语课程应进行更多思考，大学英语教学的原则和主线应以语言教学交际交往的特质进行，但就目前而言，两所大学的大学英语教学环境在某种程度

---

① 潘跃玲,熊和平.教室空间的现象学之维[J].教育发展研究,2013,(4):69.
② 李秉德,李定仁.教学论[M].北京:人民教育出版社,2001:271.

上制约了部分教学方法的使用,两校大学英语课堂硬件条件不利于教学中交际交往的要求。因此,在教学过程中就要寻求适应当前教学环境、适应学生学习需要的新途径。

从另一个角度考虑,在大班教学环境中,同一时间内聚集了较多学生,受某些教学环境因素的制约,部分适应大学英语交际交往需求的教学形式与教学活动无法很好地实施并实现,那么,能否通过其他教学手段(如教师自我表露等)来实现英语语言教学要求,并满足教师与学生进行交际交流的需要,这也是许多大学英语教师正在思索并进行教学实践探索的。

(二)沉默和喧闹的学生

通过对三十多节课的观察笔者发现,在大学英语课前,会有部分学生提前来到教室,进行课前准备活动,也有部分学生随着上课铃声进入教室(有部分学生是因为前一节课下课从较远的教室赶来,路上耽误了时间。)在课前,学生大多呈现几种不同的状态,一种是进入教室之后,自然而然地坐在教室比较靠后的座位,拿出书本,随即趴在桌上开始休息、开始玩手机或开始吃东西;另一种是提前进入教室后,选择坐在中间或较靠前的位置,拿出书本开始讨论作业或教师事先布置的任务,更多学生选择教室靠后的座位,开始喧哗聊天,此时的教室显得特别热闹,在这热闹的氛围当中也还有部分学生"闹中取静",手机玩的浑然忘我,睡的悠闲自在。这个过程中,笔者也注意到个别学生的行为:坐在教室靠前位置的学生会讨论教师布置的作业或任务,也有个别学生会主动去擦黑板(这种行为较少见,在观察中只有四人在课前擦黑板)。坐在教室中间和教室靠后的学生多是趴在课桌上休息,或聊天或玩手机或吃东西,很少有学生就作业练习或即将开始的课程进行准备和讨论。学生在座位选择上,也呈现教室中间和中间靠后的位置,较少学生选择靠前或靠近教师讲台的位置。

学生在课前呈现出的行为和状态,能在一定程度上反映出大学英语任课教师及其所实施的课程对他(她)们的影响;学生对课程的重视程度,也可能在某些方面反映出学生对大学英语这门课程或对任课教师的喜爱和认可程度。

　　虽然两校在大学英语课程实施前学生个体具体的表现情况有所不同,但大体上呈现出沉默和喧闹两种不同状况。但需要在本研究中提到的是,在 M 大学一年级《大学英语》的课前,笔者观察到了不同的学生课前准备情况。下面将对这个案例①进行描述:

　　笔者在上课前半小时来到教室,之前因为该教室没有课,笔者很快找到后排中间的位置坐了下来。教室是固定桌椅的布局,卫生状况尚可,黑板上有不知何时上课留下的板书。课前二十分钟,陆续有学生进入教室,其中有两位女生直接就坐在了教室第一排(直接对着教师讲桌的位置)因为当时教室没有其他学生,笔者很清晰地听到了两位学生的对话,学生 S1:"S 老师上次说张嘉佳那本书你找到没有?"学生 S2:"我网上搜到了他的微博,觉得写的还不错啊,这周末我去图书馆找一下那本书。"学生 S1:"我都不认识这个人,老师说了我才看了一下,我最近看了本书,讲人活着的意义,老师之前不是说感觉有些迷茫吗,我准备把这书借给老师看看。"学生 S2:"你看的那些还是别给老师看了,当心老师笑话你看这么 low 的书,哈哈。"两位学生交谈的过程中,又陆续有学生走进教室,选择教室靠前或中间的位置,有部分学生翻开书开始做课后练习,有的学生在聊天,还有的学生在玩手机,没有学生趴着睡觉。课前十分钟,该班学生基本到齐,教室大部分座位已被坐满,没有呈现明显坐在后排学生居多,中排和前排座位无人问津的情况,学生分布在教室的前中后及左右的相应座位,分布较均匀合理。课前一位男同学主动擦了黑板,并简单收拾了教师的讲桌,又在黑板上写下一串数字,并对其他学生说道:"再给大家说一下,这是咱们班的 QQ 群号,还没有加入群的同学快进群,S 老师也已经在群里了,大家多交流。"随后这位 S 老师进

---

① 摘自 2014 年 10 月 14 日课堂观察记录整理。

第五章　大学英语课堂教学的"应然"与两校大学英语课堂教学的"实然"

入教室（课前五分钟），她面带着笑容，很亲切自然地跟学生们打招呼："你们这么热闹在聊什么呢？……"（下面将在教师课前部分描述 S 老师的课前状态）。课后，笔者特意找到 S1 同学和 S2 同学，告诉她们想跟她们聊聊，两位同学表示愿意。在访谈中笔者从她们说的那位作家和那本书开始：

笔者：不好意思，我来得比较早，听到你们俩说你们 S 老师让你们看书？是什么书呢？

S1：是老师给我们推荐的书，张嘉佳的书，老师说值得我们读一读，这也是她喜欢的作家之一。

笔者：可是这跟你们上课有什么关系呢？

S1：当然有关系了，我们之前在讲关于爱情的内容，我们 S 老师自然就推崇这位爱情专家的言论了！我最近看了本书还打算让 S 老师也看看呢。

笔者：你们老师真有趣，还跟你们说这些。

S2：我们很喜欢 S 老师，她的课没人缺课，大家都喜欢她，她给我们讲的一些事情，说的一些观点很有趣，推荐的书啊电影什么的我们也都觉得很好，她说的很多我们都爱听，对我们很有帮助，我们也愿意跟她交流，有什么问题也喜欢征求她的意见。哎呀，反正她是我们大爱啊，呵呵……（学生 S1 频频点头）

笔者：她说的什么你们爱听？

S2：就跟课程有关的啊，她还会给我们讲一些她的经历啊，情感的呀，上学时候的呀，还会告诉我们一些道理啊什么的，但不是单纯的说教，都是她的一些经历和想法，反正觉得很真实，自然、不做作。

笔者：对，我也发现你们老师在课堂中向你们讲述了经历见闻，你们喜欢老师这样的授课方式吗？

S1：特别喜欢，大家都喜欢，也喜欢我们 S 老师，她上课一点不枯燥，很有趣的，你看大家都不会缺课的。

笔者：那你们觉得老师这样表达观点、讲述经历对你们有什么影响呢？

S1：上课太有激情了，我们很感兴趣，喜欢她，也喜欢她上的课。而且我觉得我也愿意参与她的讨论，反正是比较有学习的热情。

S2：我是觉得我们 S 老师讲的那些对我也很有启发，我挺受感染的。我觉得大学老师就应该像她那样，不仅仅是传授知识，还应该让我们学到更多，反正她说的那些让我对她上课的内容印象更加深刻了。

笔者：我看到你们还有 QQ 群？

S2：是呀，我们 S 老师让班长建的，大家都在里面，可热闹了。①

在和学生进行的访谈中，笔者特别注意到两名学生多次用到了"我们 S 老师"这个称呼，不难看出，该教师和学生之间的关系非常融洽，学生表现出了对 S 老师的喜爱和尊重。此外，学生在课前表现出的状态：选择坐在离教师较近的座位、主动为教师擦黑板、收拾讲桌、课前主动完成课程作业、谈论老师上课时推荐的读物、学生加入班级 QQ 群等都反映出学生对 S 老师的喜爱及对课程的认可。从与学生的交谈中，笔者也注意到学生提到 S 老师在课程实施中给予学生的"读物推荐""经历分享""道理"，大多数来自教师自身的经历，这即为教师自我表露的内容之一。对此，学生表示他们乐于在课堂中接受教师的自我表露，并认为这有利于他们的学习和个人发展。

个案中描述的学生在的状态在笔者所观察到的课堂中较少出现，笔者观察到的大多数课堂呈现的是睡觉和喧闹无序状态下聊天吵闹的学生。虽然在观察过程中较少出现个案中的课前情况，但这种课前的学生状态都很相似：都能上课前积极准备、学生会对课程相关内容进行讨论、学生间的关系也较为融洽和谐。

---

① 摘自 2014 年 10 月 14 日学生访谈记录。

第五章 大学英语课堂教学的"应然"与两校大学英语课堂教学的"实然"

（三）迟到、不到和可亲"可近"的老师

课前两校学生基本处于沉默或喧闹的课前状态,而两所学校大学英语教师多数会在课前五至十分钟进入教室进行课前准备工作:打开电脑和多媒体设备,自己清理讲桌或擦黑板等,这个过程中教师会与学生进行交流,主要是询问今天学生是否到齐,有无请假或询问学生是否完成作业等。很少有教师提前进入教室,观察期间,仅有一位女教师课前二十分钟进入教室,进教室后在讲台上翻看教材直至上课,全程与学生无交流、无沟通、无互动。除此之外两校教师课前有时还存在两种状态:迟到和不到。

除了上述状况外,还有个别老师的课前状态让笔者难忘,这就不得不再次提到之前 M 大学学生口中提到的"我们 S 老师"。S 老师在上课前五分钟左右进入教室,随即表现出与学生熟络与亲密的状态,问道:"你们这么热闹在聊什么呢?"学生们随即七嘴八舌:"老师他们几个还没进咱们班群的该罚一下吧。"S 老师:"是啊,昨天晚上大家都在群里讨论是如何跟父母产生代沟的,我就说怎么少了几个活跃分子呢,该罚。"学生们:"就是,老师罚他们默写单词,一遍不够一百遍,哈哈。"S 老师:"看他们表现吧,今天你们几个课间先帮我把水打了、黑板擦了,下课之后马上进群。呵呵,好了,开始上课吧?"随后,学生们笑着聊着翻开了课本,一堂大学英语综合课程进入课堂教学环节。① S 老师在整个教学前与学生的互动,是轻松愉快的过程,老师很亲切,在与学生交流互动的过程中也显得易于亲近。

课后笔者找到 S 老师,并就她与学生之间的和谐关系及亲密的状态做了了解:

笔者:看得出您跟学生之间的关系非常融洽和谐啊,您是怎样做到能如此跟学生融洽的?

S 老师:其实也没有什么,多站在学生的角度考虑问题,多和

---

① 摘自 2014 年 10 月 14 日课堂观察记录。

他们沟通,多关心他们吧。虽然我不是他们的班主任,但是我可能跟他们说得比较多,我的一些想法、一些价值观啊什么的都会跟他们交流。

笔者:那您是通过怎样的方式跟他们表达您的想法、观念的呢?

S老师:可能就是表现得比较真实吧,我真实,学生也就真实,他们就愿意配合课堂教学。有时候上课,我会跟他们聊聊我的一些经历,说说我的观点和想法,学生们也比较乐于接受这种方式吧,其实就是真实一点,用心和学生们交往,这样以心换心,用真情实意去感染他们,我觉得这样比其他手段和方法更能使大学生融入教学。

笔者:是上课中随便这样聊?

S老师:不是,肯定还是与教学内容相关的。[①]

两所学校的大学英语教师在课程实施前表现出的状态是教师在课堂教学中精神面貌、教师的教学风格的缩影。课前迟到的教师,在课堂教学中也表现平平,没有实施有效的交际教学,学生对其课堂教学也反应一般。而课前表现积极活跃的教师,在课堂教学中也延续了活跃的课堂教学风格,实施了多样并有效的教学手段,并很好地利将其对教学、对学生的作用和影响贯彻到底。在与S老师的交谈中发现,她的身上充满着积极向上的内促力,她将自身的内在转化为可以向学生进行知识传播的力量,这也正是叶澜教授所说的"心意贯通",主体与客体的心灵交融,心意自由的感受。[②] 体现在教学中的心意贯通,就是教师真实的自己与学生心意相通;就是借助自己的经历、观点、故事与学生心意连通;也是通过表达自己的情感与学生心意互通。这样一来教师通过具有个性与特点的教学与学生的心意贯通,同时也能对教学和学生产生积极的作用和影响。学生口中的"我们S老师",她与学

[①] 摘自2014年10月14日教师访谈记录。

[②] 叶澜,白益民,王枬,陶志琼.教师角色与教师发展新探[M].北京:教育科学出版社,2001:159.

生实现的心意贯通,就是通过她真实的课堂表现,发自内心的情感流露,融入自身的观点看法和真实经历来实现的,这也构成了自我表露的内容形式。

二、教师自我表露悄然进行的"课中"

"课堂教学是大学英语教学的基本形式,课堂是教师与学生进行交流的重要场所。"大学英语的课堂教学中既应体现教学目标、教学计划、教学内容及教学进度等,也应涵盖教学方法的使用、教学手段的运用,更重要的是课堂中应充满师生间为教、为学而产生的交往交流与互动。因此,大学英语课堂中的教学内容、教学手段与方法及师生间的交往交流活动应是课堂观察的重点。

(一)课程实施的内容

1. 两校课程实施的具体内容

大学英语课程的实施需要依托课程的内容、教学计划、教学进度等来实现,实施的课程内容也为师生在教学过程进行交流交际活动,并为教师教学方法及手段的选择提供必要的依据。

S大学的大学英语教学是专业行政班级教学,并根据学生所学不同专业采用不同的教材。文科类学生采用《新视野大学英语》《新视野大学英语听说教程》、理工科学生使用《全新版大学英语综合教程》《全新版大学英语听说教程》。这两套教材的综合教程每个单元都是围绕一个主题(如坚韧与坚持、爱情与亲情、金钱与财富、网络与现实等),通过两篇与主题相关的课文完成词汇、语法、阅读理解及写作的教学。教材中所涉及的课文内容大多以反映现实生活为主,文字具有文采且生动,有趣味性并引人入胜。每篇课文之前有相应的导入和热身活动,依据课文内容有相应的文化背景介绍和知识拓展板块,课文之后还配有相关的课后练习(涉及词汇、阅读、翻译和写作);S大学的大学英语教学使用的听力教材也是每个单元涉及一个主旨或话题（如爱情、时尚、运动、食物、音乐、健康、社会、梦想等），通过听力策略、话题讨论、对话精听、词汇短语补充及自测等模块完成口语教学。

M大学在教学形式上采用分级教学的形式，并以此划分大学英语教学班级，不同的班级采用不同的教材，基本以《全新版大学英语综合教程》《全新版大学英语听说教程》；《大学体验英语综合教程》《大学体验英语听说教程》为主。

M大学与S大学都采用了《全新版大学英语综合教程》《全新版大学英语听说教程》，针对不同级别的学生采用不同的教学进度。另外，M大学使用的另一套《大学体验英语》教材从内容到形式与《全新版大学英语》教材非常相似，都是以每单元围绕相关的话题主旨文章，展开听说读写译的训练。

2. 教师在大学英语课程教学中自我表露的可行性

自我表露作为个体之间交往有效的交流和沟通方式，可以在信息传递、共享观念、表达情感的基础上促进个体间的交往，增进个体间信息的沟通与情感的交融。它在教学中作为教学手段，"能够促进学生的'学'、提升教师的'教'，它也可以促进教学中师生的交往，构建和谐师生关系"。[①] 教学过程中，教师可依据教学内容和教学环境的要求，根据学生课堂中的学习需要和学习状态，依托教师资源，传递相关信息，表达内在情感，以此在交往的大环境和交流的小环境中完成部分课堂教学内容，并在一定程度上对学生的学习产生潜在的影响。

大学英语授课的内容大多源于社会生活，课程强调个体间的交际交往，通过个体间的交往行为和交流活动，依托语言文字信息的传递，实现语言学习，并形成个体间的信息传递。这在一定程度上给予教师自我表露较好的先决条件。同时，大学英语课堂教学也要求教师需要依据学生的背景、程度和学习的需要给予学

---

① 徐学，孙悦亮. 教师自我表露课堂情境探索[J]. 教育与教学研究，2014，(8)：45.

第五章 大学英语课堂教学的"应然"与两校大学英语课堂教学的"实然"

生更多的人文关怀,并在课堂中选择成年学生乐于接受的教学方式。"新时期下,大学英语教学要不断进行革新,外语教学的终极目标是要学生用外语进行交际,而达到这一目的的有效途径则要通过精心设计的课堂教学,通过多样的交际语言活动达到具体的交际实践。"[1]那么,怎样的课堂教学能实现交际实践?怎样的方式又是学生乐于接受的?这就要求教师通过丰富的活动形式来调动学生的积极性和主动性,为自己和学生创造更多语言输出的机会。[2] 同时,在教学中设计和采用的教学方法能结合课程内容推动教学、在课堂教学中促进师生交往、又要对课堂教学及学生产生潜在的作用和影响。基于新时期大学英语教学的要求,目前传统的授课式教学或传统教学方式配合交际教学,或单纯的游戏教学、以提高学生学习兴趣的教学不太适应大学生作为成年人的课堂学习要求,也很难对学生的语言学习产生较深的影响。从现今大学英语教学所开展的课堂教学研究来看,大多提倡以学生为中心,采用交际教学的方法、倡导教学中采用情景策略、主张叙事性教学,这些课堂教学方法需要借助一定形式的教学手段,这也为教师进行自我表露提供了平台。

以两所学校大学英语课程所采用的《全新版大学英语综合教程1》Unit One 为例,这一单元的主题是 Growing up,课文讲述的是作者在高中时与一位"迂腐古板"的教师之间的故事,作者与教师间的经历帮助作者完成了个人的成长。在进行这个单元主题课程时,教师应考虑如何与学生进行有效的教学互动沟通、激发学生的学习兴趣,自然而然地从课程主题的预热活动进入导入环节,进行课文单词的释义与讲解,并最终完成课后练习。如果是运用传统教学方式,在课程一开始向学生告知今天课程的主题是长大和成长,并要求学生讨论什么是成长(以学生为中心教学法的体现,这一过程中没有教师的示范准备活动、没有教师的引导,学生很难进入讨论互动的状态),再进入单词讲解部分及课文释

---

[1] 刘敏. 大学英语教学课堂思考[J]. 新疆大学学报(社会科学版),2003,(S1):48.
[2] 郑秀芬. 提高大学英语课堂教学质量的有效途径[J]. 中国高教研究,2004,(2):92.

义阶段,通过教师领读学生跟读、教师释义并翻译的形式完成课堂教学。这样进行教学是枯燥无趣的,学生无法真正融入课堂,也不能在学习的过程当中积极参与教学,并可能无法显现出对课程持续性的学习兴趣。

另外一种教学形式:教师通过交际教学的方法,在教学中遵循与学生进行有效的交流实现教学交往的原则,在与学生在交流中进行课程的预热活动中通过相应的教学手段进行课程的导入并进一步实施教学。该单元的主题是 Growing up,主题文章讲述的是师生之间发生的感人的故事,教师可以通过描述事例、讲述故事的形式实施预热活动并展开课程。如果教师所描述的事例或讲述的故事不是自己的亲身经历、不是亲历的故事,这样与学生的沟通可能会缺乏说服力和感染力,但如果教师通过自我表露,讲述自己的经历并展开课程则可能会感染学生,学生也更易在教师的示范下快速融入课堂,在一定程度上激发参与课堂活动的意识。

(二)一成不变中变化着的课堂教学

在两所大学调研期间,笔者分别对一年级、二年级实施的大学英语课进行了课堂观察,其教学内容和形式主要包括课程的导入、词组讲解、课文精讲、习题练习及口语听说课程。

需要特别强调的是,本研究主要是为了了解目前大学英语课堂教学中教师进行自我表露的情况,基于对自我表露的认识,教师可以单独进行自我表露,也可以将其融入他教学方法中,即在一堂课中,教师可以使用传统教学法,并在传统教学法中依据教学需要穿插进行自我表露;又或者整个课堂教学中教师采用了讨论、分组教学却未进行自我表露,在这样的课堂中很有可能根本观察不到教师的自我表露。此外,就目前教师自我表露国内外开展的研究情况看,它还未被广大教师熟知,教师自我表露在课堂教学中的运用还未形成较系统全面的认识,它在课堂教学中的具体运用仍处于探索阶段,许多教师可能不了解,也没有在教学中进行过自我表露。因此,本研究在两所大学"课中"进行的观察会立足两校目前大学英语课堂教学实施的现状,以大学英语课堂教学实际为依托,从两校教师在课堂教学中表现出的状态、对课程的具体实施和教学方法的使用中观察教师在课堂教学中是否进行了自我表露,并进一步观察教师自我表露的时机、内容、方式,以及学生对教师自我表露的反应。

两校的大学英语综合课程,分为课程导入部分、词组课文精讲部分和习题课程。接下来对两校"课中"阶段的教学情况的观察,也将按照这一课程的流程及顺序进行描述,在对整个课堂教学过程的观察中发现和探究教师自我表露的情况。

1. 课程导入阶段

(1)突兀的"直奔主题"

一般在课程导入部分,教师会开门见山,或抛出启发诱导式问题,或检查上节课预留的作业,或强调纪律,或通过点名等形式后直接进入课程。在整个课程导入阶段,大部分教师采用的是传统的教学形式,即直接进入课程主题,很少有教师展开交际性热身活动或实施有效的教学导入。下面几个观察到的细节描写就是两校大学英语教师课堂教学中进行课程导入的情况。

M大学,一年级某班《全新版大学英语综合教程1》课程,一位教师在迟到十分钟之后,进入教室,学生即要求教师开始点名,老师说:"今天大家都来了,我们就不点名了。"有的学生一听到老师说不点名了,随即发出了遗憾的嘘声,还有些学生掏出手机开始把玩;S大学二年级《新视野大学英语3》课程,一位45岁上下的教师一进教室就走向教室第三排中间的座位(因为该班学生基本在座位选择上都选择第三排之后离讲台较远的地方)并询问大家上次课上到哪里了,学生示意该进行第四单元了,老师翻开书说:"那么,我们今天开始第四单元。"学生们有的翻开书,有的已经从座位仓里拿出了其他书籍,还有些学生开始玩手机;其中一所大学,一位25岁上下的年轻女老师,在14:30分课程实施初始就一直在不断强调纪律:"别吵了,大家不要吵了,你们听歌也可以,别再吵了……""你转过来,你们两个都转过来""你们可以那样坐着,不要说话。""下面我开始讲课文,你们先听我读课文,然后回答我的问题。"笔者注意到有几位女生翻开书听老师朗读,更多学生开始睡觉的睡觉,玩手机的玩手机,听音乐的听音乐、聊天的聊天。笔者对这位年轻女教师的印象比较深刻,笔者想一位年轻漂亮的女老师,应该会更受学生欢迎,事实却是课堂显得混乱,她不断在维持纪律,基本没有采取任何措施去改善教学状况,学生处于无序和不参与的状态。对此,笔者特意在下课后邀请该班的两位学生(一位是课堂中认真听老师朗读课文的女生,一位是在课堂上玩手机的男生,以下简称S3、S4)进行了访谈,以下是访谈节选。

笔者:我发现课堂秩序有些乱,你却很认真。

S3:呵呵,是吗……其实我挺喜欢学英语的,听老师读课文、讲课文还是对我学习英语有帮助的。

笔者:这位老师上课一直是这样吗?

S3:呃……呃……,这个……这个……有时候是这样,但不太影响我,我学我的,不过有的同学老是在课堂上吵吵闹闹不认真也会影响到我。

笔者:那应该怎么办呢?

S3:老师要能改变一下这样的教学,能有些变化就好了。

笔者:变化?你指什么变化?

S3:老师总是在维持秩序,如果能在教学中多增加些让我们感兴趣的东西活跃一下课堂气氛,总会有同学感兴趣,这样上课也不至于大家都不听讲。

笔者:什么东西是你们感兴趣的?

S3:比如说一些有趣的事啊,对我们有帮助的经验啊,或者一些有用的学习方法啊之类的,总之就是大家喜欢什么老师就说些什么,或者进行一些活动啊,交流啊什么的。不要像现在这样干

第五章 大学英语课堂教学的"应然"与两校大学英语课堂教学的"实然"

巴巴只是念课文,不管大家是不是都能接受、有没有在听。[①]

在与 S3 同学的对话中,她提出教师要改进教学,特别提到希望老师在课堂教学中能有一些"改变",这是学生对课堂教学的要求,更是对教师提出的希望。学生所说"改变"是教师在教学中融入学生感兴趣、对学生有帮助的"趣事""经验""方法"等。这些内容也与自我表露的部分内容相吻合,这也从一个侧面说明,学生有教师自我表露的需要,课堂教学中也具备自我表露的人文环境。

除了与课堂教学中表现认真的同学进行交谈外,笔者还特意找到了 S4 同学,他在教师上课的过程中一直在玩手机,笔者也想听听他对教师课堂教学的看法。

笔者:这节英语课感觉怎么样?

S4:啊?我是来签到的,老师会点名。

笔者:只是来点名吗?不是来上课啊?

S4:(看了我一眼小声说)其实也想上课,但是课上的没意思,听不进去。

笔者:(笑了笑)没有关系,我不认识你们老师,你有什么想法都可以说。

S4:也不是不想听,只是这课太枯燥,大家觉得没有意思,不想听,就自己干自己的事情了。

笔者:怎么就是没意思?

S4:你看大家都没有听,老师就是照本宣科,也不跟我们交流,只是念课本,也不搞搞活动什么的,老师念她的,我觉得没意思,就这样了。

笔者:那怎么样就能有意思些呢?

S4:不要一直念书,不要一直讲那些语法,好枯燥啊,不知道她在说什么,好歹用我们能接受的方式吧。

笔者:你的意思是老师要用你们能接受的教学方式?

[①] 摘自 2014 年 5 月 23 日学生访谈记录。

S4:是啊,老是这样念书谁听得进去。

笔者:那如果老师不再这样干巴巴念课本,跟你们多交流沟通,跟你们讲讲她的经历见闻、表达她的观点看法,你觉得这样有意思吗?

S4:(挠了挠头,不好意思地说)这个肯定好啊,说说她的经历见闻什么的活跃一下课堂啊,不至于大家都在干别的事情。只是老师她愿意这样吗?她上课只要不要一直照课本读,搞点其他形式我们都会感兴趣……①

S4同学提到课堂教学"太枯燥""没意思",当笔者试探性地问询是否可以接受教师通过自我表露的手段改变课堂教学,该学生流露出欣喜的表情,还问我"老师愿意吗?"不难看出,在一成不变的定式课堂教学模式中,学生仍然期待教师在教学中的改变,并希望教师的"改变"会对自己的英语学习产生积极的作用和影响。

在上述描述课程实施的导入(准备)阶段,两校教师主要是依据传统教学模式,教学中与学生并无过多交流与互动,对学生的启发引导教少,学生的参与也很少,这是笔者观察到两校大多数大学英语教师课堂教学的状态,但在课堂观察过程中,笔者发现也有一些教师努力尝试使用新的教学方式,并努力与学生沟通交流,同时,也发现有部分教师在教学中进行了教师自我表露(在课程导入实施的这一阶段,教师自我表露只是点到为止,也有些教师的自我表露开展的较为顺畅。)

(2)温情的自我表露

S大学有一堂课给笔者留下较为深刻的印象,这是2014年9月16日,进入课堂观察前,笔者只了解到这是为该校一年级学生开设的课,却没想到是学生们第一堂,也正是这堂课让笔者看到了课堂教学中教师努力尝试改变的缩影:

因为是大学英语的第一堂课,学生们都早早来到教室,整整齐齐地坐着,表现得都很局促。14:30分,一位40岁左右的女性

---

① 摘自2014年5月23日学生访谈记录。

第五章 大学英语课堂教学的"应然"与两校大学英语课堂教学的"实然"

教师笑脸盈盈地走进教室,一进门便跟学生们问好,学生也给老师回礼。接下来老师说:"Today is your first English class, please introduce yourself briefly."听了老师的要求,学生们一片沉默,都低下了头。老师又将刚才的句子重复了即便之后,又说了几次"please, just try"来鼓励学生,学生还是没有反应,没有人主动站起来自我介绍。这时老师主动提出:"既然大家都不好意思介绍自己,那我先来说说我自己吧。"一下子,全班同学都抬起了头,表现出饶有兴致的样子。接下来,老师向学生介绍了自己的姓名、爱好、特征(在提到特征的时候特别强调:"我是一个胖子,但是我有一颗细腻的心")说到此处的时候全班同学都会心地笑了。老师又继续说道:"我是少数民族,有和我一样是少数民族的同学吗?"这时有几个同学羞怯地举起了手,老师顺势叫起了一位举手的男同学,请他说说他的民族,这名男同学说他是藏族,父亲是藏族,母亲是苗族。老师接着说:"哇,父亲是藏族,母亲是苗族,那他们之间一定发生过很浪漫的爱情故事吧?介意跟同学们说说看吗?"男同学一下子红了脸,老师笑了笑说:"其实我们每个人的父母都有或平淡或轰轰烈烈的爱情故事,像我的父母当年恋爱的时候分隔两地,都是靠书信寄托相思的,到现在这些书信都还保留着,很珍贵。"老师说到这里,很多之前低着头怕老师提问的学生都抬起了头,饶有兴致地听她讲,坐在我前面的两位女生窃窃私语:"这老师真有趣,是不是上课也这样?"接下来老师又叫了一位男生介绍自己,这位男生站起来非常紧张地说:"I… I… I…come from Jiayuguan, and… and… and I am a silent and shy boy."老师看学生有些紧张,随即问其他学生:"班上的女同学们,你们喜欢silent boy吗?"女生三三两两小声说着"喜欢"或"不喜欢",老师接着说:"我个人就比较喜欢安静的男孩,现在不是经常说要做个安静的美男子嘛。"(全班同学开始起哄,有学生说:"哈哈,这都知道,太牛了吧。")老师继续说:"安静的男孩会让人觉得捉摸不定,有神秘感吧,不过我觉得现在的女孩子可能不太喜欢太过安静的男孩子,所以男生要在一些方面改变自己的性格,这样才会吸引到更多女孩的目光。"笔者注意到在老师表达自己对于异性观点的时候,很多女学生表现出了很浓厚的兴趣,都在不时点头或掩面而笑。坐在笔者旁边从上课开始一直玩手机的男同学也放下了手机,开始询问身边的同学老师刚才说了什么。整个课堂的气氛显得非常活跃,笔者注意到还有不少学生已经口中念念有词,开始准备自己的自我介绍。接下来,有几个学生开始举手发言,并用中文或英文介绍自己,老师也在学生介绍自己的过程中继续表达了自己的观点或讲述自己的经历。在七八名学生介绍了自己之后,老师说:"通过大家的介绍,我们有了初步的认识和了解,希望能在今后的学习生活中彼此之间有更深的认识和交流,好吗?"学生一改上课之初对教师提出的要求没有反应的状态,异口同声回答:"好!"老师接着说:"那么下面让我们进入到今天要学习的第一单元……"

在与学生进行交流沟通和进行自我表露后,课程进入了具体的实施阶段,该教师进行自我表露时较少使用英语,基本使用汉语与学生进行沟通,考虑到是一年级学生,第一堂课程中多数使用汉语无可厚非。笔者特别注意到的是该教师在课堂教学中向学生表露了个人信息、讲述了自己的故事、表达了个人观点,这都构成了自我表露的内容。同时笔者也发现,该教师在自我表露后,学生明显表现出对教师和对教师所表达内容的关注,学生的积极性也被调动了起来,课堂参与的热情明显提高,课堂气氛也显得活跃。该教师在大学英语第一堂课的课程预热导入部分,把握时机向学生进行了与课程内容有一定关联的自我表露,学生表现出了对该教师和对其课程的兴趣,这也为课程进一步展开做好了铺垫。

综合对两所学校大学英语课程实施导入阶段的观察,大多数教师没有特别使用某些教学方法或手段进行课程的导入,多是以开门见山地直接进入要实施的课程内容;也有教师仅仅点到为止地体现一下本节课的教学内容,没有过多开展与学生的沟通与交流即直接进入教学。也有的教师在课程导入阶段会开展话题的

第五章 大学英语课堂教学的"应然"与两校大学英语课堂教学的"实然"

讨论,并在讨论当中适当进行自我表露,但这些话题与表露内容与课程内容并无直接关联,如2014年11月13日M大学,一名教师上课之初说:"看大家今天好像有点没精神啊,你们最近在忙些什么?"学生听到老师的问题,有的抬起了头,也有的回答:"忙着考试""忙着参加社团活动。"还有学生说:"忙着恋爱。"学生们开始发笑,课堂气氛逐渐缓和。接着老师问:"那你们最近都在关注些什么?"学生三三两两地回答道,老师接着说:"最近北京召开的APEC会议,大家有没有注意到习大大在同安倍握手的时候,安倍表现得很尴尬?而很温馨的一幕则是普京为第一夫人披外套。"说到此处,班里气氛活跃起来,之前低着头或玩手机的学生都抬起头看着老师,还有学生开始向老师发问:"这是为什么,是因为日本怕中国吗?"该教师随即表达了自己的看法:"其实国与国之间的关系非常微妙,就像我们人与人的相处一样,我们同日本有民族仇恨,所以两国元首会面自然有些尴尬。但是我们是不是跟俄罗斯关系就特别好呢?"有学生回应:"好啊,普京那么帅。"(全班同学哈哈大笑,课堂气氛很活跃)"不一定,国家与国家也是利益关系联系在一起的,有一个时期可能和这个国家好,有的时候又和那个国家好。没有永远的朋友,也没有永远的敌人,做人是如此,国与国之间的关系也是一样啊。"教师继续表达自己的观点。教师与学生这样你来我往的交流对话使课堂气氛活跃了很多,学生也渐渐参与到了课堂中,该教师也通过自我表露较好地引起了学生的关注,并将学生的注意力转移到自己和课堂之中。虽然该教师的表露内容与课程内容无直接关联,且该教师在进行观点表达的时候全部使用汉语,没有向学生进行有效的英语语言输入,但该教师通过表达自己的观点一定程度上适应了当时学生的状况和教学环境,同时吸引了学生的注意力,调动起了学生的课堂参与意识,这也为下一步课程的实施起到了铺垫作用。这可以被看作适应教学需要的表露,同样具有一定的意义。

还有个别教师也会在课堂中进行与课程内容相关的自我表露,通过讲述自己的经历见闻、表达自己的观点看法与学生进行沟通和交往,并以此导入课程。不论是与课程内容紧密相关的自我表露,还是为适应教学需要进行的自我表露,从学生的反应情况来看,他们对此是肯定的、是感兴趣的、是参与的、是积极响应的。

2. 单词和课文精讲阶段

(1)教师在灌输

精读课是目前我国大学英语教学课程的重头,教学模式基本遵循机械式的教学理念和方法,通过介绍背景,逐字逐句串讲"肢解"文章,翻译、释义、讲解语言点,最终教师筋疲力尽、口干舌燥,学生疲惫不堪、昏昏欲睡。① 笔者在两所大学的课堂教学中也观察到了相似的情形:大学英语教师在课程导入之后即进入单元所涉及词汇和课文的讲解部分,有些教师是先进行单词词组的讲解、释义,再进入课文的讲解。也有的教师将词汇词组与课文讲解结合在一起,即在讲解课文的过程中遇到课本单词表中的单词或词组,再进行释义和讲解。两校教师在单词和课文精讲这一阶段,基本采用的是讲授法,教师在讲台上讲解单词属性,解释词汇和词组意义,示范单词词组的用法、展示例句,学生记笔记。在这个过程中,有的教师会通过大量板书向学生讲解课文中的单词,教学内容形式以较大的信息量、板书量和词汇量为主,整个教学过程基本与学生零交流;而这个教学过程对学生来说,基本以记笔记为主,也有部分学生在睡觉和玩手机。课堂气氛较沉闷,没有师生互动,也没有师生语言形式的交流,整个课堂都是教师讲授单词词组和课文的声音,学生很安静,课堂也很"安静"。

2014年12月11日,S大学一年级《大学英语1》的课堂,教师在45分钟内持续为单词释义并讲解课文中的句型句法和语法,并不断在黑板上书写相关语言内容的知识点,一节课内书写了满满三黑板板书,整节课一部分学生在埋头抄板书,还有很多学生

---

① 刘敏. 大学英语课堂教学思考[J]. 新疆大学学报(社会科学版),2003,(S1):47-48.

第五章 大学英语课堂教学的"应然"与两校大学英语课堂教学的"实然"

在睡觉和玩手机。笔者在观察这节课时也感觉知识点多、信息量大,有些跟不上教师的节奏。

课后,笔者找到该班的一位学生,询问对这节课的感受,她有些腼腆地告诉我,她感觉课程的信息量太多太密集她一直在记笔记,来不及思考来不及消化也来不及记忆,每节课下来就是抄了很多笔记。她还说:"基本上这些笔记就是在课堂上抄下来,课后也没太多时间去看,上课就是抄笔记,整堂课下来也不知道自己学了什么。"当笔者问,希望老师如何改进教学的时候,该同学说:"我们希望学到很多英语的知识,但老师不要只在课堂上讲课文让我们做笔记,这样再多的知识点记不住也不爱记,老师能多跟我们交流,用大家喜欢、活跃的形式上课会比一直抄笔记来的轻松,也更有上课的感觉。"

此外,还有些教师会在讲解单词和课文的时候对学生进行提问,基本没有学生主动举手回答问题,在老师点名叫起的学生回答问题之后,多数教师会针对问题的回答情况与学生进行短暂的交流,如:"很好,Trivisonno为什么要来到美国这里还需要再思考一下,他的美国梦是与很多人的美国梦是不同的。好了请坐下,我们继续看下面一句。"紧接着,老师就低下头继续讲下面的文章内容。实际上,针对这个教学点,教师可以与学生展开深层次的交流,例如课文中提到美国梦,教师提问谈到美国梦,就可以请同学谈谈自己对美国梦的看法,如果学生对此不了解或反应不积极,教师就可以鼓励学生谈谈自己的梦想是什么,同时通过向学生讲述自己曾经和现在分别有什么样的梦想,这个梦想是否已经实现来抛砖引玉,这样既能完成课文的讲解,同时也鼓励学生进行了思考和讨论,学生在思考之后对课文内容,甚至可能对"梦想"这个概念都会有更清晰的认识。但在两所学校的教学实际中,多数教师没有通过自我表露引导学生进行思考和讨论,仅仅在学生回答完课文所涉及的问题后就继续讲解下面的课文内容,学生在课堂上参与性不高,显得消极被动。

(2)教师在表露

除上述观察到并不理想的课堂教学状况外，也有教师在单词课文精讲阶段进行了自我表露，如 2014 年 12 月 2 日 S 大学进行的《新视野大学英语1》课程，教师鼓励学生走上讲台进行单词和课文的讲解，教师请一名女同学讲解单词，在学生讲解单词的时候，教师没有打断学生，而是记录下了学生的表现，在学生讲到"change one's mind"这个短语时学生说："它的意思是'某人改变主意'，我写个例句给大家。"（然后在黑板上写了一个例句），这个时候教师突然发问："大家觉得这个短语熟悉吗？"学生有的表示在考试中见过，有的说没见过。老师说："I'm sorry to interrupt you, but this phrase reminds me of a warm story, when I was in senior high school, there was a romantic love story named 'Titanic', when the first time Rose refused Jack, he felt disappointed, but for the last time, Rose said to Jack 'I changed my mind, I will go with you.' This is my first time I heard the known word in the movie, I felt very excited because the word in book just was shown in the film, and the most important reason was that I KNOW IT."这位教师用简单的英语表达形式向学生讲述了自己第一次看电影《泰坦尼克号》时，听到女主角对男主角说出"I change my mind"这个短语时的经历，在教师用英语说完之后，有学生发出了会心的笑声，也有一些学生开始向身边的同学询问，接下来老师又用汉语翻译了一遍，在汉语翻译的过程中，教师增加了些对这一经历细节的描述，说完之后全班同学都发出了心领神会的啧啧声，对此，教师继续向学生们说道："我通过看这部电影对 change one's mind 这个短语记忆深刻，并再也没有忘记过它的意义，所以我希望同学们学会通过联系记忆的方式对单词或短语产生深刻的记忆。"

这位教师就是在教学过程中巧妙地将教学内容与自我表露结合起来，这样体现在教学单词和课文讲解过程中的自我表露，不显突兀，自然顺畅，涉及的表露内容也是有趣和学生乐于接受

第五章　大学英语课堂教学的"应然"与两校大学英语课堂教学的"实然"

并易于接受的。最需要提到的是,该教师使用了英语作为表露内容的语言载体:将教师的个人经历作为学生语言学习的信息输入,这能够使学生在接收信息输入的过程中,乐于去接受这些有趣又生动的内容形式,并由此产生联想和记忆,最后教师还依据自己的经历向学生表达在英语语言学习和记忆的过程中可以通过某些故事、经历和情景进行联系记忆,这样的记忆是生动的也是长久的。

在持续进行的课堂观察中,笔者又不止一次地观察到了两校英语教师在课程实施的单词、课文精讲阶段会结合课程内容,依据课堂现状和学生状况进行不同程度的自我表露:

M大学,《全新版大学英语1》,有教师在讲解词组"rocky farm"时谈到故土难离,并点到为止地提起自己小时候曾离开家乡一人独自求学,并与学生分享了自己对故土难离的看法,并提到虽然故土难离,但在环境形势所迫的情形之下也能创造奇迹,比如闯关东,比如走西口。(在讲到这个话题的时候,该班的很多男生对此表现出了极大的兴趣,并积极与教师进行讨论,就闯关东发表自己的见解。)教师在进行观点表达的时候汉语为主辅以英语;在讲到单词"apprentice"(学徒,徒弟)一词,该教师问学生,目前社会大学生毕业找工作需要怎样水平与素质的人才,学生对此意见不一。教师继续表达他的观点:虽然一个人的能力是关键,但就目前的社会看来,学历依然是最为重要的。(该教师表露的这一观点与课程内容关联性不强,他也没有过度展开自己的观点);在课文讲解部分,教师向学生诠释什么是中国梦,并询问学生们有没有自己的中国梦或者大学梦,在学生思考的间隙,教师向学生讲述了自己曾经的大学梦,以及现如今自己怀揣着的中国梦。该教师以自己的观点将课文涉及的美国梦的相关自然地融合在了一起。

2014年9月25号,S大学二年级某班《新视野大学英语3》的课上,一位男老师(称其为L老师)在进行单词和课文讲解阶段进行的自我表露给笔者留下了非常深刻的印象:在讲到"skill"一词,L老师在对单词进行释义与例句展示后说:"你们作为学生,要理解 skill 的内涵和意义,学生的 skill 与农民工的 skill 是不同的。"接下来 L 老师用英语向学生讲述了他前一天晚上在家装水晶灯的经历,因为不是专业人士,他自己装了三个小时,这就是不同人有不同专业和技能,所谓术业有专攻。(在 L 老师讲述他这个经历的时候,学生们都抬起头,饶有兴致地听,对课堂的关注度明显增高);之后老师又讲到短语 "well-educated",释义之后 L 老师又说:"大家觉得我们中国人是不是 well-educated?",学生们有的说是,有的说不是。接着,L 老师就讲述了他在国外时的经历:"我刚到不久,打算去签个手机,但到了手机店发现门口贴有一纸告示:'For Chinese, One only' 大家告诉我这告示什么意思啊?"学生们立刻七嘴八舌地开始议论,老师继续说道:"对啊,就是说中国人只能免费签一部手机,我当时就很气愤,这不是对我们的歧视嘛,我马上找到了手机店的老板,并对此提出质疑,没想到老板却说:'I personally believe that most Chinese people are well-educated, but I don't rule out few of Chinese get more than one phone for sale. We cannot tolerate the public welfare be occupied for other people for other use.' 这件事给我很大的震撼,我们国家现在经济强大了,但更要让我们的人民 well-educated,只有国人的素质提高了,国家才能算是真正的强大起来。"

  L 老师在讲述的这一经历时,所有学生都仰着头听得很认真,不时有学生发出感慨的声音,还有的学生向同桌询问老师所讲内容,也有些学生在窃窃私语。学生对整个课堂和对教师呈现出的关注非常高,没有一位学生睡觉或玩手机。

  在教师进行完有关自身经历的自我表露后,学生们对老师讲述的故事似乎还意犹未尽,有位男学生主动向老师提问:"老师,为什么国外可以免费拿手机?怎样能免费拿手机?"L 老师微笑着说:"如果你可以用英语再向我提问的话,我很乐意回答你的问题。"这位男生很不好意思地说:"老师这有点难啊。"全班同学哄堂大笑,接着就有同学试着开始用英语向老师提问:"Excuse me,

第五章　大学英语课堂教学的"应然"与两校大学英语课堂教学的"实然"

would you mind…"这位学生话还没说完,另外一位学生就打断他说道:"这不对,这是提问又不是让别人行方便,不用'excuse me'"。紧接着又有一位女同学说道:"Would you mind telling us how can you get the free cellphone in America, How did you get it?" "Well done!" L老师紧接着说:"这个提问比较规范,大家还是要尽可能在课堂中讲英语,speak as much English as possible."

　　L老师在单词和课文讲解阶段,巧妙地将自我表露与课程内容结合了起来,在表露过程中交替使用汉语和英语,并基于讲述个人经历、表达个人观点进一步展开相关的课堂讨论,学生自然而然地参与到了课堂讨论当中,学生的积极性也被充分调动了起来,课堂气氛非常活跃,师生之间的交流与互动也显得积极有效。

　　课下,笔者又找到了该班的一位学生(以下简称S5),想进一步了解学生对L老师自我表露的看法。

　　笔者:你们老师上课一直如此吗?表达自己的思想观点和看法,讲述自己的经历见闻?

　　S5:是的,从大一开始就这样上课,我们特别喜欢听老师讲这些,因为老师经常出国什么的,他的见闻特别多,经历也多,也特别有自己的想法。我们都很喜欢老师讲这样的内容。

　　笔者:他这样表达都是与课程内容有关吗?在什么情况下他会向你们这样表达?

　　S5:基本上是,他讲得广,也多,主要还是联系课堂教学内容的。只要跟课文内容有关他就会讲。

　　笔者:他这样讲述自己的经历、表达观点会不会影响课程的实施?

　　S5:不会,不会。这样的课堂才有激情,而且他讲的内容不会脱离课堂教学,我们很感兴趣。

　　笔者:那你觉得老师在课堂中表达他的想法、分享他的经历见闻会对你们产生什么影响?

　　S5:老师这样做我们对课堂内容记忆更深刻,也更愿意去学,对英语学习感兴趣,这样的教学多生动有趣啊。还有,我们学会如何做人,这多重要啊,大学学习不一定只强调课本上的知识,从他身上学会如何做人这也很重要。

笔者:那你希望他以后继续在课堂教学中表达观点、讲述他的经历或表达他的感情吗?

S5:当然愿意,这样的课才能吸引我们,才更有学习的意愿和动力。

笔者:你们希望他具体怎么做呢?

S5:现在这样就挺好,与教学内容相结合,真诚、自然。①

这位学生对L老师的评价相当高,在与他交谈的过程中,他几乎是眼睛放光,手舞足蹈。在他看来L老师的大学英语课,不仅能增强学习的动力,提高学习兴趣,还能在学习英语专业知识的基础上实现个人成长。他尤其提到L老师在课堂中进行的观点表达、经历分享对学生产生的积极作用,这正是自我表露的影响所在。

根据学生对L老师的评价,笔者再次回忆了L老师的课堂教学,仍然是在S大学较为陈旧的教室中,所有的桌椅不能挪动(不是进行互动与交际活动的理想教学场所。)教学过程中L老师在讲解单词和课文的时候也用到了传统的讲授法,这似乎与其他教师并无不同,所不同的是,L老师在课程实施过程中充分了解和认识到了个人背景、利用了个人资源,将自身的经历、观点、看法转化为"师定课程"转移给学生,也就是通过自我表露将个人的经历、观点和看法等搭载着情感传递给学生,让学生从中学习相关知识,对课程形成新的认识,并可能对学生个人发展起到作用。这最终也将体现"生命课堂"的特性。

综合两所学校大学英语在单词及课文精讲阶段的课程实施,依然以讲授、释义、翻译为主导,并夹杂着部分教师的自我表露。进行自我表露的教师莫不是基于课程实施的需要,结合课程内容,对课程进行的拓展和延伸,教师自我表露与教学内容有直接

---

① 摘自2014年9月25日学生访谈记录。

第五章 大学英语课堂教学的"应然"与两校大学英语课堂教学的"实然"

关联且具有发散性影响,教师自我表露对学生产生了积极的影响,并对课堂教学的实施也有着促进作用。

除上述观察到的教学情况外,两校教师中还有部分人在教学中显现出了扎实的文学功底与丰富的人生经历,但这些教师在课堂教学过程中,只是根据教学内容向学生讲授相关的知识点,没有将丰富的个人资源适时地利用起来,如S大学《新视野大学英语3》课程,一位四十岁上下的女教师在讲解单词的过程中显示出深厚的文学功底并展现出丰富的生活经历:在讲到单词"graceful"时,她提到可以用这个词形容一个人,他就是徐志摩,说到徐志摩她又提起他的诗,并随口吟诵了两句;讲到"drop"一词,她又说起她家的水龙头就是这样"drop"了一夜,并提倡学生要节约用水,节约人类赖以生存的资源。借着这个话题她又提到粮食也应该被珍惜,并随口吟诵其《悯农》一诗,并将这首诗翻译成英语写在黑板上……整个一节课都是这位教师在讲,与学生没有过多的交流与互动,学生大多埋头记笔记。她也会时不时吟诵一些汉语和英语诗句或是结合课程内容讲述一些个人的经历,但很少展开去谈,往往是学生刚听教师说起,纷纷抬起头来想要继续听个所以然时,她便就此打住。这样几次下来,学生就对教师所表示的内容就不怎么关注了,有的学生开始玩手机。[①]

实际上,该教师的课堂教学中充斥着多样的信息,她也有着有趣的个人经历,只是表达方式不太被学生接受。观察中笔者一直在思索,这位教师的文学功底如此深厚,也有较为丰富的个人经历,如果能将此转换化为对知识的注解、对实事、事物的看法,结合课程内容,适时、适当地向学生表达自己的观点看法、认识见解,能否对课堂教学及学生的学习起到更积极作用?

3. 习题课实施阶段

两校大学英语课堂教学最后一个阶段为每单元后的练习讲

[①] 整理自2014年11月11日课堂观察记录。

解课程,所有练习均与本单元课程内容有关,涉及词汇、语法、阅读、翻译及写作。在课堂观察时笔者发现,两校教师会将写作布置为课外或家庭作业,并在课堂中进行的基本的词汇、语法、阅读和翻译练习的讲解。由于习题课所涉及的大多为语法、词汇、词组等的练习,并伴随大量习题重复,它与之前课程导入、单词及课文精讲阶段相比,信息量更大,教学内容更加繁杂,课堂教学也更显枯燥。许多大学英语教师对习题课都感到头疼;讲解习题的时候会涉及语法原则,会涉及字词的记忆与运用,这对学习者来说也是枯燥乏味和不易接受的。在 M 大学和 S 大学,教师大多采用念答案或直接讲授的教学形式,但也有在昏昏欲睡状态中使人眼前一亮的课堂。

(1)念答案的教师

S大学一年级某班在 2014 年 11 月 5 日进行的是第三单元"Understanding Science"的习题课,一位女老师一进教室就说:"今天我们看课后练习,大家下去都做了没有。"学生们都支支吾吾不说话,老师接着说:"看来大家基本没做,那你们先自己做吧,做完之后我来讲。"接下来,学生们开始做课后练习(有的做练习,有的睡觉,有的开始聊天,还有的开始玩手机。)教师坐在讲台上。大概三十分钟之后,老师说:"好了,现在我们开始对答案。"接下来,教师就开始念答案,有些比较长的答案会写在黑板上,每个答案核对完之后,教师都会问:"清楚了没有?有没有问题,有问题的同学请举手……好,都没有问题,那我们看下一题。"在教师念答案的同时,部分学生"笔耕不辍"地抄写答案,也有一部分学生依然是玩手机或表现得不知所措。在进行到翻译部分练习的时候,老师说:"这几个翻译我找同学上黑板来完成,有没有主动上来的?"学生们听老师这样说马上低下头不说话,老师在鼓励几次无果之后,索性从点名册上叫了几位同学上黑板写答案,学生完成后,教师对学生翻译语句中的错误进行更正和修改,一节课便

第五章 大学英语课堂教学的"应然"与两校大学英语课堂教学的"实然"

结束了。[①] 这堂习题课老师基本是念答案，间或穿插讲解语法和知识点，全程基本没有与学生进行其他交流活动，课堂气氛稍微显沉闷。

(2)学生来讲

还有一些教师，在习题课上要求学生上台来讲事先布置要求完成的习题，教师再对学生的讲解进行补充或纠正。也有的教师在习题课前就指定了几名学生进行准备，上课后索性全部让学生进行讲解，自己则坐在教室靠门第一排，只听不说话。有的学生在讲解过程中表现非常紧张，发音和单词拼写也有许多问题，但教师都没有及时予以纠正，而是等学生讲解完习题之后再纠错，但此时学生们都已表现的疲惫不堪，对于讲解的同学之前出现的问题已无反应。教师在习题课中让同学来讲，目的是要发挥学生自己的主观能动性，促进学生的自主意识，希望在讲解过程中，其他学生能主动地发现问题并进行纠正。但这些教师在学生讲解的过程完全让学生成为主导，并没有与学生及时沟通并发现和解决问题，最终成了几名学生在台上讲，只有他（她）知道自己在说什么，其他学生都是一脸茫然和看笑话的表情。

(3)通过教师自我表露发掘习题课的另一种形式

两所学校大学英语课堂开展的习题课，大多都以上述复述答案和让学生讲的教学形式开展。在进行课堂观察的过程中，有两位教师的习题课让笔者确信即使在枯燥繁琐的习题课中也可以通过教师自我表露发掘出活跃课堂气氛、联系课程内容、拓宽学生思维并增进师生关系的潜在力量。而这要求教师在习题课中善于发现进行表露的时机、能够挖掘适合表露的内容，发挥个人能动性，充分利用自身资源进行自我表露。

本研究之前提到的 M 大学学生口中的"我们 S 老师"，在她实施的《全新版大学英语1》第二单元的课程中就巧妙地进行了自我表露，教师与学生在课堂中的表现及相互之间开展的互动，再

[①] 摘自 2014 年 11 月 5 日课堂观察记录。

次证实了学生为什么喜爱 S 老师,而 S 老师的课又怎样显现出学生口中的"真实,自然、不做作"。下面这个案例就将描述 S 老师进行习题课教学时的课堂教学及自我表露情况。

  课前,S 老师就与学生就班级 QQ 群中进行的讨论情况进行了沟通,这一课前交流已使整个课堂气氛非常的活跃,在轻松的氛围中,S 老师自然地将学生的注意力转移到课程当中来:"下面我们开始上课啊,大家把书翻到第 40 页,我们今天看课后练习。大家完成了没有啊?"多数学生说:"完成了。"也有学生说:"S 老师,×××没完成,哈哈。""好呀,谁没完成,自己举手我看看。"有几位学生不好意思地举起了手。S 老师接着说:"好啊,我说了今天要讲练习,你们几个居然敢不做作业,说吧,怎么办?"学生们开始七嘴八舌地给老师出主意,学生们笑作一团。这时,S 老师点了一位没做作业的学生,让他站起来,接着说:"Why did you forget to finish the exercise? If you could show me three acceptable reasons, I will forgive you."听到老师的要求,这位男同学开始结结巴巴地说:"Because…because I was busy, and and…"虽然说的不是很流畅,但他一直在尝试用英语回答 S 老师的问题。接着有其他学生也试图帮他补充答案:"he is busy in dating with his girlfriend…" "He was punished by Mr. Liu, he has no time to do the homework…","He plays computer games, so he has no time…"学生们七嘴八舌地帮这位男同学回答,不一会儿就凑了三个以上的回答。S 老师假装生气地说:"Many reasonable answers, I forgive you this time, If you do it again, I will give you some color see see."当 S 老师说完后,当即就有学生提出:"老师,give you some color see see 这是 Chinglish 吧?"S 老师笑笑说:"是呀。"学生们当即就表现出了兴趣,S 老师接着说:"这个句子符合英语语法规则的形式应是:I will teach you a lesson, or I will give you some color to see. However, one of my British friends told me that the great influence of Chinese literature affect the use of English a lot, so there are so many 'so-called' chinglish appeared. And there is a

第五章 大学英语课堂教学的"应然"与两校大学英语课堂教学的"实然"

typical sentence comes from Chinese:Good good study,day day up. All guys,what's the meaning of the sentence,are you familiar with it?"学生们听得很认真,并回答道:"是好好学习天天向上的意思吗?"S老师说:"That's correct,even though it's a Chinglish, my British friend told me that they possibly know the meaning of the sentence well."用英语表述完后,S老师又用汉语继续说:"这样非常常用的中式的句子在国外非常流行,现在汉语对英语的影响非常大,不光是中文的句型会影响英文,甚至一些中午词组直接变成了英文单词。有一次在国外旅游,在唐人街一家大排档吃饭,这里有很多来中国餐馆就餐的外国人,他们对中国的很多食物非常了解。一位当地人进门就说:'chow mein two,and dim sum three,take them away,and pay for bill,please.'could you please tell what did he mean to order?"S老师边说边把"chow mein"和"dim sum"这两个词组写在了黑板上,学生七嘴八舌地开始议论并猜测单词的意思,最终S老师告诉学生这分别是炒面和点心的意思。接下来我注意到一个非常重要的细节,S老师在向学生讲述完这个她在国外的经历之后,又简要地将这个故事用英文复述了一遍,在有了之前汉语对这一经历的描述铺垫,学生对S老师用英语复述的故事理解起来显得非常轻松,频频点头。

　　S老师再次用英语讲述完她这个经历之后又说道:"其实我们现在全民学习英语,殊不知我们的汉语对其他民族语言的影响力也是巨大的,我们汉语中的很多构词、发音也在影响着英语。现在很多国人都在拼命学习英语或者其他发达国家的语言,而忽略了我们自己本民族语言的学习,在我看来每个中国人应该先学好汉语,再去学习其他语言。"说到这里,有学生开始鼓掌,也有一位学生接话说:"就是,要是取消英语考试就好了。"笔者看到很多学生或是点头,或是沉默思考。

　　S老师向学生讲述自己的经历、表达自己的观点将与一名没有完成作业的学生之间的对话引向了对语言学习的认识与思考。

虽然这些与课程实施内容并无直接关联，但S老师进行的自我表露很好地将课堂中出现的具体问题与教学联系了起来，既处理了学生未完成作业的问题，又向学生进行了自我表露，这也可能会影响到学生的理念，并引发学生的思考。此外，富有趣闻性的语言输入会让语言学习者产生较低的情感过滤，较低的情感过滤会使学习者更愿意和更容易接受输入的语言信息，S老师在课堂中基于学生行为引发的一系列信息输入配合了自我表露，将知识信息与教师的经历与观点一并以语言信息的形式输入给学生，使学生感到有趣和易于接受，语言的输入也就在这个过程中完成了。

接下来，S老师开始讲解第二单元课后习题，她基本是先鼓励学生说答案、释义并翻译，然后再精讲每个题目的答案及语法点。在讲解过程中，多数学生能够积极配合教师并认真做笔记。课程进行到二十五分钟左右的时候，课堂气氛变得有些沉闷，刚好进行到第七题，S老师说："下面我们看这一题：You'll probably find Dave at the school disco—he often _____ there."老师在叫了一位学生得出答案之后问道："Have you ever been to Disco? What do you usually do after class?"学生对老师这个问题开始并没有反应，S老师就又重复了一遍，并说："题目中这个Dave经常在学校的迪士高玩，那么我想知道你们去过这样的歌厅舞厅吗？你们下课之后的课余生活又是什么？"学生们听到老师的问题后来了兴致，试着回答老师的问题，有的说去过，有的说没去过，还有的学生说那样的地方太疯狂，自己会受不了等。课堂气氛由沉闷变得生动起来，学生开始了新一轮的讨论。S老师在听完学生的答案后，说："看来大家的经历都很丰富啊，我第一次进迪士高还是在上小学的时候（学生们发出惊呼声："这么小，老师你好前卫。"）S老师笑了笑："那是小学花束队参加活动前，学校找了附近一个场地进行排练，第一次来到当时看来那样前卫的地方，我感觉既紧张又刺激，心想这是'坏孩子'来的地方，像我这样的好学生怎么可以来这里，（S老师做了一个自嘲的表情，同时有学生在掩嘴笑）我就又觉得非常愧疚，就是这样矛盾的心理啊，对一个小

第五章 大学英语课堂教学的"应然"与两校大学英语课堂教学的"实然"

学生来说是多么不容易啊。"S老师说完之后,学生们哈哈大笑,老师又用英语简单地描述了她第一次进迪士高的经历。接着说:"好了,下面你们谁来谈谈自己有没有这样的经历啊,有没有像我一样乖的好学生没去过迪士高的,或者来说说你们平时下课之后都在做什么。English,please."接着就有学生主动举手发言,汉语夹杂着英语。课堂气氛很活跃,学生的参与热情也变得很高,甚至在S老师说"这个话题我们就讨论到这里"之后还有学生举手示意要发言。

之后,在这节习题课中,S老师又结合习题中出现的词组、短语或内容,开展了相关话题的拓展讨论,并在讨论中适时进行了自我表露,通过表达自己的观点和看法引导学生进行讨论与思考。例如,在进行句子"The railway industry must keep pace with the growing demand for economy."(铁路业的发展要与经济发展的需要同步)的翻译时,S老师对"railway industry"和"keep pace with"这两个短语释义,并在解释完"railway industry"一词后,开始进行讨论话题的拓展:"铁路业在目前在我们国家主要体现就是普通列车和高铁,你们觉得火车飞机汽车哪个更安全?"(中文第一遍,英语翻译第二遍),并首先表达自己的观点引发学生的讨论。之后,S老师又追加了几个问题"你们坐过高铁吗?是怎样有趣的经历?""比起一般铁路你们觉得高铁有什么优势?"同样,S老师又表达了自己的观点抛砖引玉(中英文形式),接下来学生们都积极参与讨论并表达了不同观点和看法(中文为主,部分使用英文),课堂气氛非常热烈,学生们的参与热情很高。[①]

从观察中发现,即便是在形式与内容较繁琐和枯燥的习题课中,S老师也能积极寻求有利于课堂教学的教学手段以改善教学,她基于课堂教学的具体内容,通过对教学内容涉及话题的讨论及对话题讨论的拓展,表达自己的观点态度来提高学生课堂学习的兴趣,带动学生参与课堂教学活动,使一堂信息量大、略显枯燥无

---

① 摘自2014年10月14日课堂观察记录。

味的习题课也变得生动有趣。但要思考的是，S老师在进行自我表露时使用了中英文两种形式，汉语输入在先有利于学生的理解，紧接着输入英语，这可以帮助学生在理解句意的基础上关注英语语言的语法点与结构组成。但是先进行汉语语言输入，可能会在一定程度上制约学生对英语语言的学习，因为学生已经了解了教师所要传递信息的内容意义，就有可能忽略英文表达的语言点和语法点。其次，汉语语法原则会影响或干扰学生对英语语言语法原则的学习。因此，教师自我表露的过程中，有必要考虑语言输入的形式与比例。

4. 听说课程实施阶段

在两校调研期间，除了对两所学校大学英语综合课程的导入、单词课文精讲及习题课的课堂教学情况进行观察外，笔者还观察了听说课程。两校听说课程使用的是《新视野大学英语听说教程》和《全新版大学英语听说教程》，教学内容也是每个单元有不同的主题进行相关的听力和口语练习，其主题包括语言学习、学校生活、购物、求职、就业、度假、动物、金钱等。每个单元包含单词部分、课文精听部分和口语练习部分。

M大学和S大学的大学英语听说课程都是在计算机机房或语音教室完成，教师上课的方式也基本是让学生自己使用听力设备听材料、完成练习，再核对答案，这个过程会持续一遍或几遍。还有个别教师会在听说课中给学生播放电影，学生戴着耳机听，整个教学就过程就是学生看有中文字幕的英文电影。

由于受教室环境制约（之前对教室环境的观察中做过描述，两校语音教室或计算机机房中教师讲台与学生课桌、学生与学生课桌之间有间隔阻挡），教师很难在这样的教学环境中开展语言交流活动，因此，观察中发现，两校教师多数采用了传统的讲授法：教师播放听力教材，学生听；老师讲习题，学生写答案。另外，也有部分教师在讲授法中穿插讨论、两人对话、听读课文等教学方法。

第五章　大学英语课堂教学的"应然"与两校大学英语课堂教学的"实然"

在观察中笔者也发现,虽然受教室环境限制,教师仍然可根据教学内容选择适合的教学方法,例如教师可以通过游戏传话活动来训练学生口语表达和记忆的能力。同样,教师也可依据教学内容,并结合课堂中学生的反应,通过自我表露开展话题的讨论,从而在无法有效进行口语交际教学活动的环境下激发学生的参与意识,活跃课堂教学。这也与M大学的Y老师所表达的观点有相似之处。Y老师说:"现在教学任务这么紧,光是给学生放材料,给他们讲听力内容再对答案,一节课时间都不够用,哪还有时间给学生组织各种形式的口语教学活动。而且我们这个教室,遮的遮,挡的挡,学生转个身都困难,真是很难进行什么交际教学或者强化学生语言学习的活动……但其实我们可以在课堂教学中通过其他形式与学生互动和交流,鼓励他们,使他们愿意张口说,也愿意与教师沟通。"[①]Y老师虽然没有明确指出教师可以在听说课程中通过教师自我表露来完成与学生的交流,但她的观点从一个侧面反映出了两所学校大学英语听说教学中存在的问题,同时也为问题的解决开辟了新的思路。

在两校进行课堂观察的过程中,多数教师的课堂表现也印证了Y老师提到的问题:以播放听力教程为主,采用反复粗听再精听的手段,学生多是在配合老师播放的听力材料做练习,学生很少有课堂参与的机会,而教师也很少针对口语交际需要开展相关的模拟场景练习,课堂显得枯燥乏味,有部分学生在多媒体设备和教室座位间隔的掩护下做其他事情。

在对听说课进行观察的过程中,仅有几位教师在课堂中进行了自我表露,M大学一年级任教的C老师就是其中的一位:在听说课程第九单元"Going on Vacation"的课程实施中,内容涉及泰国旅游以及泰国皇宫(the Grand Palace)的相关内容。C老师就结合教学内容,向学生讲述了她去泰国旅游时在泰国皇宫的见闻(以简单的英文形式),并展示了自己所拍摄的皇宫图片。有学生

[①] 摘自2014年9月29日访谈记录。

对老师展示的照片表现出兴趣,并根据 C 老师描述的见闻不断提问,例如:"Is the palace made of gold? Are people afraid that someone steal the gold?","Are all Thai people Buddhists"? Do their king and queen live in the palace?"

  回答完学生的问题后,C 老师开始组织学生讨论教材中的问题"Do you know anything about Thailand? What is its capital? Are there special things in Thailand?"学生们很积极地回答问题,有的提到泰国的美食,有的说到泰国的人妖,这时候就有学生就向 C 老师发问,人妖这个词英语该如何表达,C 老师马上选择了这一恰当的时机进行了自我表露,通过对自身经历的叙述教会学生"人妖"这个单词的英文表达形式:"看来大家对这个词很感兴趣,那么我来讲个故事,你们从中找找看这个词是怎样表达的。"接着 C 老师用英语讲述了自己在泰国旅游的经历:"When the first day we arrived in Bangkok, our guide asked us if we have the interest to appreciate a special show, which performed by some special ladies, and we all showed our interest about it, so the next day we had the opportunity to watch the show. All the "ladyboys" or we could call them "shemale" gave us a fantastic performance, I even think some of them are more beautiful than the real ladies. After the performance, all the ladies came to see the audience, and the audience could take photos with them and pay for that. (C 老师说到这里,有部分听懂的学生问:"老师你也照了吗?")C 老师继续说:"Of course, yes, I found the most beautiful lady, we took the photos with intimate poses."(C 老师顺势做了个拥抱的动作帮助学生理解),C 老师接着说:"During the pleasant process, I noticed a pity scene: one gentleman took photo with a ladyboy, but after that he refused to pay for that and said the ladyboys are abnormal, strange and odd, they are dirty because they betray their soul and body. I totally do not agree with this idea, ladyboys change their body, earn the money through their work and hardship, they should be respected."C老师向学生讲述了泰国观看人妖表演,并对一位男士与人妖合影后做出的不尊重行为表达了她的观点:通过自己劳动生活的人应当被给予基本的尊重。C老师进行完自我表露之后,有部分学生流露出若有所思的神情,也有学生不断点头表示认可。C老师通过对自己经历见闻的讲述,向学生输入了课程内容的相关信息,并在自我表露的内容中融合了课程内容的相关知识点,促使学生参与课堂活动、鼓励学生参与课堂讨论。

然而,观察中笔者也发现一些问题:C老师将个人经历的讲述和观点的表达放在了一起,而且使用大量英语进行语言输入,有部分学生没有完全听懂,这可能会在一定程度上影响教师自我表露的效果。

(三)为课堂增添"亮点"的教师自我表露

通过对两所学校大学英语课堂教学的观察,笔者发现教师在课堂中大多沿用传统的教学方式,学生也似乎对老师台上讲,他们下面记的教学常态习以为常,常用无所谓的态度面对这样与教师缺乏交流、缺少沟通的课堂。笔者在与一些班级学生交流的时候,有几位学生对某些教师的课堂教学给予了消极的评价和反馈。他们说,老师讲的都是书上的东西,老是这样照本宣科去念,或者不停做题,他们觉得很枯燥,久而久之也就变得无所谓了,熬过两年也就不用再学英语了。甚至有一位学生(S8)说出了这样一番话:"我希望老师能与我们交流,能讲一些对我们有益的事,不知道是不是为了应付考试的原因,我们班从一开始上课,到后来一两个人在听课,我不知道这种老师年龄也不大,只会念课本,她难道从来不想想为什么她的课这样无聊,为什么没有人愿意听她的课?"①当问及学生希望老师在课堂教学中应呈现怎样的状态时,他们的观点中几乎都包含这样一个答案:"不要只念课本,能

---

① 整理自2014年11月18日学生访谈记录。

让我们学到一些课本上学不到的知识,能与我们交流,能让我们对英语课提起兴趣,不要这样死气沉沉。"而笔者在与教学中进行教师自我表露班级的学生进行交流时,学生们告诉笔者,他们非常喜欢老师的上课方式,老师会表达自己的观点,分享自己的故事,他们觉得这样的课堂很人性化、很亲切。当笔者问到"老师进行自我表露会不会偏离课程内容、影响教学"时,他们表示,只要老师将自我表露的内容与课程内容结合起来,使课程变得生动有趣,他们愿意在课堂上配合老师、参与课堂活动,也会增加对这门课程的兴趣。他们喜欢这样的老师,喜欢这样的课堂。其实,观察到教师在课堂教学中进行自我表露的班级,课堂教学过程充满着"亮点":学生对课堂关注度高,对教师传递的信息能给予积极的反馈;学生学习兴趣浓厚,能积极配合教师开展教学活动;师生之间的互动交流顺畅,明显感觉到课堂气氛活跃,教师与学生之间的关系也很融洽。

虽然两所学校只有部分大学英语教师在课堂教学中进行了自我表露,有些教师的自我表露也只是点到为止,但都在一定程度上有利于课堂教学:在学生参与度高、学习兴致高、师生交流顺畅的课堂中,教师输入的信息也会在低情感过滤的基础上更好地被学生接收。

教师在课堂教学中进行自我表露能对课堂教学产生直接的积极作用,下面对观察到的两所学校大学英语课堂教学中教师自我表露的情况进行梳理。

1. 两校教师自我表露的情况

在两校进行课堂调研期间,分别对两所学校大学英语教学综合课程的导入课程、单词课文精讲课、习题课以及听说课程进行了观察。在课堂教学中,有部分教师在课程实施中进行了自我表露,表露的内容分别涉及教师的经历见闻、教师对人对事的观点和看法,以及教师的兴趣爱好和喜好。教师的自我表露基本都与课程内容相关,或与当时的教学环境以及学生的课堂表现有关。

第五章 大学英语课堂教学的"应然"与两校大学英语课堂教学的"实然"

在进行每个单元的导入课程时,教师会依据课程主题内容,结合课程教学需要,进行相关内容的表露;在单词和课文精讲课中,教师则多是根据单词和课文的相关内容,进行相关的个人观点或经历的表露;在习题课中,教师的表露内容也与练习中出现的相关知识点有联系,但会呈现出无目标性和一定的发散性,即教师的表露不仅仅围绕着习题内容,有的自我表露是基于相关课程内容,对相关表露的内容进行了拓展、联系及联想。在观察中还发现,两校教师向学生进行的情感性表露较少,也就是说教师很少向学生表达自己的情绪、流露自己的情感,较少表达自己的感情或情绪,也极少通过情感因素去感染和感动学生。但已有研究表明,教师的情感性表露能很好地感染学生并调动学生的情绪。①

此外,从课堂观察到的教师自我表露发现,多数教师进行自我表露是为了实现课程主题的导入,引起学生对课程的关注,并为将要开展的学生讨论提供示范;或是与课程内容相结合,引导学生参与课堂教学活动、活跃课堂气氛等。教师进行自我表露的课堂,学生对课堂活动和对教师的关注度增高,显现出较高的学习热情,能够积极配合教师进行课堂教学活动,且师生关系呈现和谐融洽的局面。这一发现也与已有的部分研究结果一致:"积极的教师自我表露,使学生感觉教师友好热情,有助于创造良好的学习氛围。适当的自我表露,有助于建立积极的师生关系和良好的课堂交流环境。"②

教师在课堂教学中进行自我表露之后,还可能在一定程度上对学生产生深层的影响,这从 S 老师所带的学生在课前的准备中可见一斑:学生会主动阅读教师自我表露时推荐的书籍,也愿意将自己喜爱的书籍推荐给教师并与教师进行交流,这也形成了教师自我表露后的学生表露。因此,教师对学生进行的自我

---

① 何旭明,陈向明. 教师的自我表露影响学生学习兴趣的质的研究.[J]. 全球教育展望,2008,(8):62.
② 孙悦亮,黄慧婷. 国内外教师自我表露研究述评[J]. 内蒙古师范大学学报(教育科学版),2011,(12):76.

表露还有可能对学生自身及学生的语言学习产生的其他潜在的积极影响。

2. 教师自我表露的过程呈现

进行自我表露的教师,虽然有些自我表露只显现在课堂教学的某一时刻,或只与某一部分教学内容相关,但教师自我表露基本仍是有目标、有时机及策略的过程。

两校调研期间,笔者一共听课32节,其中教师课堂中进行自我表露(一次或多次)的共计13节,即在41%的课堂教学中教师会向学生表达观点、讲述经历或见闻。部分教师在课堂中点到为止地向学生表达自己的观点和看法,并无过多或深入地就个人的观点看法或见闻进行拓展和延伸。进行多次自我表露的教师,会结合课程内容进行表露,并基于之前的内容将表露继续拓展和深化。

同时,在课堂观察中笔者将教师自我表露可能涉及的内容:观点态度、经历见闻、兴趣爱好及工作学习进行了划分,对教师在不同内容程度上的表露进行观察,并就学生对教师不同内容的表露所呈现出的反应进行观察和记录:教师只是点到为止,没有对其表露内容深入描述或进行拓展、自说自话地表达自己的观点看法,或泛泛地将自己的经历见闻轻描淡写地一提,学生对此的反应较一般,也难引起学生进一步的关注与配合。反而是通过生动的语言形式对个人经历见闻进行具体的描述,或全面展示个人观点和见解的自我表露更受学生的欢迎,学生对此做出的后续反应也较积极,也能持续性地配合教师的教学活动。

三、一哄而散和意犹未尽的"课后"

课后学生与教师的状态是对"课中"教学情况的延续和体现。而课后学生呈现出的状态可以从侧面反映出他们对发生在"课中"的教学给予的评价和反馈。在两校调研期间,课后学生表现出的状态大多可以用"一哄而散"来形容,当教师宣布下课后,多数学生迅速离开教室,基本没有与教师进行沟通与交流。在观察中,笔者也发现个别班的学生在下课之后,还会主动找到教师,意犹未尽地与教师继续进行交流。

(一)学生一哄而散,教师未做停留

两校的大学英语课结束之后,教师会布置相应的书面作业,作业内容基本是课本中的课后练习。学生大多迅速离开教室,没有与教师过多的交流。观察中发现,有的学生在未下课之前就已经收拾好东西等待下课,有的学生刚下课便迫不及待往教室外冲,课下我也听到了一些学生的对话,摘录一部分如下:"赶紧去食堂,我快饿死了,昏昏欲睡啊,还饿,总算熬完了。""写的密密麻麻一黑板看的我头晕。""我还以为老师要点名呢,早知道就不来了。""下节课我不来了,你帮我点个名。""吓死我了,以为老师要检查作业呢,幸亏他忘了。""又是念课文,我都不知道她念到哪了。""你光睡了,肯定不知道啊,哈哈。"回顾这些学生所在的班级,大学英语课多数是通过教师的讲授或大量板书的形式向学生进行知识和信息的传递,整个课程中鲜有师生间的交流互动,基本都是以教师为中心进行的传统教学。除讲授法外,教师没有采用其他教学方法与教学手段,这些学生所在班级在"课中"就呈现出沉闷的课堂气氛,而课堂教学中也多是老师在讲台上讲(照书念、放 PPT、写板书),学生在下面或记笔记,或玩手机或睡觉。

教师方面,观察中发现,两所学校的大学英语教师大多在课程结束后便离开教室,除有个别学生提问的情况外,很少在课后与学生进行互动或交流。

两校多数大学英语教师在"课中"呈现出的状态与其在"课后"的状态一致,即课中教学以讲授为主,少与学生进行交流的教师,他(她)在下课后也不会与学生有过多交流。

(二)学生意犹未尽,教师继续表露

除了上述在课后教师与学生呈现出的状态外,还观察到在课堂中进行过自我表露的教师,在他(她)的课程实施后,学生和教师会呈现不同的状态,这种不同也仅限于教师进行过一定内容形式的自我表露的课后,教师在课中仅点到为止自我表露的班级,课后学生和教师并没有呈现出不同的状态。

上文中提到 S 老师、L 老师的课后,有部分学生能主动与教师有进一步的沟通,例如 S 老师在课中向学生推荐《纸牌屋》这部连续剧,课后就有学生找到 S 老师,进一步了解这部电视剧的详细信息;L 老师在课中向学生讲述了自己在国外的经历,课后就有学生三三两两地与 L 老师就国外学习生活情况交流。看得出这几位教师在授课后,学生和教师呈现出的状态是对"课中"的延续。教师和学生是积极的,课中教师进行的自我表露是有影响力的,是具有相关性和延伸性的。

此外,在 S 大学一年级某班进行课堂观察时,笔者发现该班学生在课堂教学活动结束后没有马上离开教室,而是要求教师继续课堂中谈论的话题。该班学生和教师在授课结束后的状态给笔者留下了深刻的印象,下面将结合该班"课中"的教学情况描述"课后"教师与学生的状态:

2014 年 11 月 11 日,S 大学一年级《大学英语 1》课程,一位 40 岁上下的女教师实施课程教学,当天的课程内容是讲解第四单元单词,在授课过程中,该教师使用讲授法为单词释义,举例并讲解单词和短语的语法。整个课堂气氛稍显沉闷。当教师讲到单词"compliment"时,她解释道:"这个单词做名词是恭贺,道贺的意思,做动词则表示称赞、向……道贺的意思。'Here is the example:'The manager paid her a compliment on her work.'经理赞扬了她的工作。"说着老师将这句话写在了黑板上,学生跟着抄写例句,待学生们抄写完例句,老师扫视他们一眼,说道:"怎么感觉大家今天没有精神呢?"学生们三三两两地抬了抬头,没说话。"好,这个单词是给予称赞,赞许的意思,and I am gonna invite two of our gentlemen in the class to compliment our girls. And you two please turn back,(指了指两名女生),and two gentlemen compliment the two ladies."用英语说完之后，老师又用汉语解释了一遍，她的话音刚落，学生们开始躁动，两位被指定的女生红着脸，其他学生笑着，吆喝着几位男生的名字，让他们主动站起来赞美两位女生，老师见状叫了一位男生，只见他涨红着脸站起来，低着头，结结巴巴："这个，嗯，这个，嗯，嗯嗯。"学生们都被他窘迫的样子逗得哈哈大笑。老师忍住笑说："男士应当学会赞美女士，这是基本的礼仪和礼貌，否则以后不好找女朋友。"哈哈哈，全班同学又被老师的幽默逗笑了，"呵呵，大家不要笑，其实不是难为我们班的男同学，这也是东西方文化的差异，你们有没有发现我们中国的男士不大会赞扬女士，虽然他们认为这个女士的确很美、很出色、很优秀，但中国的文化提倡人要内敛含蓄，这样的文化影响到我们每个人，延伸到我们对别人的态度，如果我们的家庭能像西方国家那样，父亲能多多地赞美我们的母亲，这样女人该多自豪，日子也该多美好呢。"老师说着，许多学生附和着发表自己的观点："就是，我也没见我爸赞美过我妈。""可能是因为太熟悉了反而很多话说不出口吧。""我觉得我就说不出口。"

听到学生们的观点，老师继续进行表露："可能大家都有同感，在我家我的父亲从没当着我们的面赞美过我的母亲，到我们这一代，我老公呢？就更别提了，我在他那里感到很自卑啊，呵呵。所以，今天就给我们班的男孩子一个机会，弥补一下大多数中国男士的遗憾，来，尽情地赞美一下我们的女生吧，compliment sb."老师的一席话，又引来了学生中不小的一阵骚动："老师，你不用介意，我们觉得你特好。""不需要男人赞美，女人本身很强大根本就不必介意其他人怎么说，自己就是最棒的，没什么大不了的，那话咋说来着，not a big ... big thing？"It's not a big deal."一位女生马上给出了答案。

教师的这番表露，引起了学生们积极的回应，那位被叫起来的男学生也主动说："老师，那我试试吧。She is beautiful ... lovely ... and, and ..." "呵呵，再想想，还有什么形容词可以来赞美她？看看她的皮肤，眼睛，还有体形呢。"老师继续鼓励道。"And she is white, eyes are big enough and … and … and she is thin and tall. " "Very good, several adjectives here are used to compliment your classmates on her outlooking, you did a good job. However, her skin is fair and pure, don't say 'she is white.' Besides, what I am saying is also the compliment on your words. "老师对该男生的回答表示满意并给予表扬。整个班级此时的气氛显得非常轻松愉快。老师继续对刚才所说的补充道:"注意我刚说的句子里 compliment 这个词先做动词, compliment sb on sth, 大家把固定搭配记一下, 又做了名词, 我们这位男生说的也不错, 给了我们这位女同学很高的 compliment。"老师说到这里, 有位男生打趣说:"说得真好啊, 应该再赞美赞美咱们老师, 弥补一下老师的遗憾。""呵呵, 他恐怕都不敢看老师, 还是跟××(被赞扬女生的名字)在一起吧。"这一说, 教室一下子沸腾起来, 学生们都嚷嚷着:"在一起, 在一起, 在一起。"老师也被学生的热情和热烈的课堂气氛感染: "呵呵, 在一起啊, 你们告诉我'在一起'用英文怎样表达, 这也是我们之前学过的短语。"together"有学生回答道。"应该前面加一个 be 动词, 比如 we are togther. Be together. 大家把这个短语再记忆一下。"老师将学生们讨论的话题引入教学。接着, 老师继续说:"不过, 我觉得你们现在 be together 有点早啊, 懂得什么是在一起吗? 现在就在一起未必懂得真爱的内涵, 呵呵, 我可以讲个故事让你们了解什么是 be together。"此时, 下课铃声响起, 老师接着说:"下课了, 以后有机会再给大家讲吧。今天先到这里。"

出乎笔者意料的是, 马上有学生要求道:"老师, 您讲吧, 现在就讲吧, 讲完再下课。"大多数学生也附和道:"讲吧老师, 别等以后了, 讲完再下课。"学生们都对此表示赞同。"好吧, 既然大家要求了, 那我讲给你们听, 这是真实的故事。我曾经有两个学生, 他们在大一的时候就相爱了, 在一起了。男孩子很爱女孩子, 所以他就总想通过什么方式向女朋友表达感情, 他觉得用钱是最好最直接的表达, 他总会给女孩钱, 开始是给自己的学费, 后来自己的

第五章 大学英语课堂教学的"应然"与两校大学英语课堂教学的"实然"

生活费也给了,最后终于捉襟见肘,他就铤而走险去偷,到末了被人当场抓住,最后学也没办法再上了,书也读不下去了,两个人的感情也走到了尽头。"学生听到这里,都发出唏嘘的声音。不少学生开始私下讨论。

"他们在美好青春的年纪在一起,却没有把握好美好感情正确的走向,做了违背道德和良心的事情,最终还是不能够在一起的。其实这个男孩子没搞清楚两个人在一起什么是最重要的,金钱不能代表一切,尤其在真爱面前,钱真的是不足以去证明感情。"老师接着感慨道。学生听老师表达了观点之后都纷纷表示认可,还有学生继续三三两两地议论着什么。"还有一个故事,一个女孩也是上大学就恋爱了,和她的高中同学在一起了,他们分别在不同的城市读大学,那个时候两个人爱得非常热烈却含蓄,都是通过信件表达感情。"老师讲到这里顿了一下,流露出一个复杂的表情。"然后呢,然后怎么样了?"有学生追问。"然后在很多年后的一天,女孩的妈妈收拾房间,无意中翻出许多女儿和她男朋友的通信,她就问自己的女儿,女孩轻描淡写地说了一句:'不要了,都什么时候的事情了,都不记得了。'""啊,分开了啊。为什么分开啊?"有学生惊呼。"年轻的时候遇到一个人,在一起了,爱过了,以为这就是真感情,殊不知很多情感不敌时间,当时间渐渐沉淀后一切都会模糊,包括爱情。所以年少时不懂爱,以为在一起就是爱,等长大后明白什么是爱,在一起的却不一定是最爱的人了。"老师在讲述完故事之后又发表了这样一番感慨。学生们认真听着,看着老师,没说话,等着老师继续说。"好了,今天先到这吧,下课吧。""老师,那是啥原因他们最后没在一起啊?因为是异地吗?""最后在一起的往往不是最爱的人吗?"有学生继续追问。"老师这女孩也是您学生吗?"有学生这样发问的时候,坐在笔者左前方的女生对她的同桌说:"我觉得这是老师年轻的时候,你看她好像挺感慨还有些感伤呢。"老师对学生的追问没有过多回应,离开了教室。

接着,学生们也陆陆续续离开教室,他们当中还有人继续讨论着老师刚刚进行的表露内容;也有学生在互相确认老师布置的作业,有的学生在询问老师在课堂上推荐的书和电影的名字。(该教师在讲到短语"self-control"时向学生推荐的她喜欢的书《富兰克林传》,并向学生介绍书中强调的核心内容就包括人的自律性。);还有的学生在猜测老师讲述的这个故事是否就是她自己的经历。[①]

  该教师在课中,联系教学内容适当表达了个人的观点,这使学生对教学内容产生了兴趣,并在教师进行自我表露后积极参与课堂活动。而学生对教师自我表露的热情与兴致也一直持续到了课后。在观察中也发现,该教师在课中的教学实施也与之前本研究中提到的教师一样,也是基于教学内容,结合教学环境和学生在课堂中的状况进行相关内容的自我表露。所不同的是,教师通过自我表露引起学生对课堂教学的关注,并鼓励学生参与讨论时出现了一些突发状况(该班学生说"在一起"),该教师也把握住了时机,利用学生高涨的课堂参与热情进行了相关内容的自我表露。课堂的突发状况是教师未曾预料的,她顺应了当时的教学状况,满足了学生的需求,运用了教学智慧,并进行了适时的表露。同时,表露内容也与学生个人发展相关,并有益于学生成长。从学生的反应来看,他们对教师就"在一起"(be together)这一课堂突发情况进行的经历分享和观点表达是认可、接受和欢迎的,也可能是会引发学生深入思考的。因此在遇到课堂突发状况时,教师要运用教学智慧表露,表露与课堂环境和当下状况有关的内容,并以此对学生产生一定的影响。表露的内容不能与课堂教学事件不符,从而脱离教学实际,影响正常教学。

  还要注意的是,该教师在表露的过程中全部使用了汉语语言输入,这在一定程度上削弱了英语语言在课程中的作用,可能导致学生过度依赖汉语语言,过度关注汉语语言输入的内容信息,忽略英语语言的载体形式。其实,该教师可以在表露时使用英语

---

① 摘自2014年11月11日课堂观察记录。

第五章　大学英语课堂教学的"应然"与两校大学英语课堂教学的"实然"

讲述男孩与女孩的爱情故事（因为故事较简单，也贴近学生生活容易理解），或通过例句或简单句型讲述故事，再适当地辅以汉语释义，这也既实现了一定意义的自我表露，又使用了英语语言的输入形式。

除了上述观察到的"课后"，笔者还通过与学生和教师的访谈了解到了课程结束后的一些情况。多数大学英语教师除了通过班长或微信、QQ群通知事情外，与学生并无过多交集与交流。对学生而言，大多在课下完成教师布置的作业，除此之外很少与教师有沟通。但在与教师课堂中有过自我表露班级的学生进行访谈时，学生们表示，课下他们除了完成老师布置的作业和任务外，还会借阅和观赏教师在课堂中推荐的小说、电影，也会参与教师提倡的社会实践活动，还有的学生会上网搜索教师自我表露中提到的人和事有关的信息。参与访谈的一名学生（S7）说："我觉得我们英语老师上课说的那些真能够影响到我，有一次课文讲到人应当具有的品质，就有同学提到了人应该富有正义感，我们老师就举例子说她有一次正义感大爆发给中央台焦点访谈栏目打电话，那个事让我印象挺深的，我下课专门查到了焦点访谈的电话，准备着适当的时候也像她一样'行侠仗义'"。[①] 他还表示，他们与老师的交流沟通还会在QQ群或微信里继续，在网络虚拟空间同教师的沟通和交流更自由，内容也更丰富。同时，他还提到，与教师在网络的交流中老师也会表达观点、见解或是讲述一些经历见闻，教师表现得比在课堂中更加活跃，他感觉真实有趣并收获颇多。

通过对两校大学英语课堂教学的观察发现，虽然教学依然以传统教学模式为主，课堂气氛沉闷、学生积极性不高、师生互动不频繁、课堂教学效果不理想等一些问题也很突出，但从传统的课堂教学中也发现了教师为改进教学所做的努力和尝试。自我表露在课堂中虽然没有被广泛地运用，但在部分教师有限的表露

[①] 摘自2014年10月15日学生访谈记录。

中,它对课堂教学及对学生产生的积极作用也逐渐显现,学生也对此表达了认可的态度并表现出极大的兴趣。

要深入了解大学英语教师自我表露的情况,除了进入课堂进行非参与式观察外,更要通过教师了解他们真实的观点、态度和看法。与教师面对面的访谈就是最有效的方式之一。通过与教师的访谈,直观了解教师对教学、对课堂、对自身的认识,也能直接获取大学英语教师对自我表露的认识和看法,更能深入探究大学英语教师自我表露的运用以及对它的体会和反馈,这些都是课堂观察中无法捕捉到的重要信息。

第六章 大学英语教师对教师自我表露的认识及运用

在课堂观察的同时,笔者也与部分进行课堂观察班级的大学英语任课教师进行了访谈。同时,也邀请了没有进行课堂教学观察班级的大学英语任课教师。访谈内容涉及教师对大学英语教学的认识、对大学英语教师的认识、对自我表露的认识及教师自我表露的具体运用等。期待立足教师,全面了解课堂教学中大学英语教师自我表露的状况。

第一节 大学英语教学面临新的要求

一、大学英语教师的教学现状不甚理想

我国大学英语教学立足时代的需要已经取得了长足的发展,但在具体的教学过程中依然存在一些问题,例如大学英语的应试功能依然很明显、教师的教学任务重、课时紧、压力大、教学水平参差不齐等。[①] 在与教师的访谈中,教师们也谈到了大学英语教学存在的类似问题和亟待解决的局面。此外,大班教学为主、教学环境不利、教学的软硬件不甚理想也是目前两所学校大学英语

---

① 冯宗祥,王鹏. 英语教学法与大学英语教学的现状与未来[J]. 陕西师范大学学报(哲学社会科学版),1999,(S1):17.

教学中存在的问题。访谈中,还有许多教师特别提到由于课时任务重,课程压力大,他们很难在授课过程中使用多种教学形式与教学手段,也无法与学生开展有效的交流,这都与新的大学英语教学要求背道而驰。有教师说:"每次上课就是赶进度,每节课都得完成计划,不然课根本就上不完,完成不了课时学生怎么去考试……""我上课就跟打仗一样,课能讲完都不错了,没有时间搞课堂活动,时间和进度上都太紧张了。"[①]还有几位教师在访谈中提到,目前阶段进行的大学英语教学,针对的是已经成年的学生,一些例如角色扮演、分组学习等教学手段不能适应大学生的心理、生理和学习特点,部分教学手段也无法多次或长期被实施。

  教师的观点直接且尖锐地指出了大学英语课堂教学存在的问题,教室环境的制约,课程实施计划和进度的要求使教师在开展语言交流等教学活动时被束缚住了手脚,更多教师表示他们知晓学生的需求,也有与学生进行互动交流的意愿,但往往心有余力不足。这就出现了教学实际不能满足教学要求的局面。基于这样的教学现状,就需要具有符合教学实际,体现教学内容、既能适应教学计划与进度要求又能满足学生学习和交流需要的教学形式,而这种教学形式需要通过教师依托某些手段和方法来实现。

二、大学生的学习要求与期望不断提高

  "现在的大学生有自己的想法和要求,他们不盲从,也不盲目,要求学习知识,还要增长见闻、开阔眼界,还要有思辨和批判性的思维的能力。他们希望与教师交流,也希望从教师身上获取除知识以外的东西,也就是他们知道自己缺什么,也知道自己需要什么。"[②]"教学的要求是听说读写译技能的全面提高、词汇量的扩充。除此之外,还应该注意对学生批判性思维、创新性思维的

[①] 摘自 2014 年 11 月 21 日、5 月 23 日教师访谈记录。
[②] 摘自 2014 年 11 月 14 日教师访谈记录。

第六章 大学英语教师对教师自我表露的认识及运用

培养。整体来说就是提高英语整体的语言水平,对学生进行思维上的训练,还要拓宽他们的视野。我们的教学不仅仅要向他们传递知识,还肩负培养和塑造学生人格、端正和重塑学生品行、影响并促进学生思想形成的任务。"①

在与教师的访谈中,很多教师都明了现今大学生对教学、对教师的要求,不仅是知识的获得,还要在学的过程中伴随人格、精神、价值观、意识形态等各方面的进步和成长。因此,在教学中不能照本宣科,不能单纯以完成教学任务为目标,还应赋予教学更多的内容和内涵。M 大学一位教师在访谈中说道:"可能是这门课程的特点吧,人文学科涉及社会生活的很多方面,所以我必须了解许多其他的东西,而不只是英语的内容。我有一个班的学生,进入大学的第一堂课就是我的英语课,他们在大学课堂见到的第一位老师也是我,所以从那时起他们好像就赋予了我很多其他的职责,感情受挫了,前途渺茫了,考试不过了都会跟我讲,现在有的学生都毕业了,还跟我保持着联络,他们会跟我说些工作生活上的事情,我觉得挺有成就感。学生信任我,当然,我当年教他们的时候也没少跟他们交流。"当这位教师说到这里的时候,笔者追问了一句:"交流?你们怎么交流的?""我当时给他们上课,把自己的价值观、立场、观点什么的都摆得差不多了,我感觉不仅是他们的英语老师,是班主任、是形式政策课老师、还是心理健康课老师……"②

当代大学生对自身、对教学、对教师赋予了更高的期望和要求。在学生不断提高学习标准和要求的同时,教师更应与时俱进,与学生共同进步,并对学生的发展赋予更多的内容意义。因此,教师必须在学识上不断完善,提高自身能力,在教学中不断改进和创新。

---

① 摘自 2014 年 6 月 24 日教师访谈记录。
② 摘自 2014 年 5 月 27 日教师访谈记录。

三、大学英语教师的角色被不断丰富

有学者指出,"面向21世纪的教师角色应是多样的,他们不应该只是单纯的学者,还应是学生的导师、各种知识源泉的组织者、协调者,指导学生发展个性、并开展认知性学习活动,实现师生的共同参与发展。"[①]"即使只是在知识的传递过程中,教师也应既是学生学习的组织者、帮助者、支持者,也是学生学习的咨询者、服务者和评价者。"[②]教师在教学中不仅充当着宏观教学规划的设计者和引路人,还扮演着微观教学实施的计划者、组织者、执行者和评价者的角色。他们应肩负更多使命、发挥更大的作用去塑造学生、培养学生。M大学和S大学很多教师也表达出对当今大学英语教师所扮演角色的认识:"我觉得所有教师第一都是知识的传授者;第二应该是语言的陪练者,语言它不仅仅是知识,还需要进行练习,所以老师应当给学生锻炼的机会,老师的水平可能相对较高,也应采用自己的一些方式来引导学生,陪学生去锻炼,或者督促学生去锻炼。第三,我觉得大学英语教师还是思维的引导者,毕竟老师的阅历在那里,比如学识、社会经验或者是经历,肯定很多东西比学生看得更全面、更深刻。所以教师在教学中要有个人的风格,比如个人的倾向,学生可以接受或者不接受,但是教师需要有这方面的东西。教师应该表达出自己的观点和看法,但不应当强迫学生一定要跟自己一致。"[③]

也有的教师认为,大学英语教师不仅应具备丰富的英语知识,还应首先做人,成为学生各方面的榜样,其次才是从英语专业知识的学习和语言习得的养成上帮助学生进步。但也有教师认为,大学英语教师只要把课上好,知识传递到位,学生能顺利通过期末考试和四六级考试就好,其他问题不是大学英语教师应该考

---

① 万明莉.对提高大学英语教师专业素质的思考[J].教育与职业,2007,(32):135.
② 王嘉毅.教师教育的课程设置与教学方法[J].课程.教材.教法,2007,(1):75.
③ 摘自2014年6月24日教师访谈记录.

第六章 大学英语教师对教师自我表露的认识及运用

虑和能够解决的。

当问及教师应如何实现角色转变,通过教学对学生产生深层次的影响时,有些教师对此不置可否,有的教师承认自己认识到位但在教学中却没时间、没有机会或对此有心无力。也有教师表示,他们会努力在教学中了解学生的期望和要求,扮演好各种角色,既通过"言传",也通过"身教"努力实现学生学习与个人发展的要求。一位教师就将教师言传身教来促进学生语言学习和个人发展说得很具体:"我会在课堂中增加其他的内容,比如我的观点看法或经历。因为我觉得学生英语学到大学阶段,他们要求的不仅仅是背了多少个单词,考试得了多少分,或者拿了多少个证,这样的英语学习会让他们的满足感很低,我在课堂加一些富有'人情味'或者具有情感的内容,可能会引起学生共鸣,在一定程度上抵消他们学习中的挫败感,也可能会激励学生的学习动机、激发他们继续学习的热情。当然,这对学生产生的可能是一种安慰:比如说虽然有的学生英语成绩不好,但老师讲述了自己求学时学习英语遇到的困难、挫折,学生透过教师的经历看到他们自己的影子,被感动、被感染,从而产生共鸣,愿意去学、主动去学,学生的主动性可能就会被激发出来,对他们的其他潜在作用也会随之而来。"[①]

访谈过程中,表达出上述观点的老师包括在课堂教学中进行自我表露的教师,其中就有本研究中出现的S老师、L老师和C老师,还有几位没有进行课堂观察的大学英语任课教师也流露出了相似的想法。在参与访谈的31位教师中(后续访谈内容以编号进行展现),有19位(占61%)表示在自己的课堂教学中与学生进行过交流与沟通,并曾在课堂教学中向学生表达过自己的观点或讲述过自己的经历见闻。其余12位教师(占39%)中有5位认可教师有必要在教学中向学生表达观点并展示经历见闻,并认为这样做能对学生产生积极影响,但在他们的课堂教学中极少或没

---

① 摘自2014年11月22日教师访谈记录。

有真正这样做过。另外7人则表示很少在课堂中与学生交流,他们的课堂教学以完成教学任务、实现知识的传递为主。

第二节 大学英语教师对教师自我表露的认识及运用

在访谈过程中,特别留意了教师个人信息情况,其中包括教师的性别、年龄、性格特点、教育背景和主张的教学观念,其中女性教师17人,男性教师14人,年龄从33岁至48岁左右,基本涵盖了两所学校大学英语教师主要年龄段。

通过访谈发现,多数性格较外向开朗的教师愿意或在教学中进行过自我表露,也有个别教师谈到,自己性格较内向,但每每走进课堂面对学生的时候,会迫使自己变得健谈与活跃。还有一位教师说,自己的性格是由学生改变的,她也渐渐地从内向变得开朗外向,是学生影响了她,也是课堂教学不断地变化和要求使她做出了改变。

此外,具有海外经历或工作背景的教师,相比起其他教师有更强烈的自我表露意愿,其中就包括本研究之前提到的S老师(10号教师)和L老师(16号教师)以及三位没有观察过其课堂教学的教师。他们表示,自己这样的经历可以结合教学提供给学生鲜活的例子和真实的展示,对学生的学习是有帮助的。其中2号教师表示:"因为曾经有出国的经历嘛,我会给他们讲一些国外的人和事,再就是一些自己的经历见闻。比如,有篇课文讲到英国的大本钟,我就会给学生讲讲我看到的大本钟是怎样的;课文中要是讲到英国人的刻板保守,我就跟他们说说我读书时遇到的英国房东,和他们说说我们之间发生的故事。这样学生可能就会觉得真实吧。课堂中我会经常说起这些,学生也对此很感兴趣,还

第六章　大学英语教师对教师自我表露的认识及运用

会不断向我追问。"①

多数在教学中接受、认可或进行过自我表露的老师,如7号、9号、10号、16号教师,他们的教学观念也都是"教师与学生的交流分享很有必要""教师是学生方方面面的引领者""教师应是学生灵魂的指路人""教师应当通过自己的言传身教影响学生,而不仅仅是传授书本知识的教书匠。"

了解了大学英语教师对目前大学英语教学、对学生和对自身的认识后,访谈进行了关于课堂教学中教师自我表露的相关内容,接下来就访谈结果进行整理:

一、大学英语教师对自我表露的认识

访谈之初,有部分教师提出目前学生对大学英语教学提出新的要求,并表明自己会重视学生的学习要求,在课堂中与学生开展积极有效的交流,交流的形式内容就包含表达自己的观点,讲述经历故事或分享个人感悟等。笔者随即询问他们是否知道或了解"自我表露"这一概念,所有教师都表示"不是非常清楚""不是很了解"或者"完全没有听过"。当笔者向他们解释了"自我表露"的概念和它的内容形式后,教师们表示虽然对这个概念不太了解,但他们却在课堂教学中向学生进行过自我表露。也有的老师表达了自己对自我表露的概念的认识:"就是教师表达自己吧,通过不同的形式和内容表达自己的内在。"②"表露?应该就是表达自己,观点,态度,看法一类的。"③

其中,笔者与本研究中的L老师(16号教师)的对话,可以体现出目前两校部分大学英语教师对自我表露的认识。

笔者:您的课的确很精彩,学生在课堂上也很活跃,整个课堂气氛也好,学生对您的评价很高啊。

---

① 摘自2014年11月26日教师访谈记录。
② 摘自2014年11月26日教师访谈记录。
③ 摘自2014年6月24日教师访谈记录。

16号教师:呵呵,是吗?他们怎么说我?

笔者:我是在课下跟您的学生聊了聊,他们普遍反映在您的课堂上能学到更多,不光是英语知识,还能开阔他们的眼界,学会一些做人的道理。他们很喜欢您在课堂上跟他们分享您的经历和一些观点。

16号教师:呵呵,现在这些学生真会说话啊。我是比较喜欢结合课程内容与学生多一些分享和交流的。我会讲一讲我在国外的见闻经历,他们也很感兴趣。

笔者:除了您说的跟学生们分享您的见闻经历外呢,您有没有也跟他们表达一些您的观点看法?

16号教师:有,有,我会经常这样做的。上课的时候课程内容涉及某一时事内容我就会拓展开去说一说,这其中肯定有我自己的观点和看法的。

笔者:都是积极的,正能量的东西?

16号教师:对,这是应该的。同样,我也会把自己情绪上一些正向的东西带给学生,尽可能避免负面情绪情感影响到学生。

笔者:您在课堂中所做的就是在进行自我表露。

16号教师:自我表露?新的教学理念?

笔者:这是由一个心理学引出的概念,现在在教育学中也被关注,简单说就是教师在课堂教学中表达自己,表述自己的观点态度、分享自己的经历见闻,并流露自己的情感情绪和感受。

16号教师:哦,这么说我已经在课堂中将自己很充分、很彻底的表露过了,呵呵。

笔者:虽然对它的概念不清楚,但您在您的教学中已经将它运用的很好了。学生对此也很认可。①

访谈中,31位老师都表示对自我表露的概念不是非常了解,但他们其中已经有不少人在自己的课堂教学中进行过表露(他们或是向学生表达过自己的观点态度和立场,或是向学生讲述过自

---

① 摘自2014年9月29日教师访谈记录。

己的经历见闻)。也有几位教师对自我表露的研究很感兴趣,9号教师说:"我注意过一个研究,是针对19岁左右的大学生,说他们正处在'精神断奶期',实际上大学学习这个阶段对他们来说也是人生观、世界观和价值观形成很重要的时期,所以作为我们教师应该特别注意对他们的引导,虽然帮助学生塑造这些'观'可能不是教学的唯一目的,但在我们教学的过程中,肯定会多多少少向学生展现我们的人生观、价值观,这势必会影响到学生。因此,我个人会有意识地在课堂教学中从正向上对他们进行引导,比如我会跟他们讲一讲我对一些事件的看法观点、表明一些态度和立场,争取向他们表达一些正面的、正能量的内容,希望给予他们一些正向的参考,这是很有必要的。我觉得你做的这个研究就是与这个相关的。"[①]

二、大学英语教师教学中进行的自我表露

31位参与访谈的大学英语教师中,19位表示自己在课堂教学中进行过自我表露(这是笔者向他们表述了自我表露的概念和内容形式之后他们明确了的。)对于课堂教学中进行自我表露,通过与教师的访谈,笔者也对19位教师自我表露的初衷和目的、表露的内容与形式、表露的时机、表露的作用和影响及教师自我表露的因素等几个方面有了较为清晰的认识。

(一)教师自我表露的初衷和目的

对自我表露的初衷,在课堂中进行过自我表露的教师们给出了相近的答案:为了活跃课堂气氛;鼓励学生参与课堂谈论(活动);实施与课程相关的内容;促进师生交往,改善师生关系。

此外,在访谈中10号教师(S老师)说:"开始我只是用这种方式结合我的教学,并以此缓和沉闷的课堂气氛,鼓励学生参与课

---

① 摘自2014年12月8日教师访谈记录。

堂教学活动。后来跟学生说得多了,发现他们对我讲的这些东西非常感兴趣,而有时候我说的话、表达的观点和态度似乎对他们能起到一些积极的作用,至少我感觉到他们在思考,也愿意去实践。我记得有一次课堂上好像讲到 part-time job 的话题,我就联系说我个人觉得大学生应该多去参与社会实践和志愿者的工作,有了这样的经历能学到很多东西之类的。结果没几天之后我就看到我的几个学生在学校发传单,又过了几天他们还找到我跟我分享他们的感受和体会。从那之后我就开始有意识地结合教学内容在课堂中向学生进行自我表露,我也希望我向他们传递的一切正面的内容会对他们的言行,甚至对他们的意识行为产生积极的作用。"[1]

16 号教师(L 老师)则表示:"课程内容有很多源于生活实际,也有一些与欧美国家的人文历史有关,这都是源于生活的素材,所以老师有这样的个人资源是可以与学生一同分享的,分享的内容更真实,也更有说服力,学生会觉得亲切自然,开展课堂教学也会更加顺畅。"[2]

还有几位教师表示,他们在进行自我表露时并没有刻意计划,只是刚好教学内容与某些个人的资源信息产生了联系,而他们也觉得有必要结合课程内容向学生传递这些信息,就自然而然地向学生进行表露。22 号教师说:"要不是你说,我还不知道我一直在自我表露。我一般是刚好讲到某个话题了,这一教学内容让我联想到这样一件事了,很多事是我自己的经历或体会,与教学内容有关,我觉得学生可能也会感兴趣,就自然而然跟学生分享了。"[3]不过,也有教师表示,虽然会通过自我表露与学生交流沟通,但她的自我表露会针对不同的班级:"课堂中表现积极活跃的、对老师的信息有反馈的、跟我关系不错的班级,我是非常乐意也会不自觉地进行表露,但是那种学生普遍表现死气沉沉、再怎

---

[1] 摘自 2014 年 10 月 14 日教师访谈记录。
[2] 摘自 2014 年 9 月 29 日教师访谈记录。
[3] 摘自 2014 年 9 月 30 日教师访谈记录。

第六章 大学英语教师对教师自我表露的认识及运用

么说他们还是毫无反应的班级我基本是什么也不说的。"①

不难看出,两校在课堂教学中进行过自我表露的教师,一部分是基于教学要求和内容,为推进教学开展的行为,也有一部分教师是结合教学实际,下意识与学生分享的举动。当然,也有的教师为自我表露赋予了更多希望和期望。

(二)教师自我表露的内容与形式

1. 教师自我表露的内容

教师在课堂教学中自我表露涵盖很多方面的内容,访谈中 19 位教师提到了以下几个方面:个人的经历见闻、对人对事的看法、某些态度观点和个人爱好等。在这几个方面内容中,教师普遍承认他们就个人的经历见闻(包括求学工作中的经历或见闻、个人情感经历等)及其对人对事的态度观点这两个方面表露的较多,就个人兴趣爱好这一方面,教师大多会结合课程相关内容,向学生推荐自己喜欢的图书电影(英文)或运动。

教师们都表示,无论教师自我表露涉及哪些方面,内容都必须基于课堂教学实际,与教学内容相关:15 号教师说:"我进行表露时常常以自己的观点、看法或是个人的经历为起点。但是这些还是要跟咱们的课文内容的或者是课程内容相结合,有时候可能也会是对课文内容的延伸和拓展,如果说太多跑偏了,就要及时收住。"②同样,对自我表露涉及的内容,部分老师也谈到,在内容的选择上他们往往会结合自己的实际情况,考虑学生的实际需要,选择适合适当的内容。例如,3 号教师在访谈中较清晰地表明了她是如何选择自我表露内容的:

3 号教师:我经常是这样做的,首先我会尽量避免我的消极情绪带入课堂。虽然有时候我会觉得很累,或者心情不好,但是我只要走进教室,上了讲台,就会把这一些抛开,我觉得不能把个人

---

① 摘自 2014 年 11 月 28 日教师访谈记录。
② 摘自 2014 年 6 月 27 日教师访谈记录。

消极的情绪带给学生,可以把自己高兴的情绪展现给学生。我觉得教师的负面情绪会给学生很消极的影响。

笔者:您的意思首先是要带给学生好的情绪感染,然后呢?您在课堂上一般向学生表露的内容是什么呢?

3号教师:我觉得首先要与课程内容或课文的主题相关,我觉得老师不要过多地讲自己的家庭啊,孩子啊,感情啊,第一这样学生会觉得你在炫耀,第二会怀疑你是否没有认真备课,还有在老师表达个人观点的时候,有的学生可能与教师的观点相悖,会对教师产生抵触情绪。所以我觉得老师在课堂中观点的表达,经历的分享内容还是要谨慎选择,最好还是跟课程内容相关,或者有些拓宽,但一定要有一个发散性的基础,还是要以课堂教学内容为基础,不能太随意。我一般会根据教学内容讲一两个具体的事例,或者创造几个具体的情景,然后让学生去考虑去讨论,然后再通过一些问题达到我想要的教学目的。

笔者:这些事例或场景是您自己的亲身经历吗?

3号教师:有些是自己的亲身经历,有的是听说的,或者是书上看到的,但我觉得这些事例要有趣味性,主题要有时代性,不能是老掉牙的,学生完全不感兴趣,或者学生完全不了解的东西(比如在公司里升职靠什么之类)学生没有经验或没有概念,我们就无法跟他们分享这些经历。所以老师选择分享自己经历的内容是很重要的。

笔者:那您在选择观点内容时是否考虑学生能否接受?

3号教师:对,这个一定要考虑,一些极端性的想法即便这样想还是不要说出来,会伤害到学生的情感,还会影响师生关系。因此教师要公正客观地去表达观点,但一些极端、敏感、私密的或不适宜课堂教学的话题和观点还是要有所保留。另外,我会避免谈宗教话题,但我会表达我对一些少数民族节日或习俗的认识和理解,也会鼓励少数民族学生讲讲他们自己的民族传统、习俗和文化,这样让他们感觉被重视,他们就愿意向别人表达,也愿意与我们沟通,最终让学生获得满足感和被认同感。对了,还有,不同

第六章　大学英语教师对教师自我表露的认识及运用

专业的学生,我也会有侧重点地去表达一些内容,医学院的学生,我就跟他们讲过我去医院看病的经历,金融学的学生我就会给他们讲讲我对理财、股票的一些看法。他们也比较接受和喜欢这种方式。

笔者:那您自己的爱好、兴趣、求学经历、感情经历你会跟学生分享吗?

3号教师:这些肯定都是结合上课内容来说,都在课堂中提过。我说得比较多的是一些个人的经历和见闻吧,求学时期的一些事情,或现在工作生活中能与学生个人和学习结合的事。感情经历我说的比较少,一是我本身没有太多感情经历,二可能一些比较保守的学生会觉得老师讲太多这些内容不是很好,这种关于个人经历的内容,我会仔细考虑,哪些要表达,哪些不要表达,或者该怎样表达。比较敏感的内容,我会考虑大而化之,考虑整个大的环境进行表达和分享,我一般很少跟学生就有没有失恋过啊,失恋的经历是什么进行沟通。但是其他关于我自己的个人经历我在课堂上与学生分享的比较多,而且我在跟学生讲述这些的时候,是很真诚真挚的。当然,如果是跟我亲近的班级,关系好的学生,在课下,或者在班级QQ群里,我向他们表露的内容更多,就不仅仅局限于课堂教学的内容了。[①]

访谈中,在课堂中进行过自我表露的教师提到,他们都非常愿意向学生表达,而大多是结合课程内容向学生表露一些经历(个人的经历见闻或其他人的经历见闻,也可能是听来的看到的见闻。)这些经历或见闻都是让他们感动的、印象深刻的、难忘的或他们认为会给予学生某些启发与激励的。此外,教师们也提到,在表达观点和态度的时候,他们也是结合课程内容和教学需要;表达个人对时事或时局的观点和看法,一般是从正面积极的方向去表达。也有两位教师提出,他们曾向学生表露过一些消极的东西,例如自己疲倦的状态或基于另一个角度对某些不良社会

---

① 摘自2014年11月28日教师访谈记录。

现象的反思,他们进行这方面内容的表露,是从不同角度分析不同观点、立场,其目的也是对消极的事物或现象进行外在与本质的分析,使学生认识到正向的内容所在。

2. 教师自我表露的形式

有了适宜的自我表露内容后,教师通过相应的形式向学生进行自我表露。访谈中,19位教师表达了各自的观点,多数是以教师陈述为主,配合学生提问参与、讨论思考等形式。不同教师的表露在细节上也会有差别:22号教师说:"经常是我在说,学生听,这个过程中他们很认真,也能看出来有的学生在思考,私下里他们也在讨论。我表述完之后他们大多会提问,问一些后续的问题,也有学生要求我能继续多讲一些细节。课下与学生之间的讨论比较多。"[①]16号教师(L老师)说:"基本是我说,学生提问,也有的学生会参与进来与我对话。"[②]1号教师说:"相对而言,我说的多一些,学生会认真听,也会思考。有的时候学生也会与我对话,他们会根据我说的话题和内容表达自己的观点和看法。但这种情况比较少。学生还是更愿意听我说。"[③]总体看来,教师在课堂进行自我表露时以教师表述为主,辅以学生对话或提问,还有教师的在课堂中的表露会配合学生的参与讨论。

在教师自我表露的语言形式上,19位教师的观点相似:12位教师选择了汉语为主,英语为辅的形式;5位教师表示他们会先使用汉语,再翻译成英语;只有2位教师表示他们会全部使用英语。这也与笔者课堂观察到的情况相近,多数自我表露教师在表露时都以汉语为主,英语为辅,甚至是全部使用汉语。当问及教师选择语言的原因时,他们也给出了理由,14号教师说:"全部使用英语学生没有反应,很多人反映听不懂。"[④]3号教师说:"我一般对

---

① 摘自2014年9月30日教师访谈记录。
② 摘自2014年9月29日教师访谈记录。
③ 摘自2014年11月6日教师访谈记录。
④ 摘自2014年10月24日教师访谈记录。

第六章 大学英语教师对教师自我表露的认识及运用

比较简单的表述,或是讲述学生容易明白的事情或观点时会全部使用英语,而且我会说得比较慢,尽量给他们一个比较清晰的语言输入。如果是较复杂的描述,我就用汉语比较多,夹杂一部分英语,这样的表达虽然含有汉语,但也会有英语的语言输入。"①还有教师表示,如果是程度好的学生,基本上会用全英文表述,或大部分英文少部分汉语,对于英语程度一般的学生,会大部分使用汉语或英语汉语对半。对程度较差的学生,全英文形式讲述学生会比较难理解,还需要再翻译,会比较浪费时间。28号教师(C老师)强调她比较在意英语语言的输入,基本上都是先用英语表述,复杂句子会为学生进行翻译,简单句子不翻译,她认为这样做至少学生能认真地去听一遍英语是怎样表达的。7号教师表示自我表露时会先用汉语粗略地给学生讲述事情的经过,再详细地用英语表述,学生在大致了解了表述的内容后再听英语,这样有利于学生的理解。

综合访谈中教师们的观点,他们在自我表露的过程中会根据学生的语言水平选择或英语或汉语,或是英汉结合的方式,很多教师比较关注英语表达的语言输入带给学生的影响,这些教师既希望自我表露的内容会对学生产生一定的作用,也期望借助英语语言输入的自我表露能给予学生语言学习以积极的影响。当然,也有教师希望通过汉语语言输入,使学生领会要表达内容的内在和外延意义,通过自我表露对学生和课堂教学产生积极的作用和影响。

(三)教师自我表露的时机

访谈中,多数在课堂中进行过自我表露的教师都提到,他们表露的内容都是基于课程内容展开或引申出的话题,也就是在课程实施到某一阶段,出现某一个点,教师认为在这个课程内容点上"言之有物"时就会向学生进行自我表露。也有教师提到,他们

---

① 摘自2014年11月28日教师访谈记录。

会在课程导入阶段,结合课程的主题展开相关或者偏相关的自我表露。19号教师说:"遇到与课程相关的内容,比如这课的主题是关于爱的,我就会事先考虑一下表露的内容,有准备地向学生表述我了解的一些爱情故事,或者讲述一些感情的经历作为课程开始的预热准备。在教学中,如果遇到一些教学内容可以进行表露的,就很自然地带出来了,我觉得生搬硬套很奇怪。"[1]也有教师表示自我表露是发生在一些课堂突发事件出现时,比如学生提到什么,问到什么,恰好也有话题跟学生说,就自然地表露了。10号教师(S老师)也表达了相似的观点:"表露也有随机进行的时候,课堂气氛比较沉闷的时候,学生反应不积极的时候,我会讲一个故事啊,或者说一个我的见闻来活跃一下气氛,当然还是跟教学相关的,还有就是有时候跟学生讲述我的一些经历的时候,班里气氛很好或者和学生的互动比较顺畅的时候,我就会特别有灵感,就会多说一些,讲述和表达也会比较自然。"[2]

综合19位教师的观点,在课堂教学中,两校的大学英语教师会在实施课程导入时;课程实施过程中相关知识点或内容点可以进行自我表露时;开展教学需要时(如课堂气氛较沉闷、学生注意力不集中、兴致不高时);有突发的课堂状况需要进行或可以进行自我表露时;教师与学生的交流沟通较顺畅、互动较好、课堂气氛活跃时进行有准备或即兴的自我表露。

(四)教师自我表露的作用和影响

教师进行自我表露无论是带有一定的初衷与目的,或是随课程内容要求顺势而为,教师进行自我表露后,学生会对此做出反应甚至给予反馈,对课堂教学也会产生一定的影响。访谈中,19位教师对此也有自己的认识和看法,具体可以提炼出如下几点:通过教师经历的表达和观点的表露,师生间会就某个话题或热点问题产生共鸣,从而促进师生间的交流;拉近师生关系,有利于师

---

[1] 摘自2014年11月6日教师访谈记录。
[2] 摘自2014年10月14日教师访谈记录。

第六章　大学英语教师对教师自我表露的认识及运用

生间亲密和信任关系的建立;推动课堂教学,活跃课堂气氛;促使学生进行思考并做出反馈;激发学生的学习兴趣;学生学习的积极性提高、参与课堂活动的热情增高。这部分观点也与一些学者早前所做研究观点接近:"教师自我表露能有效地创造课堂交际氛围,使学生愿意思考并进行表达,促进师生的相互理解与良好师生关系。"[1]"学生会因为教师积极的自我表露而觉得教师友好热情、有助于创造良好的学习氛围。"[2]"教师自我表露有助于激发学生的课堂参与、提高学生学习兴趣,有助于构建良好的师生关系和课堂环境。"[3]

访谈中,教师们对自我表露会产生的作用和影响有较多的感触,对此,一些教师既表达了自己的观点还讲述了自己的经历。下面是部分教师的观点:

2号教师:"首先,我觉得老师向学生表露自己,能够拉近师生的关系,学生有了了解教师的途径,了解老师的观点和想法,他们会觉得老师很亲切,并容易亲近。第二,老师陈述的观点,或者是表明的态度较公正客观时,学生会感觉教师是包容的、开放的,学生也就敢于去表达他们自己的想法。有些学生可能会看脸色,他知道老师可能不喜欢这种回答他就不说。但是当学生发现老师表达观点表现得很包容的时候,他们才敢于、也愿意表达他们最真实的想法。第三,毕竟所有人都喜欢听故事嘛,这肯定比起枯燥的语法、词汇更加有趣,这样课堂气氛会很好,学生在课堂学习中也没有那么疲倦。第四,我觉得对于一些爱思考的学生,老师在表达了观点之后,可能会引起他们的思考,之后学生会向你反馈,我会发现学生有一些变化,比如思想上的变化,能感觉他们比以前想问题更深入一些。但这不是针对所有学生,是一部分学

---

[1] Rouse, R. E., Bradley, D. Personally Shared Reading: How Teacher Self-disclosure Effects on Student Self-disclosure[J]. Middle School, 1989, (20).

[2] Cayanus, J. L, Martin, M. M. An Instructor Self-disclosure Scale[J]. Communication Research Reports, 2004, (3).

[3] 孙悦亮,黄慧婷. 国内外教师自我表露研究述评[J]. 内蒙古师范大学学报(教育科学版),2011,(12):76.

生。最起码我觉得我向学生表达我的观点、立场,或者讲述我的一些经历,可以活跃课堂气氛,对于学生参与课堂活动也会有积极的作用。因为我在向学生表达观点或分享经历的时候也会鼓励学生发表观点、参与讨论,这个时候就会有一些不经常说话的学生发言,如果他的观点能引起大家的关注,被其他学生接受,下一次他就会更愿意参与到课堂讨论活动中来。"[①]

22号教师认为:"我表述的经历有些可能是学生们是没有接触过的内容,所以他们会对这个比较感兴趣,还有一些是跟他们的学习生活贴近的,他们也会觉得真实吧。如果只是一味给他讲课文什么的他们不会很认真。还有,我觉得他们在课堂中的积极性高了许多。再就是教师的某些观点或思想或多或少会影响到学生。例如他们当中有些人以前可能觉得学英语没有用,但是我在课堂中讲过几次我的学生在找工作时碰壁的经历,还有几名学生利用英语的优势在保研选拔时拔得头筹的事例,他们也慢慢也认识到英语学习的重要性,将这些事例或经历融入教学,影响学生,他们也会渐渐明白学习英语不仅是为了通过四六级考试,它也能为自己以后的工作和学习做一些有益的铺垫。这就是一个很鲜活的例子。除此之外,在课堂中我还向学生表达过我的个人观点、思想认识什么的,我觉得这些还能对他们的思想认识,甚至是行动产生积极正面的影响。"[②]

7号教师说:"在进行了表露之后跟学生的关系更近了,跟他们分享一些自己的东西学生会觉得我比较接地气,会觉得我更好接触更好相处了,学生对我的感情也更近了一些。以前学生好像不太喜欢听我的课吧,但我在课堂中向他们表达了这些内容,他们觉得还不错,很有意思,也会越来越多地参与到与我的互动和讨论中,尤其讲述到一些是时下热门或是有趣的话题时他们也很愿意去表达自己的见解和看法。"[③]

---

① 摘自2014年11月26日教师访谈记录。
② 摘自2014年9月30日教师访谈记录。
③ 摘自2014年6月24日教师访谈记录。

第六章 大学英语教师对教师自我表露的认识及运用

除了老师们表达出的上述观点外,与9号教师的对话也给笔者留下了深刻的印象,她用自己与学生的经历印证了教师自我表露给予教学的明显变化:

笔者:……我上面说到的这个就是自我表露,也就是您刚谈到在您的课堂中您向学生表达过的。您觉得这个教学手段在课堂中有没有使用的必要?

9号教师:我觉得这个太有必要了,如课说课堂教学是硬的东西,这个就应该是软的东西,它更深入人心,作为一名教师,你把这些带入到你的课堂,学生看到的你就是一个活生生的人,你站在讲台上,对学生的影响以及你所传授的东西可能会更有力,也更有用。如果学生接受了你的人,他可能会更喜欢你上的课。

笔者:那您觉得在课堂中向学生表达您观点、讲述经历和故事,或者融入情感对您的课堂教学和学生会有什么作用或影响?

9号教师:影响基本上都是正面的,我觉得。

笔者:比如说是什么呢?

9号教师:我原来带过一个班,这个班开始我感觉班风和学习风气不是特别好,我就在课堂上多说一些积极向上及正能量的东西,班里总有学生会与我产生共鸣,他们慢慢会注意到我说的,慢慢去听,渐渐也就接受了。开始我就感觉到学生一些微弱的变化,从学习态度上啊、课堂表现上啊、完成作业情况啊等。我也能看到当我在课堂上说这些,或者是我流露出真诚感情的时候,他们的眼睛是发亮的。再然后我就发现学生对英语学习的态度发生了很大的变化,对课程更加有兴趣,与我的关系也更融洽亲密了。[①]

在与教师们的访谈中发现,大家基本能在自我表露之后发现它带给课堂教学潜移默化却是可喜的变化。除了教师们提到的有助于课堂教学活动的开展、活跃课堂气氛、鼓励学生参与课堂

---

① 摘自2014年12月8日教师访谈记录。

讨论、激发学生的主动性和学习兴趣、促进和谐师生关系的建立外,也有少部分教师谈到了自己对于自我表露的顾虑,5号教师就指出:"自我表露之后,学生会觉得我们很真实,愿意跟我们交流,也更愿意参与到课堂活动中来,但也有可能产生一些负面作用,我以前就遇到过这样的情况,我当班主任时候,有一位教师在课堂上大谈他的感情经历,下课之后有学生找到我,向我投诉并质疑这位教师是否太浅薄,是不是他的专业水平不行,还是根本就没有好好备课。所以我觉得教师在课堂教学中自我表露还是需要考虑表露的内容、表露的程度,还有学生能不是能接受的了、愿不愿接受,教师应尽可能地避免不适宜的表露、过度的表露、与课堂教学不相关的表露。"①19号教师表示:"很多学生还是愿意接受教师表达态度观点、分享个人经历,也确实给我的课堂带来了很大的变化,但是在进行表露的过程中,有的时候说的太多,太杂,就有学生会思想不集中,等我们继续回到课程中,有些学生就无法集中注意力。"②28号教师(C老师)说:"有时候说的太多学生的心思就偏了,他们关注的就只是老师所表露的内容而不是教学内容,这也违背了教师自我表露的初衷。"③12号教师则认为,教师表露太多可能会让部分学生对教师的学术水平和教学态度产生质疑,也可能会分散学生的注意力,影响课程进度。可以看出,19位教师基本对自我表露带给课堂教学和学生学习产生的积极作用给予肯定,但也有8位教师表达了对自我表露可能产生负面作用的担忧。因此,教师在表露的过程中还应斟酌表露的内容、选择表露的形式、把握表露的程度,尽量避免不适宜的自我表露带给课堂教学和学生的消极影响。

  除此之外,有教师也谈到在进行自我表露一段时间后,师生关系变得融洽,学生与教师更加亲近。但是不是学生也对教师所教的这门课程产生喜好,学生对教师的喜爱是否能迁移至对课程

---

① 摘自2014年10月29日教师访谈记录。
② 摘自2014年11月6日教师访谈记录。
③ 摘自2014年12月10日教师访谈记录。

的喜爱,这个作用目前表现的不是非常明显。同时,笔者也注意到,19位教师几乎没有提到教师自我表露能否从语言学习、二语习得等方面对学生产生积极的作用和影响。

(五)影响教师自我表露的因素

当谈及哪些因素会影响到教师自我表露时,教师们的观点集中在以下几个方面:教师年龄、教龄、教师的性格、教师的内在知识信息储备、教师的精神状况及学生在课堂中给予教师的反馈。对于影响教师自我表露的因素,教师们对某些因素的影响所持观点较丰富:有的认为与教龄有关:教龄越久的老师,越呈现倦怠性,自我表露越少,反之则较多;有的则认为与年龄有关,年轻教师会倾向于进行更多内容形式的自我表露;也有很多教师提出,外向性格的人更容易也会更多地在课堂教学中进行自我表露,但也有教师强调,自己性格较内向,但在面对学生进行教学的时候表现的却是活跃开朗的性格特点,这样一来更容易进行表露;也有不少教师认为,教师内在知识信息储备越丰富,向学生表达的内容会更饱满更丰富。同时也有教师提出,学生不仅需要丰富准确的信息,还看重教师表达信息的立场和角度。访谈中,好几位老师提到了职业倦怠,9号教师说在非常倦怠的状态下是不太愿意表达太多的,上课的状态有时候都不是很好,更不要说进行表露了。3号教师指出,教学进行到一定时期会觉得倦怠,个人的教学状态不佳这是正常现象,在课堂中尝试去跟学生交流沟通,如果学生的反馈好,她就愿意继续与学生交流沟通或进行表露,而且在这个过程中她会感觉轻松、放松并伴随有成就感,倘若在这个过程中学生没有反应和反馈,就会感觉自己的状态更加糟糕,也不愿再进行任何内容形式的交流或自我表露。

综合访谈中教师们的态度和观点,下面摘录有代表性的一段。

笔者:……还有一个问题,有没有什么因素或原因会促使您去表露,或者又有什么因素使您不愿意进行表露?

1号教师：一个就是学生的反馈嘛，反馈好就愿意表露，反馈不好就不愿意。再一个可能自己工作压力大，或是职业倦怠吧，比较疲惫的话那就说的少。不过这个也要看学生的配合情况，如果学生配合得很好，我可能会克服倦怠的状况，积极地与学生进行分享，一旦学生的参与度不高，反应不积极或没有反馈，很有可能我就不愿再向学生进行表露。你想，如果老师表达自己情绪、观点和分享经历，学生表现出不在意或者无所谓，这样教师做几次之后就不愿、也不会再做了。教师只需完成自己基本的教学任务就可以了。而且这样的现象对于教龄时间长的教师尤为严重，工作时间太久对很多事情都疲倦了，也不愿再面对问题和解决问题了，不像年轻教师会不停地去尝试，老教师在开展教学活动如果没有学生配合和参与后很可能就不会再去尝试了。

　　笔者：所以您认为进行自我表露与教师教龄有关系？

　　1号教师：是的。教学时间越久会越倦怠，不太愿意接受新的教学方式，并且也不愿与学生有过多交流了。还有就是一开始教师可能表现多一些，时间久了，有些话题已经说过很多次了、有些观点也已表达太多遍了，接下来可能就不会再进行表露了。

　　笔者：那您呢？

　　1号教师：我啊，我工作也好多年了，也感觉到有些疲惫，感觉知识储备不够用，也觉得自己有些脱节，越来越不知道怎么跟学生沟通了。但是，我会尽可能在课堂中调整好自己的状态，努力跟学生沟通，自我表露用的还是比较多，起码表露的都是跟自己相关的信息，而且能跟学生说一说还是感觉比较放松，其他的教学手段一是不太了解，二也没心了解和学习了。

　　笔者：那您的意思就是即使会有倦怠的状态，您也会调整自己的精神状态？

　　1号教师：是的。我会在课堂上以好的状态面对学生。

　　笔者：那您是怎么调整的？

　　1号教师：这个嘛也不好说，我觉得就是把自己心态摆正，给自己一些正能量的东西，而且我发现有的时候跟学生聊一聊，说

第六章 大学英语教师对教师自我表露的认识及运用

一说,或者就是在课堂上向他们表露一些,我会感觉很轻松,也很放松,尤其在我表露后学生给我积极的反馈我会很有成就感和存在感。

笔者:您的意思是向学生表露您会有成就感和存在感?

1号教师:是的,学生理解我要表达的内容,明白我的意思,还能积极配合我的课堂教学,那种感觉真的很不错。

笔者:像您说的有倦怠的状态,但是如果调整好精神状态进行表露,反而会对您自己和您的教学都有益处?

1号教师:可以这么说。表达也是宣泄情绪一种很好的方式嘛。

笔者:还有什么因素会影响您进行自我表露呢?

1号教师:再就是教师自己的内在吧,如果教师也只是"一心只读圣贤书",他是没办法向学生传递任何学生所期望的信息的。

笔者:所以您认为大学英语教师还应当充实自己?

1号教师:是啊,我觉得老师的世界观、价值观要在大的方向上是正确的,只有这样才能给学生分享正确的东西,不管这个老师平时是怎样的,一旦他(她)站在讲台上,就不能只是那种只读书不关心其他事情的教育者,而应该展现给学生积极乐观和正能量的状态,并向他们传递书本知识和书本以外的知识。因此教师就要多听多看,多丰富自己:多读书,多看报,多关注时事,多思考。在不断学习丰富自己的过程中明辨是非,摆明立场。还有,我觉得教师还应多出去走一走,看一看,多了解外面的世界,这样眼界会更开阔,视野也会不同,才能向学生表露的更充实、更丰满,也更生动。没有丰富的见闻,没有开阔的视野,怎么在教学活动中融合拓展和延伸的内容呢,要怎么表露?根本就没有表露的资本。

笔者:您的意思是教师也需要充实自身,如果能有更丰富的见闻和经历就更好?

1号教师:是这样的。

笔者:那还有其他因素吗?比如性格或者性别?

1号教师：我觉得外向的老师应该爱表露一些，我就是这样。内向的老师可能会弱一些。但是也不一定，这个还是看人，也要考虑课堂中的具体情况和学生的情况。性别上来说嘛，可能女性更愿意表达自己吧，但是男老师表达见地不同的观点也会让很多学生折服的啊。

笔者：那学生方面的因素呢？除了您说的学生对教师表露的反应外，是否针对文科学生或者理科学生你更愿意对他们进行表露？

1号教师：我觉得跟学生专业没有关系，如果这些学生对我的课堂、对我的表露有反应、给反馈并能积极参与到课堂，与我进行对话交流，我肯定更愿意向他们进行表露，我表露的越多他们也就越能接受我和我的课堂教学，师生关系也是非常好的，这也是相互的。但如果说你给他们讲什么，学生都面无表情，我也觉得没什么想说的了。[①]

这位教师从教师和学生两个方面表达了她对教师自我表露影响因素的认识，除了教师要从各方面充实和完善自己、学生给予较好的课堂反馈外，笔者注意到该教师提到的倦怠、消极状态或消极情绪对教师自我表露的影响。往往处于消极情绪或不良精神状态的教师不愿过多与学生交流或进行表露，这样的状态会影响到教师教学，但从另一个角度看，就像1号教师提到的，如果在这样消极的精神状态下，尝试与学生沟通交流，向学生表达或进行自我表露，也能在一定程度上缓解教师的消极情绪，给予教师正向的动力。这也与自我表露的一部分功能与作用相吻合，心理学和医学就有研究表明，自我表露与个体自尊指数有明显正相关关系；自我表露与个体的人的精神健康也存在正相关关系；[②]此外，斯威森的研究也表明，自我表露与个体外向性格、社交性、主

---

① 摘自2014年11月6日教师访谈记录。

② Cozby, P. C. Self-disclosure: A literature review [J]. Psychological Bulletin, 1973, 79(2): 77.

第六章　大学英语教师对教师自我表露的认识及运用

动性也有积极相关的联系。①

综合19位教师的观点,从学生和教师两个方面考虑影响教师自我表露的因素。从学生方面讲,所有教师都认为学生在课堂上的表现以及对教师自我表露的反应和反馈对教师自我表露有直接的影响。学生反应良好且表现积极,教师就有了自我表露的热情与动力;学生的专业,性别等对教师自我表露无直接影响;

从教师方面讲,所有教师认为:教师内在的知识信息储备和正向的价值观是进行自我表露的前提;教师性格是否会影响自我表露产生,多数教师认为自己性格偏外向,也愿意与人交流及向人表达和表露自己,所以他们认为性格外向的教师会更愿意进行自我表露,但访谈中5号教师(一位自认非常内向的教师)表示,自己在日常生活中内向话少,但在课堂教学中她会尽量让自己表现得非常积极热情,所以她认为,内向的教师也可以和乐于进行自我表露。综合19位老师的观点,在课堂中呈现出外向、热情、积极性格特点的教师更乐于进行自我表露;教师的精神状态也在访谈中被17位教师认为是影响其表露的主要因素之一(教师呈现良好的精神状态有利于进行自我表露,而一些消极状态或情绪会制约教师自我表露,反之,教师自我表露也可能在一定程度上缓解教师的消极状态。)有教师谈到教师的年龄和教龄也是影响教师自我表露的因素,很多教师认为教龄短和年轻教师更乐于进行自我表露,但也有个别教师认为教师教龄与自我表露没有必然关系。就访谈中的19位老师看,年龄多集中在33~48岁之间,教龄多数也未超过十年,相关数据结果可以进一步参考学生问卷相关项目。性别因素是否也会影响到自我表露,教师们的观点不太一致,但可以看到,访谈中19位进行过自我表露的教师,其中男性为6人(占32%),女性占13人(占68%)。12名没有进行过自我表露的教师中,男性为8人(占67%)。访谈教师中,自我表露的女性教师比例高于男性教师,而未自我表露的男性教师比例

---

① Cozby, P. C. Self-disclosure: A literature review [J]. Psychological Bulletin, 1973,79(2):79.

也高于女性教师比例。

(六) 教师自我表露应具备的素质

对于教师自我表露,教师个体应具备的素质,19位教师也表达了各自的看法,8位教师认为教师要具备自我表露的意识,7位教师分别提到教师应具有相应的个人经历与背景,有较强的表达能力与交流能力。其中也有6位教师认为,教师进行自我表露是个人能力与影响力的综合体现,教师要有将自身的经历、观点、看法与课堂教学内容相结合的能力,即综合的教学能力。9号教师说:"教师要有'资本'才可能进行自我表露,这种'资本'应是教师自身的经历、及经历了时间积淀的阅历。"[①]10号教师认为:"向学生表达观点看法、分享经历见闻也要通过语言的形式,教师肯定要有较强的语言表达能力,这样才能吸引学生。"[②]14号教师则认识到教师的个人影响力是教师自我表露应具备的素质,她说:"现在的大学生都不愿听老师说那些大道理、不愿干巴巴的被说教,因此,就算是老师希望通过观点的表达、经历的分享给予学生一定的启发和启示,也应运用自身的影响力去感染学生、打动学生,这样产生的教学效果要好得多。"[③]还有教师提到教师应在课堂教学中具有应变能力、拥有教学智慧、富有幽默感等。

总结教师们的观点,自我表露的意识、管理课堂教学的能力、组织教学的能力、个人的能力及影响力都应是教师自我表露具备的素质要求。

三、未进行自我表露教师的看法和观点

访谈中,12位大学英语教师表示没有在课堂教学中进行过自我表露,但其中5位在一定程度上认可在教学中教师与学生进行

---

① 摘自2014年12月8日教师访谈记录。
② 摘自2014年10月14日教师访谈记录。
③ 摘自2014年10月24日教师访谈记录。

交流的必要性,对于自我表露,他们也认为可以适时地在课堂中实施,但当问及为什么不在课堂教学中进行自我表露时,5位教师罗列出了基本一致的答案:教学任务重、课时紧张,时间不够,心有余,力不足,把课上好即可。另外,一位教师在访谈中谈到她的想法,让笔者触动之余又不禁思考:

8号教师:"学高为师,身正为范"嘛,其实有些自己的认识、观点看法是需要和学生分享的,这样他们就可以从我们身上学到知识和知识以外的东西。但这是我以前的想法,刚工作的时候我也会经常跟学生分享我的经历,跟他们谈谈我的看法什么的,现在可能是工作时间久了,生活、工作压力比较大,我也就无暇顾及这些了。而且现在我觉得就是要以知识教育为主,我已经在我的课堂上弱化与学生的交流了。因为通过自己和学生不断接触,我发现有的学生所经历的事情也许是我们到现在为止,生命里都不曾遇到或从未经历过的。有些学生的生活可能比我们想象更曲折和艰辛,他们见到的社会阴暗面可能比我们见识的更多。有的时候我们对他们说的那些都只是站在道德的制高点上告诉他们如何如何,应该怎样怎样,很有可能学生的经历比老师多,他所面对的世界与我们是有很大差异的,我们怎么去跟学生表达观点想法?又怎样向他们展现我们的价值观和世界观?

笔者:与学生价值观不同?具体是什么?

8号教师:我自己的价值体系都处于不断崩塌重建的地步,让我如何以此指导学生?比如,曾有个学生给我讲过他的经历,他的父亲位高权重却失手杀了人,一直在逃难,学生和他的哥哥分别每年去看父亲一次,除了他们,没有人知道他们的父亲在哪里。对于有这样经历的学生我们怎么期望通过教师苍白无力的经历对他们产生影响?再者,我们面对着生活的压力,见惯了现在社会的丑陋与黑暗,比如,发文章要找关系,小孩入学要找人送礼,面对这一切我们又如何跟学生大谈社会公平礼仪诚信?也许学生会比有我有更多的阅历、有对社会更深的认识和体会,教师又如何去向他们表露我们浅薄的观点,达到我们想要的教学和育人效果？

笔者：您的意思是有时候教师的自我表露会达不到预期的效果甚至会弄巧成拙？

8号教师：有点这个意思，教师表达观点太多，会弄巧成拙。而且我觉得，我们教师这个职业在一定层面上会禁锢我们的想法，我们有自己的圈子，有自己的人脉关系，但大多单纯简单，我觉得我还是没有什么个人资本去向学生展示我的经历、分享我的看法，或许他们比我经历更多、更成熟呢？而且我觉得职业就限定了我不能太过感性，上课与学生交流也毕竟不是朋友聊天，况且我与他们之间随着年龄差距增大，我们之间就会有代沟，我的想法观点是没办法和他们分享的，即使你很动情很真诚地去跟他们交流沟通，他们也有可能是没有办法与你产生共鸣，甚至是无法理解的。[①]

这位教师的观点有些出乎笔者的意料，原本以为很多教师是由于课程压力或教学中的客观因素使他们不愿在课堂教学中向学生进行表露，但这位教师谈到关于学生经历与教师经历互相参照的问题让笔者对部分教师的观点有了新的认识，同时也给予笔者一些启示：教师向学生表达自己的经历和观点，是为了改进教学，同样也希望对学生的个人发展起到积极作用，但教师必须根据学生的背景和经历去考虑表露内容的适宜性、表露程度的适度性，并立足学生实际情况和学习需要进行表露。同时，教师也应当不断提高个人素养，丰富自身的经历见闻，不断思考、审视，对教学、对个人、对生活、对社会产生新的感悟与认识。教师要与学生一同进步，不论是在知识上、阅历上还是在经历上。

此外，8号教师也对教师自我表露可能会带给学生负面影响表示担忧，这也与之前进行过自我表露教师的观点有相似之处，如不适宜内容的表露会对学生产生误导、过度的表露会分散学生学习的注意力等。访谈结束后，8号教师也表示，她提到的学生只

---

① 摘自2014年7月4日教师访谈记录。

是极特殊的例子,她并非要全盘否定自我表露带给课堂教学和学生的积极作用,只是觉得教师在自我表露时要更多考虑到学生的背景,考虑学生是否能够接受,并考量自我表露的内容与自我表露的程度。

除了这5位教师,其余7位教师也表达了他们的教学压力大,时间紧、任务重的现状,在这种情形下,只要完成课程知识的讲授、通过各类考试足矣。此外,他们也谈到由于工作时间久,工作激情已然褪去,他们不愿、也没有心思跟学生进行交流,更无暇向学生表达和表露自己。从这几位教师的观点中发现,教师的教龄会在一定程度上制约教师自我表露,教龄长的教师会逐渐在工作中产生倦怠的情绪,并影响到他们的课堂教学,相应地对于改进课堂教学也失了兴致,对于自我表露他们也持同样的态度。

综合12位老师的观点,"教学压力大""没时间""没精力""没心思""学生的背景可能很复杂""教师只要专注教好书本知识即可"等原因使两所大学的部分大学英语教师没能或不愿在教学中进行自我表露。

在与31名教师进行的访谈中发现,尽管对自我表露的概念不甚明了,但两所大学已有部分教师在自己的课堂教学中进行过自我表露,也认识和发现了自我表露对课堂教学和学生产生的积极作用,及其可能伴随出现的消极影响。同时,他们对课堂教学中的自我表露也有自己的认识和看法,他们认为在自我表露的内容上,要与课程内容相结合,依据学生的实际选择适宜课堂教学并满足学生学习需求的正向积极的表露内容;在形式上,多以教师陈述为主,伴有与学生的对话或参与的讨论。对于自我表露所使用的中英文语言比例教师也应依据教学和学生的具体情况予以考虑,进行有准备或即兴的自我表露;在表露的时机上,教师们认为课程导入时、课堂教学内容出现与表露内容相关内容时、开展课堂教学需要时、学生反馈及状态较好时、课堂出现突发状况需要教师自我表露时,都是适宜进行自我表露的时机。而两校进行过自我表露的教师多数也认为教师内在知识信息储备、教师的性格特点、教师的性别、教龄、教师的精神状况、学生在课堂中的状态以及学生对教师自我表露的反应及反馈都会影响到教师的表露。而具备自我表露的意识、管理课堂教学的能力、实施组织教学的能力、个人的能力及影响力则都应是对教师自我表露的素质要求。

第七章 学生对大学英语教师教学中自我表露的认识及要求

在与两所学校的大学英语教师进行访谈，了解了他们对教师自我表露的认识和看法后，还要从学生的角度探明大学英语教师教学中自我表露的状况、了解教师自我表露对学生产生的作用以及学生对大学英语教师自我表露的意愿和要求，综合教师和学生两方面对大学英语教师提出新的要求，并对教师自我表露提供策略与建议。因此，基于对自我表露的认识，通过对 M 大学和 S 大学一、二年级 1719 名学生开展的问卷来探究学生对大学英语教师自我表露的认识及要求，下面将学生问卷呈现出的数据结果展示如下，并结合访谈和课堂观察获取的信息对数据结果进行分析：

第一节 大学英语教师教学中自我表露的内容与内容表露程度

学生问卷从教师自我表露的内容、教师进行自我表露内容的程度上反映出两所学校大学英语教师自我表露的现状：教师是否在课堂教学中进行自我表露；表露包括哪些方面的内容，哪部分的内容表露最多，哪些内容又表露的较少；教师的性别、年龄及性格因素是否会使表露产生差异并产生影响。接下来将呈现学生问卷的数据结果，并对结果进行分析。

一、教师自我表露的内容

本研究学生问卷第三部分"教师自我表露内容问卷",旨在了解目前两所学校大学英语教师自我表露的内容和表露内容的程度,并探究教师进行自我表露的差异。问卷在设计时参考了朱拉德自我表露问卷(Jourard Self-disclosure Questionnaire,JSDQ),朱拉德自我表露问卷通过六个表露维度,包括态度和观点、兴趣和爱好、学习和工作、金钱、个性、身体,每个维度由十个项目组成。根据本研究的需要选取了朱拉德自我表露问卷中涉及的"态度和观点""兴趣和爱好""学习或工作",并根据研究的需要增加了一项"情感情绪",并将这四项内容拟定为教师自我表露的四个内容维度。通过试测和实测问卷的信度检验,最终将教师自我表露的内容归为:"态度观点"(包含对婚姻家庭、对人生事业、对金钱、对做人、对某一社会现象及其对人所具备素质的看法)、"兴趣爱好"(包含喜爱的读物、运动、休闲方式和体育运动等)、"工作学习"(包括工作中的经历见闻、学习中的经历见闻、工作生活轶事等)和"情感情绪"(包含充满自尊自敬的事与感受、挫败感、自豪感、成就感等)四个维度。(问卷信效度检验及归因已在本文第四部分研究方法中呈现,此处不做赘述。)问卷第三部分"教师自我表露内容问卷"中所体现出的自我表露内容与课堂观察以及教师访谈中多数的教师提到的表露内容:"求学、工作中的个人经历见闻""对人对事的态度观点"或"兴趣爱好"相同。

二、大学英语教师自我表露的内容程度

(一)教师自我表露内容程度数据结果

问卷第三部分"教师自我表露内容问卷"对四个维度的自我表露内容,选项从"总是"到"从不",从学生角度了解大学英语教

第七章 学生对大学英语教师教学中自我表露的认识及要求

师进行不同内容表露的程度情况。

表 7-1 教师自我表露内容程度表

	人数	最小值	最大值	均值	标准差
态度观点	1719	1.00	4.00	3.0492	.48690
兴趣爱好	1719	1.00	4.00	3.0265	.55388
工作学习	1719	1.00	4.00	2.9580	.55516
情感情绪	1719	1.00	4.00	3.3951	.50273
表露内容合计	1719	1.22	4.00	3.0967	.43420

在此问卷中,对"总是"赋值为1,"经常"赋值为2,"很少"赋值为3,"从不"赋值为4。通过表7-1可以看出,"情感情绪"得分最高,为3.40,"工作学习"得分最低,为2.96。从数据中看出,两校大学英语教师对于四个维度内容进行的自我表露,只有关于"工作学习"内容的表露介于"经常"和"很少"之间,其他三项内容进行的表露为"很少"由此可以得出结论:两所学校大学英语教师课堂教学中的自我表露并不多;在并不频繁的自我表露中相对又以"工作学习"的内容较多、而"兴趣爱好""态度观点"的内容较少,"情绪情感"内容的自我表露最少。

总体而言,两所学校大学英语教师并未经常在课堂教学中进行四个内容维度的自我表露,这与课堂观察到的教学现状和教师访谈中呈现的部分结果相似:不是所有教师都在教学中进行自我表露,教师对自我表露的概念不甚明了,仅有部分教师在教学中进行过自我表露(32节课中的13节;31人中的19人。)另外在这13节课中教师过表露四个内容维度中的一个或两个;19位教师也没有表露过全部四个内容维度,多数教师在课堂中仅表露过一个或几个。

(二)教师自我表露内容程度数据结果分析

在自我表露的内容上,学生问卷反映出教师就"工作学习"进行的表露最多,其次是"兴趣爱好"和"态度观点","情感情绪"内容的自我表露最少。这也与课堂观察和教师访谈中的结论基本一致：多数教师表示，学习或工作中的经历见闻（学生问卷中归为"工作学习"维度）及其对人对事物等的态度观点（问卷中归为"态度观点"）会较多地作为自我表露的内容。综合课堂观察、自我表露学生问卷和教师访谈信息，两校教师在课堂的自我表露中，以表达"工作学习"的内容最多。这可能是因为"工作学习"的内容中包括教师在求学、工作中的经历见闻，这类经历见闻相对更丰富也更具有趣味性，是学生感兴趣、熟悉和易于接受的表露内容，这类经历见闻也能较自然、较广泛地与课程内容相结合，因此教师对此类内容选择较多，表露也更多。

三、学生视角下大学英语教师自我表露的性别、性格及年龄的差异分析

（一）学生视角下大学英语教师自我表露性别、性格、年龄差异分析数据结果

除了明确两所学校大学英语教师自我表露内容的程度外，还通过学生对教师教学的认识，就教师不同性别、不同性格特征在表露内容的不同维度得分差异进行了比较，以此了解学生视角下的教师个人因素是否会对教师自我表露产生差异和影响。见表 7-2、表 7-3、表 7-4。

表 7-2 学生视角下男女教师表露内容不同维度差异

	教师性别	学生人数	均值	标准差	t 值	p 值
态度观点	男	502	3.0134	.49681	−1.952	.051
	女	1216	3.0638	.48235		
兴趣爱好	男	502	3.0149	.55197	−.548	.584
	女	1216	3.0310	.55501		
工作学习	男	502	2.9303	.55812	−1.329	.184
	女	1216	2.9694	.55399		

续表

	教师性别	学生人数	均值	标准差	t 值	p 值
情感情绪	男	502	3.3749	.52156	−1.035	.301
	女	1216	3.4031	.49480		
合计	男	502	3.0706	.44031	−1.593	.111
	女	1216	3.1073	.43152		

自我表露内容问卷的赋值为：总是＝1,经常＝2,很少＝3,从不＝4。通过 t 检验看出,学生视角下,男女教师在课堂教学中,对于态度观点、兴趣爱好、工作学习、情感情绪以及总得分上没有显著差异性(p 值均大于 0.05)。因此,可以看出,两校学生认为,大学英语教师的性别因素对其在态度观点、兴趣爱好、工作学习、情绪情感等方面的自我表露没有影响作用。

表7-3 学生视角下不同性格教师表露内容不同维度差异

	教师性格特点	学生人数	均值	标准差	t 值	p 值
态度观点	内向	132	3.0436	.62011	.986	.326
	外向	1002	2.9884	.46544		
兴趣爱好	内向	132	3.0455	.63217	2.051	.040
	外向	1002	2.9409	.53900		
工作学习	内向	132	3.0417	.63352	3.175	.002
	外向	1002	2.8589	.52096		
情感情绪	内向	132	3.3985	.61706	.607	.545
	外向	1002	3.3645	.50343		
合计	内向	132	3.1206	.55223	1.856	.065
	外向	1002	3.0281	.41312		

通过 t 检验可以看出,学生认为内向性格与外向性格的教师,在"兴趣爱好"和"工作学习"两方面有显著差异性(p 值均小于0.05),即学生认为,内向性格的教师得分高于外向性格的教师。

在"态度观点"和"情感情绪"没有显著差异性（p值均大于0.05），即内向老师得分与外向老师得分没有差异。因此可以看出，学生认为，性格因素对教师其在"兴趣爱好"和"工作学习"方面的表露均有差异并具有影响；对"态度观点"和"情感情绪"方面的表露没有影响。

表7-4 学生视角下中青年教师表露内容不同维度差异

	教师年龄分组	学生人数	均值	标准差	t值	p值
态度观点	青年组	1312	3.0604	.49098	1.717	.086
	中年组	406	3.0129	.47286		
兴趣爱好	青年组	1312	3.0181	.55513	−1.108	.268
	中年组	406	3.0530	.55022		
工作学习	青年组	1312	2.9529	.55889	−.661	.509
	中年组	406	2.9737	.54370		
情感情绪	青年组	1312	3.4009	.50177	.895	.371
	中年组	406	3.3754	.50614		
合计	青年组	1312	3.0990	.43846	.428	.669
	中年组	406	3.0885	.42093		

将年龄20～39岁的教师划分为青年组、40～59岁教师划分为中年组。通过t检验可以看出，学生认为，中年组与青年组教师在"态度观点""兴趣爱好""工作学习""情感情绪"得分均没有差异。因此，在学生看来，年龄对教师在"态度观点""兴趣爱好""工作学习""情感情绪"等方面的表露没有差异。从总体得分角度来说，年龄组之间没有差异。

（二）学生视角下大学英语教师自我表露性别、性格、年龄差异数据结果分析

两校大学生认为，进行自我表露的大学英语教师个体在"态度观点""兴趣爱好""工作学习"及"情感情绪"为内容的表露中，

第七章 学生对大学英语教师教学中自我表露的认识及要求

男性教师与女性教师的表露没有差异,这也说明两校学生认为,在进行相关内容的自我表露时,没有教师个体性别上的差异。这与玛吉等人的研究结果有一定出入,他们认为女性比男性更愿意进行自我表露。[①] 这也与教师访谈呈现出的信息有不同之处。

在考察教师的性格是否会影响自我表露时,学生们则认为,内向与外向性格的教师在"兴趣爱好"和"工作学习"两个方面内容的表露上有显著差异性,而在进行"态度观点"和"情感情绪"内容的自我表露时,性格内向与性格外向的教师表露没有差别。造成这一现象的原因可能是,在课堂教学进行的自我表露中,不同性格教师对于涉及其个人信息较多的表露内容有显著的差异:"兴趣爱好"和"工作学习"两方面内容的自我表露会包含教师的部分个人喜好和个人在工作、学习、生活方面的经历等涉及个人的隐私信息,在选择是否向学生表露包含有个人信息及部分较私人的经历作为表露内容时,性格内向教师的选择可能是不同的,他们可能不愿涉及个人隐私的信息,因此不选择这些信息作为表露内容;而自我表露内容涉及"态度观点"时,其内容主要包含教师对人对事的看法、观点立场等,这些观点的表达较客观,没有过多涉及教师个人隐私和其他个人信息,因此在进行这一部分内容的表露时,内向和外向性格教师的表露并无差别。内向和外向教师分别就表露内容的不同选择,导致在课堂教学中进行自我表露时显现出部分差异,并给予学生直观的印象和认识,即学生们认为,不同性格的教师,他们自我表露的内容会有差异和不同。学生问卷呈现出的结果也在一定程度上与教师访谈中得出的信息有相似之处:性格外向的教师更愿意也会更多地进行自我表露,且性格外向的教师也乐于将自己的个人信息与经历见闻与学生分享。教师访谈中一些性格内向教师也会尽量在课堂教学中呈现出外向性格的表现,这一部分教师很有可能进行了关于"态度

[①] Hargie,O. D. W. ,Tourish,D. ,Curtis,L. Gender,religion and adolescent patterns of self-disclosure in the divided society ofNorthern Ireland[J]. Adolescence,2001,36,(144):665-677.

观点"内容的自我表露。对于"情感情绪"内容的自我表露,在整个问卷反映出是程度最低的表露内容,访谈中,对于"情感情绪"的内容教师普遍较少进行表露,内向和外向教师对此的表露也没有差别。

同时,两校大学生也认为,大学英语教师的年龄也在其表露"态度观点""兴趣爱好""工作学习"及"情感情绪"的内容方面没有差异。这与教师访谈中的教师观点有些许出入,这可能是因为在访谈中教师提到了自己的年龄,但主要涉及的影响自我表露的因素教师更多强调的是自己的教龄,在较长教龄的前提下,会产生影响教师的因素或现象(如职业倦怠),继而影响到自我表露的进行。且问卷中的数据分析是对教师自我表露的内容与教师的年龄进行的分析,而教师访谈主要是表达了不同年龄,特别是教龄不同对进行教师自我表露的意愿差异。

第二节 大学英语教师自我表露对课堂教学、对学生及其英语学习产生的作用

本研究除了了解目前两所学校大学英语教师自我表露的内容和表露的程度外,还着重从学生的角度了解大学英语教师自我表露是否对课堂教学、是否对学生的语言学习及对学生个人产生作用。只有通过学生明确教师自我表露的作用,才能证实教师自我表露在课堂教学中运用的必要性与作用性。

一、大学英语教师自我表露与对学生产生作用的相关分析

(一)教师自我表露与对师生关系和课堂教学、对学生学习及个人发展产生作用的数据结果

本研究学生问卷第四部分"教师自我表露作用问卷"旨在了

第七章 学生对大学英语教师教学中自我表露的认识及要求

解大学英语教师教学中的自我表露是否会对学生的语言学习和学生的个人发展产生积极的作用、其作用是否对于不同的学生存在差异。借鉴了《教师自我表露教学效果问卷》及《教师自我表露认可问卷》的相关内容维度,将教师自我表露对课堂教学和对学生的作用划分为:"师生关系和课堂活动的积极作用""英语学习的积极作用""英语学习的潜在消极作用"和"个人发展的积极作用"四个维度。通过与第三部分"教师自我表露内容问卷"做相关分析,了解教师自我表露的内容与部分作用是否具有相关性。相关分析结果见表7-5。

表7-5 教师自我表露与对课堂教学、学生学习及个人发展产生作用的相关分析

	师生关系和课堂活动的积极作用	英语学习的积极作用	个人发展的积极作用	英语学习的潜在消极作用	自我表露作用总计
态度观点	.047* .049 1719	.071** .003 1718	.046 .058 1719	.067** .005 1719	.094** .000 1719
兴趣爱好	.098** .000 1719	.102** .000 1718	.100** .000 1719	.018 .455 1719	.120** .000 1719
工作学习	.088** .000 1719	.120** .000 1718	.109** .000 1719	−.006 .795 1719	.110** .000 1719
情感情绪	−.028 .244 1719	.067** .005 1718	−.034 .163 1719	.196** .000 1719	.100** .000 1719
自我表露内容总计	.063** .009 1719	.108** .000 1718	.068** .005 1719	.077** .001 1719	.125** .000 1719

通过表7-5可以看出,"态度观点"与"师生关系和课堂活动的积极作用""英语学习的积极作用""英语学习的潜在消极作用"及自我表露作用总体呈显著的相关性,这四个相关系数均为正值,由此可以看出,态度观点与此四方面得分为显著正相关。这说明教师"态度观点"内容的自我表露会对课堂教学及学生学习起到积极作用,但也会产生一些潜在的消极作用。

"兴趣爱好"与"师生关系和课堂活动的积极作用""英语学习的积极作用""个人发展的积极作用"及自我表露作用总体呈显著的相关性,这四个相关系数均为正值,可以看出,兴趣爱好与此四方面得分为显著正相关。这说明教师"兴趣爱好"方面的自我表露会对课堂教学、学生学习及个人发展起到积极作用。

"工作学习"与"师生关系和课堂活动的积极作用""英语学习的积极作用""个人发展的积极作用"及自我表露作用总体呈显著的相关性,这四个相关系数均为正值,由此可以看出,工作学习与此四方面得分为显著正相关。这说明教师其在"工作学习"方面的自我表露会对课堂教学及学生学习起到积极作用。

"情感情绪"与"英语学习的积极作用""英语学习的潜在消极作用"及自我表露作用总体呈显著的相关性,这三个相关系数均为正值,由此可以看出,情绪情感与此三方面得分为显著正相关。这说明教师"情感情绪"方面的自我表露会对学生的学习起到积极作用,但也可能会产生一些潜在的消极作用。

问卷第三部分"教师自我表露内容问卷"与"师生关系和课堂活动的积极作用"、与"英语学习的积极作用"、与"个人发展的积极作用"、与"英语学习的潜在消极作用"呈显著的相关性;自我表露内容总体与自我表露作用总体呈显著的相关性,这五个相关系数均为正值,由此可以看出,第三部分"教师自我表露内容问卷"整体与此五方面得分为显著正相关。这说明教师自我表露能够对师生关系和大学英语课堂教学、对学生英语语言学习及个人发展产生积极作用,同时也可能产生某些潜在的消极影响。

第七章 学生对大学英语教师教学中自我表露的认识及要求

(二)教师自我表露与对师生关系和课堂教学、学生英语学习及个人发展产生作用的数据分析

学生问卷的第四部分"教师自我表露作用问卷"将自我表露对课堂教学、学生学习及学生个人产生的作用划分为"师生关系和课堂活动的积极作用"(其中包括"教师流露情感、分享经历、表达观点(自我表露)会让我觉得亲近""会产生认同感""会产生对教师的信任感""会对教师更加喜爱""能促进和谐课堂气氛的形成"等题项);"英语学习的积极作用"(包含"教师流露情感、分享经历、表达观点(自我表露)会对我的学习动机产生积极影响""会提高我学习英语的兴趣""会促使我参与课堂讨论和活动等题项");"英语学习的潜在消极作用"(其中包括"教师过多地流露情感、分享经历、表达观点(自我表露)会破坏长幼有序的师生关系""观点偏激的表露会造成负面影响""会分散学生的注意力""会影响课程的实施进度""会削弱学生在课堂中的主体地位"等题项);"个人发展的积极作用"(其中包括"教师流露情感、分享经历、表达观点(自我表露)可以促进我对事物或现象产生新的思考和新的认识""能拓宽我的视野""增加我的知识量""能让我学到有效的交流方式与技巧"等题项)四个维度。

从问卷数据显示的总体情况来看,教师自我表露与自我表露的作用呈显著正相关关系,这就说明教师自我表露的确能够对师生关系、课堂活动、学生英语学习和学生个人发展产生积极的作用。无论是进行"态度观点""工作学习""兴趣爱好"还是"情感情绪"内容的表露,都能从不同方面对学生和学生的英语学习起到积极的作用:表露内容中的"工作学习""态度观点"以及"兴趣爱好"对学生及学生的语言学习会产生较多的积极作用,而"情感情绪"所产生的作用相比较而言则较小。同时问卷数据也显示,教师自我表露也可能在一定程度上对学生的英语学习产生潜在的消极作用,而就其自我表露的具体内容来说,不同的表露内容也会对课堂教学、学生个人或学生的语言学习产生作用:

第一,自我表露内容中的"态度观点"与"师生关系和课堂活动的积极作用"与"学生英语学习的积极作用"呈正相关关系。可以看出,教师进行关于"态度观点"方面的自我表露能够对师生关系和课堂活动以及学生的英语学习产生积极的作用。这可能是因为教师"态度观点"内容的表露与课堂教学内容结合的相得益彰,且教师还表达出了有见地和精辟新颖并与时俱进的观点看法,从而增进了师生的交流、活跃了课堂气氛,激发了学生参与课堂教学活动的热情。同时,教师所表露的观点态度和看法也可能对学生的思想和观点态度产生一定的影响,继而影响到学生对语言学习的认识、态度或兴趣。

问卷数据也显示,教师进行"态度观点"的表露也与"英语学习的潜在消极作用"呈正相关关系,这可能是因为教师"态度观点"内容的自我表露,在某种程度上对学生产生了消极的影响,例如过度地进行观点的表露影响了课程的实施,或是教师部分过激、偏激或不适宜在课堂教学中进行表达的观点对学生造成了消极影响。相似的数据结果也呈现在"情感情绪"内容的数据中:"情感情绪"内容的自我表露可以对学生的英语学习产生正向的积极作用,它也会对学生的英语学习产生潜在的消极作用。这可能是因为某些教师表露过消极的情绪,或在表达的内容中掺杂了负面的情感信息,也有可能是教师的自我表露渗透了消极的情绪(如倦怠情绪),这些都可能对学生产生某些负面的作用和影响。因此,教师在进行"态度观点"内容的表露时要注意观点内容的选择和把握,观点要客观公正,不要偏激、不要背离传统道德标准、不要违背原则、不要过度也不宜过多,更不能表露与教学毫不相干的态度观点;在进行"情感情绪"内容表露的时候要避免消极情绪(如教师倦怠状态下的情绪)可能会带给学生的消极影响。这部分的数据结果也与部分教师对自我表露内容认识的观点不谋而合。

第二,除了自我表露内容中的"态度观点"和"情感情绪"外,"工作学习"和"兴趣爱好"内容的表露也分别对师生关系、学生的

第七章　学生对大学英语教师教学中自我表露的认识及要求

英语学习、学生的个人发展呈现积极的促进作用。"工作学习"这个内容维度中包含教师的个人学习和工作经历,或是发生在教师工作学习时的见闻,这些内容相比起"态度观点"或"情感情绪"显得更加客观真实,而且这些内容可能包含了与学生经历相似或能引发学生共鸣的信息,因此表露这部分内容就有可能拉近师生之间的距离,促进良好的师生关系的建立,这也与林立等人的研究结果较为一致,他们认为:课堂上表露个人经历的教师比不表露个人经历的教师的评价要高;表露个人成长经历的教师,更容易被学生评价为热情和亲近。[①] 而"兴趣爱好"相关内容的自我表露会涉及教师的个人喜好或兴趣偏好,学生可以通过了解教师的个人兴趣对教师产生更深入的认识,这对于促进师生间的交流、增进师生间情感是有益处的。

第三,"工作学习"和"兴趣爱好"为内容的自我表露会涉及一部分教师的个人信息,例如教师的经历、见闻、过往或个人喜好。虽然部分性格内向的教师可能不太愿意在表露中涉及过多自己的隐私信息,但这类表露内容可能会更"接地气"、更具有说服力和感染力,学生也更容易接受并产生共感与共鸣,从而促进师生关系,继而可能作用于学生的英语学习和学生个人的发展。

第四,"情感情绪"内容的自我表露,包含教师积极情绪的表达及真诚的感情流露,这可能更容易感染学生并打动学生,使学生感受到教师的真实与真诚,继而对教师产生好感,并正向迁移至对学生英语语言学习的作用和影响。

因此,教师自我表露有利于课堂教学、学生的英语学习和学生个人发展,教师在课堂教学中进行不同内容的自我表露都能够在一定程度上对师生关系、课堂教学和学生的学习起到正向的作用。这也与史清敏等人研究中的部分结论一致:他们认为,教师

[①] 林立,程乐华,叶嘉雯.教师课堂教学中的自我表露对学生评价的影响[J].心理发展与教育,2006,(3):82-86.

自我表露有利于促进师生之间的关系、促进课堂教学活动。[①] 而本研究的学生问卷结果也显示：进行"态度观点"和"情感情绪"内容的自我表露可能对学生的英语学习产生潜在的消极影响，这可能是因为教师在进行这两个维度内容的自我表露时，表达了学生无法接受的观点信息（过于偏激或过违背某些原则）；或者教师表露的内容与教学无关引起学生的质疑；又或者是因为教师表露的情感情绪中包含负面或倦怠情绪，这可能直接或间接地影响到学生学习的情绪和状态；也有可能是教师没有把握好表露的度，进行了过多的自我表露；没有掌握好表露的时机，进行了不恰当的表露等原因。这就要求教师在表露的过程中结合教学内容，选择适宜的观点看法作为表露的内容、掌握好表露的度，不偏激、不过度。并且教师还应将自己在课堂中的状态调整到最佳，以良好的精神面貌和积极的精神状态面对学生，并进行自我表露。

（三）教师自我表露与学生英语学习主观意愿相关分析的数据结果

从宏观上了解了教师自我表露对课堂教学、对学生英语学习及对个人发展的作用，学生问卷第二部分还就两校学生英语学习主观意愿情况做了了解，以探究教师自我表露与学生英语学习的主观性是否相关。首先通过了解学生目前英语学习的主观意愿的状态，通过对学生问卷第二部分"学生英语学习的主观意愿情况"（"学习英语的愿望""对英语学习的喜好""对大学英语教师的喜爱""英语学习的兴趣"等内容）的统计，进一步了解教师自我表露是否与学生英语学习主观意愿相关（将问卷第二部分学生英语学习主观意愿情况和第三部分教师自我表露内容问卷进行相关分析。）结果见表7-6。

---

① 史清敏,张绍安,罗晓. 教师自我表露的跨文化比较[J]. 教师教育研究,2008,(3):45-49.

第七章 学生对大学英语教师教学中自我表露的认识及要求

表 7-6 教师自我表露与学生学习主观意愿的相关分析

	态度观点	兴趣爱好	工作学习	情感情绪	自我表露内容总计
学习英语的愿望	.083**	.097**	.122**	.019	.099**
	.001	.000	.000	.441	.000
	1719	1719	1719	1719	1719
对英语学习的喜好	.064**	.046	.099**	.012	.071**
	.008	.058	.000	.612	.003
	1719	1719	1719	1719	1719
对大学英语教师的喜爱	.030	.152**	.153**	−.069**	.079**
	.208	.000	.000	.004	.001
	1719	1719	1719	1719	1719
英语学习的兴趣	.102**	.119**	.139**	.034	.121**
	.000	.000	.000	.159	.000
	1719	1719	1719	1719	1719

通过表 7-6 看出,"学习英语的愿望"与"态度观点""兴趣爱好""工作学习"及自我表露内容总体呈显著的相关性,这四个相关系数均为正值,由此可以看出,"学习英语的愿望"与此四方面得分为显著正相关。这表明教师其在"态度观点""兴趣爱好""工作学习"方面的表露与学生英语学习的愿望呈正相关关系。

"对英语学习的喜好"与"态度观点""工作学习"及自我表露内容总体呈显著的相关性,这三个相关系数均为正值,由此可以看出,对英语学习的喜好与此三方面得分为显著正相关。这表明教师进行"态度观点""工作学习"方面的表露与学生对英语学习的喜好呈正相关关系。

"对大学英语教师的喜爱"与"兴趣爱好""工作学习"及自我表露内容总体呈显著的相关性,这三个相关系数均为正值,由此可以看出,"对大学英语教师的喜爱"与此三方面得分为显著正相关。这表明教师进行"兴趣爱好""工作学习"等方面的表露与学生对教师的喜爱呈正相关关系。

上表还反映出,"英语学习的兴趣"与"态度观点""兴趣爱好""工作学习"及自我表露内容总体呈显著的相关性,这四个相关系数均为正值,由此可以看出,"英语学习的兴趣"与此四方面得分为显著正相关。这表明教师进行"态度观点""兴趣爱好""工作学习"等方面的表露与学生学习英语的兴趣呈正相关关系。

(四)教师自我表露与学生英语学习主观意愿相关数据结果的分析

大学英语教师进行不同内容的自我表露,也与学生英语学习的主观意愿呈显著正相关关系:例如"态度观点"内容的自我表露对学生学习英语的愿望、英语学习的喜好及对英语学习的兴趣都有正向的关系作用。这可能是因为学生在与教师的交往中,提取到了教师的"态度观点"中能为自己所用的信息,而这些信息又恰好在学生对英语语言学习的认识、态度上等产生积极的、正向的引导作用,继而对学生语言学习的主观意愿产生一系列积极的影响。"兴趣爱好"内容的自我表露与学生学习英语的愿望、对英语教师的喜爱及对英语学习的兴趣有正向作用。这可能会因为教师在向学生表达自己的兴趣爱好和个人偏好的时候会对学生的喜好和兴趣取向给予指引,并影响到学生的喜好。

"工作学习"内容的自我表露是对学生英语学习主观意愿各个方面也能起到积极作用的因素。可能是因为"工作学习"内容的自我表露涉及教师的个人经历和见闻等学生喜闻乐见又易于接收的信息,透过真实有趣的故事和生动的个人经历,能够拉近学生与教师间的距离、促进和谐的师生关系,透过良好的师生关系,学生可能会觉得教师真实亲切并易亲近,由此产生对教师的喜爱,继而也有可能将对教师的喜爱正向迁移为对教师所授课程的喜爱,并产生英语学习的积极愿望。这与沃西、加里及卡恩等人的研究结果相似,他们认为自我表露与个人喜好也存在积极的正相关关系。①

自我表露四个内容维度中,相对其他三个内容维度,"情绪情感"的自我表露内容对学生英语学习主观意愿之间的关系不密切,从数据中看出并推测,教师不当的情绪情感表露(消极的、过度的)也可能会引起学生对教师的不满。

总的来看,教师的自我表露与学生学习英语的愿望、英语学习的兴趣、英语学习的喜好和对教师的喜爱都呈显著正相关关系,它能够促进学生英语学习的主观意愿。从自我表露内容上来看,同样还是"工作学习""态度观点"及"兴趣爱好"为内容的自我表露会对学生英语学习主观意愿产生正向的作用。

二、大学英语教师自我表露对学生产生作用的差异分析

对教师自我表露内容与对课堂教学及对学生产生作用进行相关分析,证实了大学英语教师自我表露对课堂教学、对学生英语学习、对学生个人发展、对学生英语学习的主观意愿等确实有积极的作用,这就为教师在课堂教学中进行自我表露提供了必要的依据。那么大学英语教师在自我表露的过程中,是否还要根据学生的性别、专业、年级和民族的不同来选择和选取自我表露的内容、方式和手段?这就要对大学英语教师自我表露对学生产生作用的差异进行分析讨论,通过对不同背景学生的差异分析,来考虑自我表露过程中的表露内容和采用的表露方式手段。接下来将从学生的性别、专业、年级、民族四个方面进行不同维度差异比较,见表7-7、表7-8、表7-9、表7-10。

---

① Worthy, M., Gary, A. L. & Kahn, G. M. Self disclosure as an exchange process[J]. Journal of Personality and Social Psychology, 1969, (13).

(一)教师自我表露对学生产生作用差异分析的数据结果

表 7-7 教师自我表露作用在不同性别学生群体间的差异

	性别	人数	均值	标准差	t 值	p 值
师生关系和课堂活动的积极作用	男	663	2.2770	.81633	−.106	.916
	女	1056	2.2812	.80285		
英语学习的积极作用	男	663	2.6027	.84262	−3.623	.000
	女	1056	2.7521	.82456		
个人发展的积极作用	男	663	2.3842	.84006	.999	.318
	女	1056	2.3435	.81184		
英语学习的潜在消极作用	男	663	3.8863	.91939	−3.514	.000
	女	1056	4.0401	.82245		
合计	男	663	2.8511	.52193	−2.831	.005
	女	1056	2.9226	.50175		

教师自我表露作用问卷选项的赋值为:完全不符合＝1、多数不符合＝2、一半符合＝3、多数符合＝4、完全符合＝5。通过 t 检验可以看出,男女大学生在"英语学习的积极作用""英语学习的潜在消极作用"以及自我表露作用总体都有显著差异性(p 值小于 0.05),即男生得分显著低于女生。这表明教师自我表露对男性学生在"英语学习的积极作用"和"英语学习的潜在消极作用"两个方面的影响没有其对女性学生的作用和影响大。在"师生关系和课堂活动的积极作用""个人发展的积极作用"上没有显著差异性(p 值均大于 0.05),即男生和女生得分没有差异。因此,性别因素对"英语学习的积极作用"和"英语学习的潜在作用"均有影响作用,对"师生关系和课堂活动的积极作用""个人发展的积极作用"没有影响作用。

第七章 学生对大学英语教师教学中自我表露的认识及要求

表 7-8 教师自我表露作用在不同专业学生群体间的差异

	专业分类	人数	均值	标准差	t 值	p 值
师生关系和课堂活动的积极作用	文科	765	2.2142	.80320	−3.012	.003
	理工科	954	2.3321	.80815		
英语学习的积极作用	文科	765	2.6703	.83096	−1.077	.282
	理工科	954	2.7140	.83725		
个人发展的积极作用	文科	765	2.3098	.80803	−2.232	.026
	理工科	954	2.3988	.83282		
英语学习的潜在消极作用	文科	765	4.0859	.84101	4.543	.000
	理工科	954	3.8965	.87354		
合计	文科	765	2.8926	.48989	−.177	.859
	理工科	954	2.8970	.52698		

通过 t 检验可以看出,文科与理工科大学生在"师生关系和课堂活动的积极作用""个人发展的积极作用"得分上有显著差异性(p 值均小于 0.05),即文科生得分显著低于理工科类大学生。这表明教师自我表露对文科生在"师生关系和课堂活动的积极作用""个人发展的积极作用"两个方面的作用要低于对理工科学生的影响。在"英语学习的潜在消极作用"有显著差异性(p 值小于 0.05),即文科大学生得分显著高于理工科类学生。这表明教师自我表露对文科大学生产生的"英语学习的潜在消极作用"要大于对理工科大学生产生的"英语学习的潜在消极作用"。"英语学习的积极作用"与自我表露作用总体没有显著差异性(p 值均大于 0.05),即文科和理工科大学生得分没有差异。因此,学生的专业因素对"师生关系和课堂活动的积极作用""个人发展的积极作用""英语学习的潜在消极作用"均有影响作用,对"英语学习的积极作用"没有影响。

表 7-9 教师自我表露作用在不同年级学生群体间的差异

	年级	人数	均值	标准差	t 值	p 值
师生关系和课堂活动的积极作用	大一	438	2.2139	.81377	−1.958	.050
	大二	1280	2.3013	.80469		
英语学习的积极作用	大一	438	2.6301	.84821	−1.877	.061
	大二	1280	2.7168	.82921		
个人发展的积极作用	大一	438	2.2745	.82186	−2.496	.013
	大二	1280	2.3881	.82180		
英语学习的潜在消极作用	大一	438	4.0922	.85983	3.116	.002
	大二	1280	3.9436	.86244		
合计	大一	438	2.8812	.52454	−.656	.512
	大二	1280	2.8997	.50615		

通过 t 检验可以看出,不同年级大学生在"师生关系和课堂活动的积极作用""个人发展的积极作用"上得分上有显著差异性(p 值小于 0.05),即大一学生得分显著低于大二学生。这说明教师自我表露对大一学生在"师生关系和课堂活动的积极作用""个人发展的积极作用"两个方面的作用没有对大二学生的明显。在"英语学习的潜在消极作用"上也有显著差异性(p 值小于 0.05),即大一学生得分显著高于大二学生。这表明相对于大二学生,教师自我表露会对大一学生产生更多"英语学习的潜在消极作用"。另外,"英语学习的积极作用"与自我表露作用总体没有显著差异性(p 值均大于 0.05),即大一和大二年级学生得分没有差异。因此,年级因素对"师生关系和课堂活动的积极影响""个人发展的积极作用""英语学习的潜在消极作用"均有影响作用,对"英语学习的积极作用"没有影响作用。

第七章　学生对大学英语教师教学中自我表露的认识及要求

表 7-10　教师自我表露作用在不同民族学生群体间的差异

	民族分类	人数	均值	标准差	t 值	p 值
师生关系和课堂活动的积极作用	汉族	961	2.2707	.80968	−.517	.605
	少数民族	758	2.2910	.80589		
英语学习的积极作用	汉族	961	2.7197	.85890	1.407	.160
	少数民族	758	2.6626	.80188		
个人发展的积极作用	汉族	961	2.3546	.84162	−.263	.792
	少数民族	758	2.3651	.79890		
英语学习的潜在消极作用	汉族	961	3.9889	.84176	.437	.662
	少数民族	758	3.9705	.89212		
合计	汉族	961	2.8986	.52205	.331	.740
	少数民族	758	2.8904	.49617		

通过 t 检验可以看出,汉族大学生与少数民族大学生在自我表露作用总体及其四个维度均无显著差异性(p 值均大于 0.05),因此可以得出,这部分问卷得分中没有民族差异性。

(二)教师自我表露对学生产生作用差异的数据分析

1. 性别差异

从学生性别上来说,在"师生关系和课堂活动的积极作用"以及"个人发展的积极作用"上没有性别差异,但在"英语学习的潜在消极作用"和"英语学习的积极作用"上男生得分显著低于女生,存在性别差异。这可能是因为之前研究提到的教师"态度观点"和"情感情绪"内容的表露会对学生产生潜在的影响,而教师表达"态度观点"和"情感情绪"内容中的偏激观点或过度表露的内容相对于男生来说更能接受,或这些观点和态度对男生产生了较少的消极影响;男生在观念和意识形态接受上可能较女生更加理性,并呈现广阔和宽容的特征,因此对于教师表露内容中偏激或过度或消极的内容,不太会对男生形成特别消极的影响;同时

"态度观点"和"情感情绪"中传递的积极信息,在男生理性支配的较高情感过滤下,对其也会产生相对女生来说较小的影响;女生相对男生而言可能更加感性,在低情感过滤的前提下,女生对于教师在态度观点或情感情绪传递的信息会产生较强的积极响应,无论是对表露内容传递的积极信息抑或是消极内容,都会对女性学生产生较大的作用和影响,因此对女性学生来说,教师自我表露某一方面的积极作用较男生明显,消极影响也更大。

2. 专业差异

在学生专业方面,"英语学习的积极作用"对文科和理工科学生没有差异,但在"师生关系和课堂活动的积极作用"和"个人发展的积极作用"上文科学生的得分显著低于理工科大学生,同时在"英语学习的潜在消极作用"上文科大学生得分又显著高于理工科学生。分析出现这一现象可能出现的原因是因为文科学生涉及历史、文学、教育等人文社科专业,在接受和认识人与事时通常会伴有主观色彩和批判精神,因此,在教师进行自我表露的时候,文科学生对教师表露的内容信息可能会加入更多个人的见解和认识,在对教师自我表露内容的吸收和再加工过程中加入个人的主观判断,这可能就使得教师自我表露的信息需要较长的时间和过程才能对文科学生产生明显的积极作用。而在文科学生对教师表露信息进行再加工和再认识的过程中,也可能会对教师的某些观念、看法或是经历产生个人的主观评判甚至是质疑,对教师质疑影响到与教师的关系,从而有可能负迁移到课程学习本身,对文科学生的语言学习产生消极影响,继而就可能出现"英语学习的潜在消极作用"在文科生身上表现得比理工科学生略明显的现象。相对文科生,理科生对教师表露的"客观"内容更易于全部接受,较少产生"主观"批判。因此教师适宜的表露可能会对理科生产生较大的积极作用。因此,对不同专业学生,教师进行自我表露时还应注意学生专业不同显现出的不同特点,有的放矢地进行表露。教师也应利用文科生情感丰富、富于批判精神特点,

第七章 学生对大学英语教师教学中自我表露的认识及要求

加深与学生的交往,增进与学生间的感情,以赢得更多文科学生的认可和喜爱,继而再通过自我表露对文科学生产生更加持久、深入和长久的作用。

3. 年级差异

在不同的年级方面,在"英语学习的积极作用"上大一和大二学生没有差异。但在"师生关系和课堂活动的积极作用""个人发展的积极作用"方面一年级大学生与二年级大学生呈现显著差异性(大一学生得分显著低于大二学生)这说明这两方面对大一学生的作用较大二学生的作用小,相应地在"英语学习的潜在消极作用"上大一学生的得分又显著高于大二学生,这又说明教师自我表露对大一学生造成的潜在消极作用又大于对大二学生产生的潜在消极作用。这可能是因为一年级学生处于高中与大学英语学习过度和衔接的时期,部分学生对大学英语教师和大学英语教学还处于了解和适应的阶段,同时,和谐的课堂气氛、相互信任的师生关系的建立需要时间的沉淀和过程的积累,这就需要教师和学生在一定的时间周期内逐步完成。因此,对于一年级的学生来说,就很有可能因为学生正处于对学习环境、学习方法和学习内容的适应过程中,对教师自我表露还不了解或还没有完全接受的情况,如果此时教师又在教学中进行了内容不适宜或过度的自我表露,就可能对一年级学生的学习产生某些潜移默化的消极影响。同样,一年级学生正处于同教师逐渐熟悉、慢慢了解和亲近的过程中,良好师生关系尚未完全建立,因此,在这个时期教师进行自我表露,对师生关系的推动以及对课堂活动的推进作用也会相对较弱,而同样教师自我表露对学生个人发展产生的深层次作用也同样需要时间。相比较而言,大学二年级学生经过一年的学习,已经逐渐适应了大学英语教学的形式,熟悉了大学英语教学的内容和手段,对教师也已经有了较全面的认识和了解,同时很可能也已经与教师建立了良好的、熟悉的、亲近的、彼此信任的师生关系,在这样的前提之下,教师再在课堂教学进行适宜的自我表露更易于对课堂、对学生个人产生积极和深层次的作用。

4. 民族差异

教师在汉族和少数民族学生之中进行四个维度的自我表露内容,对汉族大学生和少数民族大学生产生的作用没有差异。这也就是说,不同内容的教师自我表露,无论对汉族还是对少数民族学生,产生的作用没有差异。

第三节　学生对大学英语教师自我表露的意愿

已经通过数据证实教师自我表露可以对学生的学习及个人发展产生积极的作用,这就为教师自我表露的必要性提供了依据。教师自我表露除了基于教学现状了解自我表露的必要性、作用性及对学生产生作用的差异性外,还要结合学生的意愿和要求来实现自我表露,依据学生的意愿和要求,才采取相应的策略实现积极有效的自我表露。因此,学生问卷的第五部分"学生意愿问卷"将就学生对大学英语教师自我表露的意愿进行分析。

一、学生对大学英语教师自我表露意愿的数据结果

对问卷第五部分提取因子,因素 1 包含 5 个题项,主要涉及学生意愿中的教师自我表露具体运用关联,命名为"教师自我表露的具体运用";因素 2 包含 4 个题项,主要涉及学生意愿中的教师自我表露形式方式关联,命名为"教师自我表露的形式方式"。本研究对学生期望的教师表露的形式方式和表露的具体运用进行描述性分析,并从学生的性别、专业、年级、民族等方面进行差异性分析。结果见表 7-11、表 7-12、表 7-13、表 7-14 及表 7-15。

第七章　学生对大学英语教师教学中自我表露的认识及要求

表 7-11　学生希望的教师自我表露方式形式、具体运用的描述性分析

	人数	最小值	最大值	均值	标准差
教师自我表露的具体运用	1719	1.00	5.00	2.7976	.91025
教师自我表露的形式方式	1719	1.00	5.00	2.2123	.64653
合计	1719	1.00	4.67	2.5375	.67416

在自我表露意愿问卷中,选项赋值如下:非常希望(完全是这样)=1;比较希望(多数是这样)=2;无所谓(不确定)=3;不希望(少数是这样)=4;很不希望(完全不是这样)=5。通过上表可以看出,"教师自我表露的具体运用"维度的均分为 2.80,"教师自我表露的形式方式"维度的均分为 2.21。由此可以看出,学生对"教师自我表露形式方式"上的意愿要高于对"教师自我表露具体运用"的意愿。

表 7-12　学生对教师自我表露意愿的性别差异

	性别	人数	均值	标准差	t 值	p 值
教师自我表露的具体运用	男	663	2.8148	.92070	.622	.534
	女	1056	2.7867	.90390		
教师自我表露的形式方式	男	663	2.2338	.68776	1.064	.287
	女	1056	2.1989	.61919		
合计	男	663	2.5566	.70342	.931	.352
	女	1056	2.5255	.65518		

通过 t 检验可以看出,不同性别大学生在教师自我表露的"具体运用"和"形式方式"这两个维度及其总体上均无显著差异性(p 值均大于 0.05),因此可以得出,这部分问卷得分中没有性别差异性,也就是说对教师自我表露的形式方式和具体运用上,男女大学生的意愿没有差异。

表 7-13 学生对教师自我表露意愿的专业差异

	专业分类	人数	均值	标准差	t 值	p 值
教师自我表露的具体运用	文科	765	2.8060	.94199	.342	.732
	理工科	954	2.7908	.88442		
教师自表露的形式方式	文科	765	2.1807	.63179	−1.817	.069
	理工科	954	2.2377	.65734		
合计	文科	765	2.5281	.68229	−.515	.607
	理工科	954	2.5450	.66783		

通过 t 检验可以看出,不同专业大学生在教师自我表露的"具体运用"和"形式方式"这两个维度及其总体上均无显著差异性(p 值均大于 0.05),因此可以得出,这部分问卷得分中没有专业差异性。这也就是说,对于不同专业的大学生,他们在对教师自我表露的形式方式及具体运用的意愿没有差异。

表 7-14 学生对教师自我表露意愿的年级差异

	年级	人数	均值	标准差	t 值	p 值
教师自我表露的具体运用	大一	438	2.7543	.87702	−1.139	.255
	大二	1280	2.8117	.92131		
教师自我表露的形式方式	大一	438	2.1821	.63874	−1.118	.264
	大二	1280	2.2221	.64898		
合计	大一	438	2.5000	.65339	−1.331	.183
	大二	1280	2.5497	.68081		

通过 t 检验可以看出,不同年级大学生在教师自我表露的"具体运用"和"形式方式"这两个维度及其总体上均无显著差异性(p 值均大于 0.05),因此可以得出,这部分问卷得分中没有年级差异性。这说明在对教师自我表露的形式方式和自我表露的具体运用上,一年级和二年级大学生的意愿没有差异。

第七章 学生对大学英语教师教学中自我表露的认识及要求

表 7-15 学生对教师自我表露意愿的民族差异

	民族分类	人数	均值	标准差	t 值	p 值
教师自我表露的具体运用	汉族	961	2.6822	.87960	-5.938	.000
	少数民族	758	2.9438	.92786		
教师自我表露的形式方式	汉族	961	2.2001	.63889	-.887	.375
	少数民族	758	2.2279	.65618		
合计	汉族	961	2.4679	.65489	-4.847	.000
	少数民族	758	2.6256	.68822		

通过 t 检验可以看出，汉族大学生和少数民族大学生在"教师自我表露的具体运用"和总体上具有显著差异性（p 值均小于 0.05），即汉族大学生得分低于少数民族大学生。这说明汉族大学生比少数民族大学生更期待教师在表露过程中的"具体运用"。在"教师自我表露形式方式"上没有显著差异性（p 值大于 0.05），即汉族大学生和少数民族大学生得分没有差异。因此，在"教师自我表露的具体运用"上具有民族差异，而对于"教师自我表露的形式方式"上没有民族差异。

学生除了对教师进行自我表露的形式和方式有他们的意愿和想法要求外，同时对大学英语教师自我表露的具体内容也有自己的想法和要求（问卷中为多选题），本研究也对此予以关注，结果如表 7-16 所示。

表 7-16 学生对教师自我表露具体内容的意愿

	人次	比例
对时事的看法和观点	1264	74.7%
对人对事的看法和态度	1115	65.9%
宗教信仰	164	9.7%
政治立场	220	13.0%
人生观、世界观、价值观	1313	77.6%
个人喜好	712	42.1%

续表

	人次	比例
工作学习	1000	59.1%
成功的经验	1312	77.5%
失败的教训	1045	61.8%
成长经历	1073	63.4%
情感经历	521	30.8%
见闻	1019	60.2%
家庭生活琐事	150	8.9%
朋友圈	228	13.5%
个人隐私	60	3.5%
个人情绪与感受	288	17.0%

从表中可以看出,"人生观、世界观、价值观""成功的经验""对时事的看法和观点""对人对事的看法和态度""成长经历""失败的教训""见闻"等都是学生乐于教师进行自我表露的具体内容。而教师的"个人隐私""家庭生活琐事""宗教信仰""政治立场"则是多数学生不愿教师进行的表露内容。按问卷自我表露内容的维度划分,多数学生希望老师进行的是"态度观点"和"工作学习"相关内容的自我表露。这也与课堂观察和教师访谈的结果一致。

此外,学生问卷第六部分通过开放式问题,了解学生对大学英语教师自我表露的其他意愿,并征求对教师自我表露的意见、看法和建议。综合对学生问卷第六部分信息的整理,多数学生表示喜欢并接受教师在课堂教学中的自我表露,它能对课堂教学以及学生的学习起到积极的作用。学生希望大学英语教师在进行表露的过程中把握好表露的内容、表露的频度,要真实、真诚,并注意学生对教师自我表露的反应和给予的反馈等。摘录部分学生观点如下:

第七章　学生对大学英语教师教学中自我表露的认识及要求

"我觉得老师做得很好,我的老师在教学中分享经历、表达观点和流露情感比较恰当,不仅使我们增加了学习兴趣,更对拓展我们思维和视野有帮助,希望老师可以跟我们适当地多分享一些。"

"老师与学生真心交流、分享他们的经历,让我们觉得更加亲切,在分享经历时应该注重我们最需要的是什么。"

"在教学中教师分享经历、表达观点或流露情感,会促进师生之间的友好关系。所以应该坦诚相待,彼此信任。"

"作为一名学生,我仍然对生活充满了好奇,希望通过老师的经历、见闻感受到更广阔的世界,各种观点,各种事情都会让我非常感兴趣,与教学相关或不一定与教学相关都可以。"

"有些老师只是枯燥、死板地讲授课程,这样容易使我们对英语学习产生倦怠,所以老师选择合适的时机说说他的观点、表达一下他的态度都对我们的学习有帮助,也可以在他表达的过程中使用英语,这对我们的听力与口语表达也会有一定的帮助。"

"个人觉得老师在课堂上与学生分享经历、表达观点和流露感情,是拉近师生距离、活跃课堂气氛很好的方式,希望老师能找准时机,选择我们喜欢的内容,合理安排比例。"

"教师分享经历、表达观点、流露情感能给我们很多启示和启发,还能对我们的学习产生积极的作用。可以指引学生向正确的人生道路前进,老师应该挑选适合我们发展的话题。"

"不捏造,真实,真诚、自然,实话实说就好,不要与课堂教学无关。"

"表达各种观点立场的时候注意态度,老师和我们是平等的,不要高高在上。"

"不要总说她孩子如何等一些与教学完全无关的内容。"

"适时适度,课下也能与老师交流接触。"

"我希望老师分享经历或表达观点的时候不要太生硬,能生动、活泼幽默一点。"

"这样挺好的,老师很真实。能提高我们学习的兴趣,与老师之间的关系也亲近了很多,我希望老师能够把握掌握好经历分享的频率和时间,避免影响上课进度。"

"要时不时说一下自己的经历见闻,讲课最好与大家互动,以交流互动的形式上课。"

二、学生对大学英语教师自我表露意愿的数据分析

从学生对大学英语教师自我表露意愿显示的数据结果看,学生对教师进行自我表露的"形式方式"和"具体运用"都持"比较希望"(多数是这样)到"无所谓"("不确定")的态度,其中,对教师自我表露的形式方式的意愿更倾向于比较希望(多数是这样),它要高于对教师自我表露具体运用的意愿。这可能是学生基于自己的需要提出的想法,有学生在访谈中曾提到,只要教师上课时不要一味念课本,能与学生有些交流与互动,说什么都好。从这些学生的观点看出,大多数学生目前希望教师能够在教学中进行自我表露(通过具体的形式方式实现),对进一步教师在自我表露过程中的具体操作和运用,他们目前还不是非常在意。这也从一方面反映出两所学校教师自我表露还不是非常普遍,学生对教师自我表露的愿望及要求仅停留在对其形式方式的要求之上。(即学生希望、愿意教师在课堂教学中进行自我表露。)

不同性别、不同专业、不同年级学生对大学英语教师自我表露的意愿没有差异。而对于不同民族的学生则有一定差异:少数民族学生与汉族学生对教师自我表露在"具体运用"的要求上有差异,即少数民族学生对教师在自我表露的具体运用上的要求与意愿要低于汉族学生。这可能是因为部分少数民族学生汉语水平不高,英语学习也还处于摸索和克服困难的阶段和过程中,对教师自我表露他们也还处于对表露"形式方式"接受和适应的阶段,对自我表露的"具体运用"的要求还不高。也就是说少数民族学生接受教师自我表露,但对教师如何在课堂教学中进行自我表

露,目前还没有太多的要求和期待。而汉族大学生在接受和适应了教师自我表露之后,逐渐开始关注教师自我表露的具体运用,对教师自我表露提出了更高的要求。这也给教师以启示:自我表露的过程中,应给予汉族学生和少数民族学生相应的引导,鼓励汉族学生和少数民族学生体会、参与教师课堂自我表露的过程并进行互动与思考。尤其还要注意少数民族学生在学习中遇到的问题,了解他们的学习需要,帮助他们克服语言学习中的困难、减少英语学习的障碍,不断适应教师的教学方式与教学手段。同时教师还应针对少数民族学生的民族特点,适当表露与少数民族学生学习生活相关的内容,并在自我表露过程中对他们进行适时的引导和启发。

第四节 大学英语教师和学生对教师自我表露态度观点的异同

研究通过与大学英语教师的访谈和对学生的问卷调查,分别了解教师和学生就教师自我表露的内容程度、作用影响及对教师自我表露的态度观点。访谈和问卷所呈现的数据有相互契合、相互补充之处,也出现了不完全一致的结论。下面将就教师访谈的研究结果与学生问卷的研究结果进行比较分析,提炼信息观点,给予本研究以相应的启示。

一、教师访谈结果与学生问卷结果的比较

教师访谈和学生问卷中都涉及了教师自我表露的内容、形式和作用,接下来通过表格对教师及学生涉及的相关态度观点进行直观比较:

表 7-17 教师观点与学生观点的内容比较

对象	自我表露的现状	表露较多的内容	自我表露的作用	影响自我表露的因素	进行自我表露需注意的因素	对教师自我表露的态度
教师访谈呈现的观点	对自我表露的概念不甚了解，但已逐步在教学中进行自我表露	"工作学习"维度下的个人工作学习经历、见闻故事；"教学"维度下的对人、对事的观点看法	1. 对师生关系的积极作用 2. 对课堂教学和师生关系的积极作用 3. 对学生语言学习的积极作用 4. 对课堂教学和对学生产生某些消极影响	1. 教师的内在知识储备 2. 教师的性格 3. 教师的精神状况 4. 教师的教龄 5. 学生的反应、反馈	1. 自我表露时要注意表露的内容，时机，形式； 2. 关注学生的民族、专业	多数认可并愿意在课堂教学中使用
学生问卷反映的结果	教师自我表露并不频繁	"工作学习"维度下的个人工作学习经历、见闻故事	1. 对课堂教学和师生关系的积极作用 2. 对语言学习的积极作用 3. 对个人英语学习主观意愿的作用 4. 对个人发展的作用 5. 对英语学习产生的潜在消极作用 6. 不同内容的自我表露会对不同性别、专业和年级学生产生不同作用	教师的性格	1. 教师自我表露要考虑表露的内容，方式，形式 2. 关注学生的专业，年级、民族和性别	多数表示欢迎，对教师自我表露提出了希望和要求

二、教师观点与学生问卷结果的异同分析

本研究的目的之一就是探究大学英语课堂教学中教师自我表露的情况,教师观点和学生意见均反映出目前两所学校大学英语课堂教学中,教师自我表露的运用还不多见,但已有部分大学英语教师在教学中摸索进行自我表露。

在自我表露的内容上,教师认为他们会向学生进行"工作学习"和"态度观点"维度下的内容,而学生则反映教师大多进行的是"工作学习"的表露内容。既然多数教师在访谈中认为"态度观点"的内容有必要结合教学内容进行表露,那么,在未来的课堂教学中,教师可以有意识地结合课程内容和学生的需要,适当进行更多"态度观点"的自我表露,而这也与学生问卷中学生意愿的相关选项一致:学生乐意教师进行"工作学习"及"态度观点"的自我表露。但"态度观点"的内容也要与课程内容相关,切勿不适宜,切勿偏激也不能过度。

对于教师自我表露产生的作用,教师主要提到了对课堂教学、对师生关系及对学生英语学习等方面的积极作用,而学生问卷数据则显示除了能对师生关系和课堂教学、学生语言学习产生积极作用之外,教师自我表露还会对学生个人发展和对学生英语学习的主观意愿产生积极的作用,同时,学生问卷也显示教师自我表露还可能会对学生学习产生潜在的消极作用,这些都是教师访谈中透露较少的信息,多数教师提到了自我表露对课堂教学及对学生学习的积极作用,对于自我表露可能产生的消极作用,只有 8 名教师在访谈中提到,而教师提到的这些消极作用大多是能够在课堂教学中观察到的,如过度或不适宜的自我表露会分散学生的注意力、教师会被质疑、教学进度会被影响等。教师观点是从教师的角度出发,是教师看得见的、体会得到的直接作用,而学生问卷涉及自我表露对学生不论是积极的还是消极的作用,都是作用于学生,看得见或是看不见、直观的或是潜在的作用和影响,

这些结论与教师观点相结合,使教师自我表露的作用更加立体丰富起来。

此外,学生问卷中显示,大学英语教师自我表露产生的作用(积极的作用或潜在的消极作用)可能会对不同背景的学生(性别、专业、年级)表现出差异,这也是教师访谈中没有涉及的信息,这可能是因为19名教师仍处于摸索自我表露的过程之中,对不同背景学生产生的作用差异在目前的课堂教学中表现不明显,又或者在课堂教学中无法直观地被观察到,而学生问卷涉及样本数较多,自我表露对不同背景学生的作用差异就可能凸显出来。因此,学生问卷的这一结论也对教师访谈呈现的结果进行了有益的补充,并对教师自我表露应采用的手段、形式、方式及内容的选择提供了依据。

对于影响教师自我表露的因素,由于教师是自我表露的主体,学生并未立足于教师角度考虑,只注意到教师不同的性格特点会影响到其自我表露的内容,而并未涉及其他教师个人因素。教师则立足自身,考虑更多个人因素,包括性格、教龄、自身知识储备和精神状况等。教师对自我表露影响因素考虑越多,越有利于克服自身不足,不断发掘个人潜力与优势更有效地进行表露。

对于课堂教学中进行的自我表露,教师结合教学内容与教学要求,并立足学生的需要表达了自我表露对内容、时机、形式、方式等的要求,并提出在表露的过程中应考虑学生的民族和专业。而学生问卷数据则显示,大学英语教师自我表露会对男生、女生;文科生、理工科生及一年级、二年级学生产生差异和不同的作用,因此提醒教师在表露的过程中还需考虑学生的年级、性别和专业。此外,汉族学生和少数民族学生在教师自我表露的方式意愿上也有差异,教师应结合学生问卷这一结论,帮助少数民族学生克服学习中的困难,了解民族学生在课堂学习中的需求,促使他们熟悉课堂教学、适应教师自我表露。学生问卷这一部分的结论又对教师访谈的观点给予了相应的补充。

教师对自我表露的态度多数是积极和认可的,访谈中19名

第七章 学生对大学英语教师教学中自我表露的认识及要求

大学英语教师都表示愿意继续在教学中进行自我表露,而 12 名未进行自我表露的教师中也有 5 人对它表示肯定和认可。学生则多数表示在一定程度上欢迎和接受教师在课堂教学中的自我表露,并对教师提出了具体的要求和建议。教师可以立足学生的学习需求,依据学生的建议和要求探索自我表露的策略。

第八章 结论及启示

通过对大学英语课堂教学的观察,结合教师访谈和对学生意见观点的问卷反馈,本研究对目前大学英语课堂教学中教师自我表露的情况有了一定的了解,并结合教师和学生的要求探究了教师自我表露在课堂教学的具体运用,结合研究结果,有如下结论与启示:

第一节 结 论

本研究对 M 大学和 S 大学大学英语课堂教学进行了观察,结合教师访谈及学生问卷调查的结果分析得到如下结论:

目前的大学英语教学,教师仍采用传统教学,但也有部分教师将自我表露融入课堂教学。与部分学者之前的研究结果相似:大学英语教学很大程度上会受教师教学观念、大班额教学、课堂硬件设施、教学及课时内容与进度等因素影响。[①] M 大学和 S 大学的大学英语课堂教学,也受教师观念、教学环境及教学进度等因素影响,教师采用讲授、翻译、跟读等传统教学方法。但在两校目前普遍实行传统教学的大学英语课堂中,也有教师根据课堂教学实际,结合学生学习需要,适时、适当地在教学中进行适宜的自我表露,将情感融入课堂之中,通过自我表露实现师生的交往

---

① 黄建滨,邵永真. 大学英语教学和教师情况调查分析[J]. 中国大学教学,2001,(6):20-25.

交流。

目前并非所有大学英语教师在课堂教学中进行自我表露,教师自我表露的频率不高,但多数教师及学生对教师自我表露持接受、肯定的态度。虽然参与本研究访谈的大学英语教师都对自我表露的概念不是很清楚,这与自我表露在国内开展的研究较少、在教育领域对它的认识薄弱,教师自我表露的研究仍寥寥无几有一定关系。但已经有部分大学英语教师在课堂教学中进行自我表露,多数教师认为课堂教学中的教师自我表露能够与课堂教学实际相结合,赋予教学更多的内涵与意义。

教师和学生认可教师自我表露带给课堂教学及学生学习的积极作用:促进师生间的交流、增进师生关系,形成学生对教师的喜爱、活跃课堂气氛、提高学生英语学习的兴趣,有利于课堂活动的开展,并对学生英语语言学习和个人发展起到一定的作用。

大学英语教师自我表露对学生产生的作用也会因其性别、年级和专业差异略显不同:对女性学生的英语学习起到更积极的作用;对男性学生会产生较女性学生更少的英语学习的潜在消极作用;大二年级学生从教师自我表露中获益更多,而自我表露的部分积极作用也在理工科学生身上体现得更加明显。此外,教师自我表露的过程中,如果教师在内容选择和方式方法的把握上出现偏差,或进行过度的表露也可能对课堂教学和学生产生某些潜在的消极作用。

就目前大学英语教师自我表露的情况看,教师自我表露包含表露的内容、形式和时机几方面。第一,在表露的内容上,教师以表达"工作学习""兴趣爱好"和"态度观点"的内容为主;第二,在表露的形式上,多以教师叙述,辅以对话和学生参与讨论等形式;进行以汉语输入为主,英语语言输入为辅的语言输入形式;表露是事先依据课程内容有准备或根据课堂教学需要进行的即兴表露;第三,在表露的时机上:"课程导入时""相关课程内容展开时""为适应某一课堂教学需要时"都成为教师自我表露的时间点。

大学英语教师自身知识信息储备、教师的性格特点、精神状态、学生的反馈及教师的教龄会影响到自我表露,其中教师的精神状态会与自我表露产生相互的作用,而教师的性别和年龄则对自我表露没有明显的直接影响。

教师应根据教学实际、结合学生的背景、考虑不同背景学生的意愿与要求,选择适合的表露内容、形式,把握适宜的表露时机,进行适当、适时、适度的自我表露。

综合本研究课堂观察、教师访谈的研究结果,结合本研究问卷数据呈现结果,大学英语教师在课堂教学中自我表露的相关因素及作用关系呈现如下:

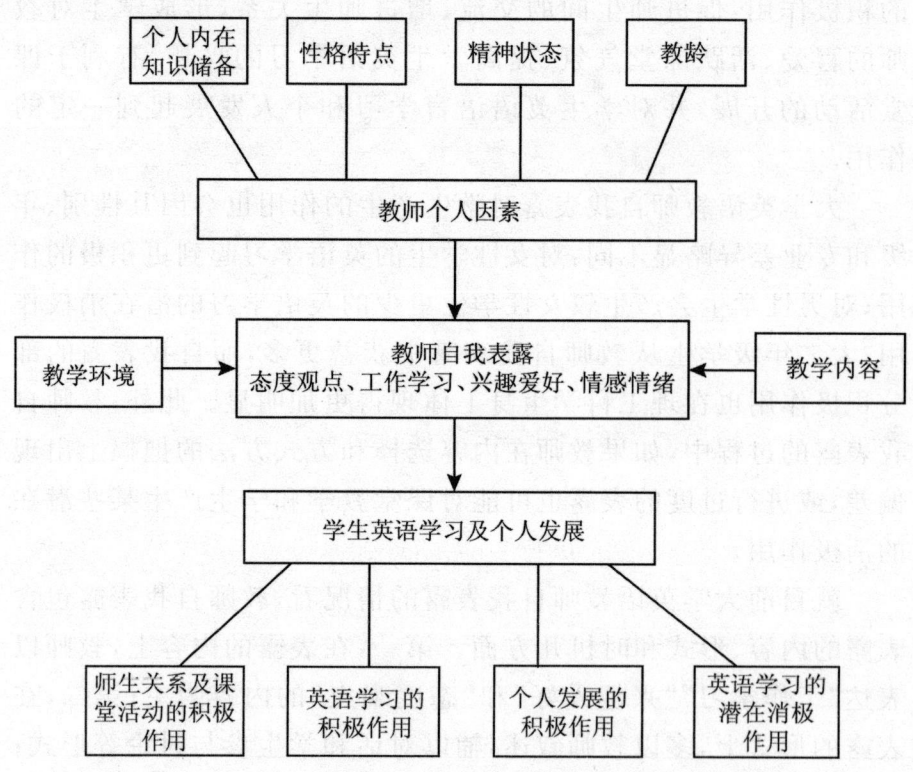

图 8-1 大学英语教师课堂教学中自我表露的因素及作用关系

第八章 结论及启示

第二节 启 示

研究大学英语教师课堂教学中自我表露的情况,有助于了解大学英语课堂教学实践中的课堂形态和教师状态。教师自我表露,能在一定程度上满足大学生语言学习的需求、促进课堂教学的开展,增进师生交往、形成和谐的师生关系,并对学生的语言学习和个人发展产生积极作用,能在一定程度上缓解目前大学英语教学中存在的问题。

教师自我表露是将课程内容融入生活实际与人际交往,融合教师自身因素加工并传递信息。课堂教学中的自我表露,还在一定程度上满足了教育交往与教育民主的要求。

一、实现教育交往与教育民主的要求

(一)实现教育交往的要求

"教育交往是教育活动中交往主体以语言为中介进行的多向、多边、多层次、多维度的人际交往、情感交流或为达认同一致的相互理解。通过语言为中介,具有目标导向,突出主体性,包含情感精神性与生活世界的整体性。"[①]课堂教学范围内进行的教师自我表露,正是发生在学生与教师之间,以语言为中介,以课程目标为导向,以课程内容为依据,多层次、多维度的交往活动,表露的过程中发挥了教师的主体性作用,表露的内容以生活世界为背景,采用来自社会生活的内容素材,在表露的过程中实现交往者精神的相遇、相通,情感的融合与人格的感化。从自我表露的特征和功能看出,教学中的教师表露承载了教育交往的部分理念,

---

① 吴全华. 现代教育交往的缺失、阻隔和重建[J]. 教育研究,2002,(9):14-15.

也在师生交流的活动中实现着教育交往的要求。

与此同时,现代大学交往中的一些问题:"手段性交往"多于"目的性交往"、交往的情感成分减少;直接交往减少、间接交往增多①,也可以依托自我表露来解决:自我表露承载着相关的教学目的,它不仅帮助完成教学目标,还促进学生的个人发展,它以教师个人信息为内容,以教师的真诚情感为基础,以朴实、生动、真挚的语言为媒介,实现教师与学生面对面的交流。同时,教师自我表露能实现师生间的对话,通过对话平等地交换观点、分享理念、也有助于师生平等关系的建立,完成从"我—你"到"我们"的过程,继而从教育交往中实现教育平等。可以看出,自我表露不仅能实现教育交往的要求,还能缓解教育交往中的一些问题。

(二)实现教育民主的要求

教育民主的核心是创造民主的教育生活,要将民主的精神和民主的态度融入教学生活中,课堂教学的民主是学校民主、教育民主的表现形式之一。课堂教学的民主包括教学内容、教学方式、教学评价的民主。② 教学方式的民主则是在教学过程中,以尊重学生背景和个性特点为基础,学生发展为导向,选择和使用能够满足学生学习需求、符合学生发展要求的教学方式(课程教学方法个性化、上课方式个别化)③,最大程度使具有不同发展需要和潜质的学生得到最大化、个性化的发展。自我表露能实现学生学习过程中的交流需求,满足学生提出教学多样化、趣味化的要求,促进学生个体的发展。自我表露尊重学生的要求、满足学生的需求,也满足了教育的民主要求。同时,课堂教学中的教师自我表露也关注到学生的差异,针对不同背景、不同性别、不同年

---

① 周芳. 当代大学教育交往——师生交往问题的研究与对策[J]. 扬州大学学报(高教研究版),2005,(1):87.

② 冯建军. 论教育民主的特殊性[J]. 中国教育学刊,2015,(2):32.

③ 郭丽英. 教育民主:一个具有多学科意义的概念[J]. 宁波大学学报(教育科学版),2006,(3):40-43.

级、不同民族的学生进行不同内容的表露,选择相应的表露时机、采用针对性不同的表露方式与形式,满足不同学生对自我表露的要求。因此,它也凭借对教学方式的个性化要求体现出教育的民主原则。

除了给予宏观的启示外,聚焦微观课堂教学,教师作为课堂的主导在教学中进行自我表露是适应新的教学要求和满足学生学习需要的体现,同样也是对教师专业发展提出的更加具体的要求。因此,教师应对自我表露有全面的认识,并通过有效的途径和策略实现课堂教学中的自我表露。同时,大学英语教学管理机构也应遵循教学要求,给予教师自我表露更广阔的空间。依据本研究的研究结果,给予大学英语教师及大学英语教学管理机构如下启示:

二、大学英语教师的"行动"

(一)具备交往的意识与主动性

"教育作为一种促进人的发展的特殊社会实践活动,更典型地体现了人与人之间语言交往的形式。教学过程中的交往活动成为教育实践的基本形式,没有有效性的教学交往活动,就不可能有卓有成效的教学和学习质量。"[1]大学英语课将语言形式的交往体现得更加具体:英语作为语言和交流的工具,它来源于实实在在的交往和真实存在的生活世界,承载着交流的功能。英语语言教学自身就具有交流交际的特点,它的来源形式存在交流交往,它的内容形式要求交际交流,它又融于师生教与学的交往环境中,英语语言的学习更时处渗透着交流与交往的特点。

大学英语教师可以通过交往展现和确证自己的本质力量,并

---

[1] 陈旭远. 关于交往与教学交往的哲学认识[J]. 东北师大学报(哲学社会科学版),1998,(5):88.

不断发展自身的本质力量对课堂中的交往有正确的认识。[①] 对教学交往的认识要存在于教师的意识中,更要将交流交往的形式与内容融合在教学实践当中,使主观的意识转化为能动性和主动性,这就需要教师对自身和教学有清晰的认识:教学过程需要积极有效的交往,这种交往贯彻整个课堂教学和各个教学阶段,对此我是否清楚?我处于怎样的状态中?是否对教学充满着热情与激情?有无职业倦怠?我应如何审视我的课堂教学?我能如何实现积极有效的交际交往?能够借助哪些有效的途径、手段与工具?教师可以通过自问和反思的方式对自身和教学实践不断发问、回答并试图找到有效的途径。

诚然,教师具备反思的意识,并将意识形态的内容转化为内促力和能动性,不仅仅依靠几句话和几次发问和反思实现。目前看,"由于教师教学观念陈旧、教学方法滞后、对当前大学生的实际英语水平和教学现状认识不足,许多教师不能有的放矢、对症下药地采取相应措施。英语课堂缺乏生气,互动不足常常为人诟病。"[②]因此,教师不仅要反问,不仅要反思,更要从深层次认识教学本质、特点,并不断发现自身教学中存在的问题,并发掘解决问题的办法。此外,教师对自身的工作要有正确的认识和积极的态度,对自身所处现状有清楚的判断,并修正所存在的问题并改善矛盾。例如,在本研究访谈中部分教师提到了职业倦怠,由于教龄长,在长时期的工作中难以寻求突破口,逐渐失去对工作的热情;工作陷入瓶颈阶段,或家庭影响等原因使部分教师不愿也不想遵循英语语言教学的规律在课堂教学中以积极有效的交流形式进行教学活动,取而代之的是以消极无效的教学形式完成教学任务。这样的个人状态和精神面貌不利于教学的开展。因此,教师要不断摆正个人心态,提高个人素养,并通过各种手段和途径

[①] 陈旭远.关于交往与教学交往的哲学认识[J].东北师大学报(哲学社会科学版),1998,(5):90.

[②] 金静.大学英语教学改革之我见[J].西南民族大学学报(社会科学版),2010,(S1):139.

第八章 结论及启示

找到消极情绪排解的出口,调整个人状态,重新认清教学中的交流交往需要,以积极的精神面貌面对教学。

(二)明确教学要求和学生需求,善于学习并改进教学

在教学实践中,教师除了具备较好的交际交往意识外,还要明确目前大学英语的教学要求、学生的学习需求、面临的教学实际,并结合教学要求实施课堂教学。《英语课程标准》指出:"要关注学生情感,提高人文素养,突出学生主体,关注个性需求,改进教学方式,倡导体验参与……"[①]教师要在教学中注重学生的主体地位,关注学生的学习需要,重视学生的想法及要求,并在教学中关注学生情感,以融合生动内容的教学形式开展教学。本研究的学生访谈中,许多学生对教师的课堂教学提出了要求,大多数建议和要求都集中在希望教师多与学生沟通交流、不要照本宣科、不要干巴巴念课文、让课堂教学生动有趣并引人入胜。因此,教师应依据课程标准的要求、重视学生的交流需求,以革新课堂教学来适应"突出学生主体、改进教学方式"的要求。

新时期大学英语教学对教师个人素质的发展也提出了要求:"教师要具备高度的自觉和自我意识。目前的形势下,教学内容需要及时更新,教学方法和手段需要不断改进,教师光"吃老本"已远远满足不了教学的需要。教师的终身发展需要建立在自我观察之上,发现自己薄弱之处,通过学习新知识和新技能,实现自身的提高。"[②]教师所具备的意识既包括对自身的认识、对教学的认识、对问题的认识,更包括解决问题的意识和能力。就目前大学英语课堂教学现状看,教学硬件与教学环境不适于交际教学等方法的实施,传统的讲授教学方式又不被学生认可,产生的教学效果也不甚理想。学生主张充满互动交流,富有吸引力和具有人文内在的教学形式。在这样的形势下,教师要有认识新要求、厘

---

① 黄远振.论英语课程理念向教师个体观念的转化[J].课程•教材•教法,2007,(1):78.

② 蒋玉梅.转型时期大学英语教师的专业化发展[J].江苏高教,2010,(1):97.

清新形势的意识,还要有发现和探索新的教学途径和手段的能力。本研究的教师自我表露能够结合教学内容和教学实际,以语言讲述的形式向学生表达观点,传递思想,促进课堂教学的开展,它能较理想地适应新时期学生学习的需要,并缓和目前教学中存在的问题和矛盾。然而,自我表露在教学中的运用还处于摸索阶段,教师自我表露目前在国内没有足够多的相关研究。因此,教师要在教学实践运用自我表露,就要理解自我表露的概念、特点、形式,领会其内容内涵及作用意义,并进行深入思考,培养自我表露的意识,结合教学实际与学生情况在实践中不断归纳、总结,多与学生沟通,听取学生的意见和建议,以学生能够接受、愿意接受、主动接受并乐于接受的内容和形式,进行适时、适宜、适度的表露。

(三)优化知识结构、丰富自身阅历,因势利导进行自我表露

自我表露是向他人自发地、真诚地、完全地表露、分享自己想法、经历、感觉等的行为。在课堂教学中的教师自我表露,是教师将自己的观点、想法、经历、感觉、感受传递给学生的过程,在这个过程中教师是有"内容"、有阅历、有思想、有思辨能力、有判断能力并具感染力的个体,要满足这些要求,大学英语教师就要优化知识结构,丰富自身阅历。优化知识结构不仅是进一步丰富专业知识并优化语言的运用能力,还包括教师个人内在素养和能力的提高,例如,增加个人阅历和经历见闻,丰富人文历史知识、提炼有内涵和深度的思想,提高感悟人生的能力等。这其中的部分素质和能力是教师本身已经具备的,如个人的阅历、经历见闻,但在教学实践中还要求教师具备综合思考的能力,还要具有将个人经历见闻、态度观点归纳、整合并结合课程要求实施表达的执行能力。

教师具备这样的素质及能力与个人的成长经历及背景密不可分,每位教师应结合自身不同的教育和生活背景,将这些宝贵的个人经历和见闻充分利用起来,并依托教学实际将其中的内

容、意义与感悟传递给学生。同时,教师进行自我表露还要具备思考、反思、提炼、总结的能力,即教师要思考自己的经历见闻,提炼出有益于学生学习和成长的信息;要将经过自身消化和反思的观点看法等提炼成为学生乐于接受的形式、总结为有益于学生学习和个人成长的内容,这是对教师能力的要求,也是教师自我表露不可缺少的素质条件。要实现这一先决条件,首先要求教师在日常的工作和学习中注意积累,关注实事,关注民生、关注一切学生关注的人与事,关注与学生成长发展有关的一切。"英语教师的专业发展不能局限于自己的学科,要使自己成为一名'杂家',尽可能多地学习其他知识,扩大自己的视野,丰富和完善知识结构。"[①]因此,教师不能是"只读圣贤书,不闻窗外事"的个体,而应将自身浸泡在社会环境中,不断认识、辨别、归纳、分析来自外部环境的各种信息,并为己所用;其次,教师要不断充实自身,提高个人素质,不仅从专业素养上提高自身,更要提高个人的感悟能力、思辨能力和情绪情感的渗透力;再次,教师要有与时俱进的意识,不能故步自封,固守陈规。当今网络的发达和信息的快速传播,学生处于信息极度膨胀和爆炸的时代,因此,教师也要有与时代同步的意识,了解最新的资讯、洞悉世事时事动态,并将其转化为自己的思想认识,让自己在思想意识上与时代同步、与学生同步;第四,教师要多与学生沟通,深入了解学生思想,知道他们需要什么、缺少什么、关注的又是什么。只有这样,教师才能站在学生的角度表达观点而不至不切合学生实际;讲述经历见闻不至不接地气使学生不知所云、茫然无措。

　　除了充实自身、丰富个人内在以外,教师还应依据自身情况,发挥个人优势,因势利导进行自我表露。本研究中提到影响教师自我表露的因素中包含教师的教龄、性格特点。因此对不同教龄的教师以及不同性格特点的教师应采用不同的方式:

　　教龄较长的大学英语教师,有的认为自己与学生存在较深的

[①] 张卫红,孙成贵. 大学英语新课改背景下教师专业发展路径探析[J]. 外语学刊,2010,(4):115.

代沟,在交流与沟通上存在较大的障碍与困难。因此,他们与学生的交流沟通较少,也很少或基本没有进行过自我表露。这种情况的教师,应认识到自身的优势:在长期的工作实践中,积累下了丰富的工作经验,对学生与教学有更深入透彻的了解,懂得如何合理规划教学,实施课堂实践,也了解如何将课堂与教师及学生紧密地结合在一起。因此,可以利用教师的这一优势,更合理地规划课堂教学,将自我表露更好地融入课堂。此外,教龄长的教师相对年岁更长,他们有着更丰富的人生阅历和见闻,他们看待问题、对待人和事的态度也与年轻教师有较大差异,教师如果将自己这一优势发挥在自我表露中,向学生表露经过时间考验和反复思考提炼的内容,对学生产生的影响会是深刻并长久的。

相应地,教龄较短的教师相较于教龄长的教师在经历经验上会有欠缺和不足,但也应发掘自身的优势,例如对教学保持较高的热情、善于接纳新事物、愿尝试、善行动。教师可将积极的情感情绪传递给学生,也易于在课堂教学中尝试新的教学方式。

本研究中年龄、教龄不同教师对自我表露的认识和理解不同。事实上,只要每个年龄段和教龄段的教师理解自我表露的内容形式、知晓学生的学习需要,发掘自身的优势,因势利导,都具备进行自我表露的条件与可能。

教师的个人性格特点也是影响自我表露的因素。有的教师具备深刻的个人思考和丰富的个人经验,但由于性格原因,在课堂教学中不愿过多表达。本研究中S大学一位大学英语教师就是这样,该教师的文学功底非常深厚,且对一些文学作品很有见地和看法,但在教学中她对此只是一带而过,没有具体深入地向学生进行表露。之后的访谈中,笔者特意就此询问了这位教师,她表示自己性格使然,比较内向,不太爱表达自己的想法,她觉得把课上好即可,这些东西并不重要,但与她的访谈内容涉及教师自我表露后,她也表示愿意在今后的课程教学中利用个人资源适当地进行自我表露。

教师的性格很大程度反映在其课堂教学中:开朗健谈幽默的

教师,其课堂表现形式也相对更加活跃和丰富;性格内敛沉稳的教师,他(她)的课堂教学也会显现沉稳严谨的风格。在课堂教学中的自我表露,教师也应考虑其自身性格特点的影响:性格外向开朗的教师,可以将不同内容的自我表露融入他(她)或热情、或幽默、或易亲近或感动人的语言和表达中,用热情、主动、富有激情和感染力的语言传递信息。对于性格较内向的教师,本研究问卷数据显示,学生认为性格内向的教师较少进行有关"兴趣爱好"和"工作学习"等涉及个人信息和经历的表露内容,如果教师不愿涉及上述表露内容,可考虑将"态度观点"的相关内容以娓娓道来的形式传递,将真实、理性、透彻、深刻的表露内容传递给学生。同时,对于性格内向严谨的教师,也可以适当掌握自我表露的程度和频度,循序渐进地进行表露。

当然,给予教师的这些建议并不是说外向开朗的教师他们的表露内容不理性、不深刻。只是要强调在表露的过程中,不同性格的教师应依据自身性格特点,侧重于不同的表达形式,体现出不同特色,依托不同的风格向学生表露,这样一来,不论何种性格的教师进行的表露都会是遵循自身意愿的、自然的、发自内心的和真实的。对于学生来讲,他们也更愿意感受并接受教师的真实、真诚的自我表露。因此,不同性格的教师,可以根据性格特点,以遵从自身特点、尊重自身意愿和学生特点的原则在课堂教学中进行自我表露,当然,不同性格教师如果能在自我表露的过程中不断发掘自身潜能,并以此作用于课堂教学,例如性格外向的教师,向学生表露的内容也具有条理性、逻辑性和思辨性;性格内向的教师,在表露时偶尔也有一两次的自我解嘲或幽默风趣,给予学生的感受会是不同的,带给学生和课堂教学的作用也会是积极和令人满意的。

(四)培养教学智慧,提高把握课堂全局的能力

大学英语课堂与所有课堂一样具有多种特征。这要求教师具备较高的素质去适应教学的多样性,特别是教师需要具备教学

智慧。"教学活动既是一种科学活动,必须符合一些教学活动的必然规律,同时教学活动又是一种艺术活动,蕴藏着丰富的人文性,有些现象需要理解和解释。"[①]由于课堂呈现出的不确定性和突发性,教师要通过教学智慧去处理课堂中的不确定状况。对于教师自我表露也是如此,教师除了要根据教学需要进行有准备的表露外,还要面对各种突发状况、应对学生不同的要求,适当地进行即兴的自我表露。如果教师能够根据突发的课堂状况,运用教学智慧进行表露则会收到意想不到的教学效果。王鉴教授曾指出,当教师通过教学智慧将课堂中出现的意想不到的情景进行崭新的重塑,就会在学生心中留下较为深刻的印象,可能产生教学中的奇迹。[②] 教师在课堂教学中自我表露,也要运用教学智慧,把握和掌控课堂全局,以满足课堂教学状况和学生学习实际对教师即兴表露的要求。

培养教学智慧,教师除了理解教学艺术的创造性内涵、重视教师的实践缄默知识以及提高教师的研究能力外[③]。还要与学生进行深层次的交流沟通,了解学生所思、所想、所感,从学生的立场和角度审视现状、考虑问题。同时教师还应多思考,将自身的经历、见闻及观点、看法不断消化提炼,并与学生实际相结合。将对学生深入的了解和对自我表露清晰的认识演变成教学智慧,在不同教学环境和教学状况下游刃有余地运用自我表露。

三、大学英语教师教学中自我表露的具体运用

对课堂、教学、自身和自我表露有了清晰的认识之后,教师要立足教学实际、依据学生背景和学习需求,开展内容丰富和形式多样的自我表露。接下来将对大学英语教师课堂教学中进行自我表露给予相应的策略与建议:

---

① 王鉴. 教学智慧:内涵、特点与类型[J]. 课程·教材·教法,2006,(6):24.
② 同上,第23-28页.
③ 同上.

（一）自我表露的内容要结合学生学习需求与教学实际

第一，教师在教学中进行的自我表露，内容可以涉及"工作学习""态度观点""兴趣爱好"和"情感情绪"。"工作学习"是教师在课堂中表露较多的内容，工作学习应涵盖教师真实的学习经历见闻、工作的经历见闻感受、工作生活轶事等；教师在表露自身经历时，要考虑表露的内容是不是与教学内容相关，是不是与学生的实际生活相近，以此保证学生对这部分表露内容是可接纳和能理解的。"态度观点"则包含对时事的看法观点、对婚姻家庭、对人生事业、对金钱消费、对社会事件的看法；教师在表露自己观点和见解的时候应注意表达内容的适宜性，学生是否能够接受，观点是否过于偏激，以避免不适宜的态度观点对学生产生的消极作用；"兴趣爱好"可以包括喜爱的书籍、运动、休闲方式、电视电影节目；教师表露"兴趣爱好"内容时也应与课堂教学内容紧密相关，可结合教学需要向学生推荐优秀英文书籍、电影或电视节目，将自我表露内容与英语教学联系在一起。"情感情绪"则对应教师的成就感、自豪感、荣誉感等积极情绪。教师一定要注意某些负面情绪可能带给学生的消极作用，教师在表露情绪的时候一定要有明确的意图，即使通过评论某些负面情绪而引入正向正面的情感情绪表达，也不能完全向学生表露负面情绪，对学生造成不良影响。同时，教师表达的情绪情感可以是表露的内容，也可以是融入其他表露内容以烘托气氛和衬托内容的表达。"情感情绪"的自我表露是本研究中大学英语教师极少进行表露的内容，因此，教师可以在今后的教学中酌情向学生表达或流露情感，与学生实现情感的交融，"因为'以情感人'为根基的教育是我国优良的传统和教育特色，人首先是情感的存在，离开了情感教育就难以存在。"①

教师自我表露，要依据课堂教学和学生实际表露相应的内

---

① 王凤英，柳海民．走向以"情"为根基的教师专业发展[J]．教师教育研究，2012,(3):23．

容,可以与教学内容直接相关,也可以是依据教学内容进行的延伸和拓展内容,还可以是就课堂教学突发情况(如学生提问或要求、学生进行了自我表露、学生引入相应的话题等)进行的相关内容的表露,但不能与教学内容完全无关,不可以是教师在课堂中随心随性,想到哪里就表达到哪里的内容,也不要涉及教师个人隐私和政治立场、不要过分讲述家庭琐事、家长里短、五子登科,更不要让学生感觉教师在炫耀和卖弄。

第二,教师自我表露,要考虑学生不同的背景,包括学生的性别、所学专业、年级和民族等。针对不同学生考虑相应的表露内容:从问卷数据上看,教师自我表露对男性学生和女性学生产生的作用会有差别,较之男性学生可能会对女性学生产生更多的英语学习的潜在消极作用。因此,教师应当在与学生交流沟通、了解学生思想的基础上选择女性和男性学生都能接受并可能对他们产生积极作用的自我表露内容,如可以表露情感、经历、见闻(观察中发现,女性学生对此多感兴趣)、对人对时事的观点和看法(观察中也发现,男性学生对此会给予较多关注。)

对于文科、理工科专业的学生,也可依据其具体专业选择与其专业相关的表露内容。例如,对教育学专业的学生,教师可以表达对当前教学体制改革、考试体制的观点和看法(需结合教学内容,大学英语课程内容中曾涉及中国教育及考试的课程内容);对法学院学生,教师可表达对依法治国、法制社会的观点,或者表露对当今社会冷漠的人际关系以及是否应对此给予道德或法律层面约束的观点。教师表露这类观点也可以结合自身相关的经历或见闻进行。

学生的民族也是大学英语教师自我表露选择内容时需要考虑的因素,如果教学班级中有少数民族学生,教师必须尊重少数民族学生宗教信仰与习俗,在进行课堂表露时不要涉及有关民族、宗教、信仰等敏感话题,不伤害学生感情,不表露不利于民族团结的内容。高校民族班的学生,其英语教学的教学目标与教学要求不尽相同。[①] 教师在对这类学生的教学中也应遵循其不同的教学目标,帮助学生克服学习中的困难,使他们尽快适应大学英语课堂的教学方式,并在自我表露的过程中对他们进行引导,帮助他们多参与、多体会、多思考。此外,教师自我表露的内容也要考虑少数民族学生实际,选择少数民族学生了解的内容,不能是他们不知道、不清楚或从未接触过的话题。

第三,教师自我表露时,还要考虑学生的想法和要求,从学生角度出发,选择适宜的自我表露内容。M大学一名大二男生就提出:"希望老师结合教学分享一些他成功的经验、成长的经历,最好是对我们的世界观、人生观、价值观有积极作用的内容。"M大学二年级一位女生说:"希望老师在进行自我表露的同时,传递给学生正能量和表达积极的人生态度,以此对我们产生正面的影响。"S大学一位一年级女生指出:"希望老师兼顾课程内容的同时,结合时下流行的主流价值观,表达对我们学生有帮助、有提升并引起我们思考的有价值的观点。"S大学二年级一位男生提到:"老师最好能多谈谈他个人对事对人的看法、观点和态度。"M大学大二一位女生提出:"老师在课堂上能与学生分享经历表达观点流露感情,是拉近师生距离很好的方式,希望老师多进行这些内容的表露,老师也可以选择有利于学生发展和提高学习的话题和内容。"[②]学生对教师自我表露给予了希望,同时也对教师提出了要求,这些要求都希望教师能立足教学实际,结合学生的不同背景,选择学生能够接受、愿意接受并喜闻乐见表露内容,并最终对学生个人发展和英语语言的学习产生积极的作用。就目前学生反映出的主观意愿看,"工作学习"和"态度观点"是学生能够接受并乐意于教师表露的内容。因此,教师要与学生交流沟通,充分认识和了解学生的需求,选择适宜并能被学生接受的"工作学习"和"态度观点"的相关内容进行表露,在以满足学生需求、尊重

[①] 尹辉.浅谈民族院校大学英语教学改革的特色化[J].中国成人教育,2009,(11):122-123.

[②] 摘自学生问卷主观题整理。

不同学生背景要求的前提下选择其他的表露内容。

第四,教师自我表露,表露的内容要考虑学生理解和接受的能力水平。有学者在研究中指出:"表露工作并没有获得预期的好评。这可能是因为表露的片段中,教师集中精力阐述一个新的知识,而被试在不了解背景知识的情况下听一个不相关专业的研究工作,这较被试难以理解接受。"[①]因此,教师在表露时一定要注意表露内容的上下文关系,要掌握学生对表露内容是否具备了足够的认知背景、理解能力和接受水平。只有这样,教师进行的表露才会对学生产生积极的作用。

此外,教师也可以在自我表露中适度融入特殊内容,例如对某些不良社会现象、负面社会状况、负能量信息的观点和看法;教师某些不美好的经历或令人不甚满意的过往,甚至是教师某阶段的消极情绪或不理想状态,教师通过对负面现象的认识和分析,通过对消极情绪状态的理解与感悟,给予学生正向的引导。M大学有学生提出,希望老师在自我表露中讲述一些失败之后如何崛起的经历,通过教师曾经的经验教训给予学生启示。教师通过适当表露含有消极信息的内容既可以给予学生启示,丰富学生对人、对事的看法,有助于学生的成长,也能在一定程度帮助教师缓解压力、释放消极情绪,在向学生表露的过程中、在与学生的互动中获得积极的感受和体验。

(二)自我表露的形式与方式应多样化并立足学生背景与教学要求

大学英语教师在课堂教学中进行自我表露,要通过相应的形式与手段,将表露的内容依托在具体的形式与方式中。下面就结合课堂观察、学生问卷信息和教师观点对大学英语教师自我表露的形式、方式及手段提供建议:

第一,教师自我表露以教师表露、表达、讲述形式为主,配合

---

① 林立,程乐华,叶嘉雯.教师课堂教学中的自我表露对学生评价的影响[J].心理发展与教育,2006,(3):85.

第八章　结论及启示

学生对教师提问、讨论和表露。提问、讨论和表露是学生给予教师自我表露的反应和反馈，其程度是递进的，即教师的表露进行到一定程度、环节和时期，会引发学生不同形式的反应和反馈：

自我表露的过程中，多以教师讲述为主，表露到一定程度，可能引发学生的思考并提问；表露进行到一定的阶段，教师可以启发学生进行讨论；表露进行较长时间，师生间彼此熟悉和适应、师生关系发展到一定程度，教师的表露就可能会引发学生的自我表露。因此，教师在自我表露的过程中，应有策略并有阶段性：初期，以教师讲述为主，教师对学生的鼓励和引导辅助，启发学生的思考并鼓励提问或质疑；表露进行一段时间后，仍以教师讲述为主，但在表露中启发和诱导学生，并将表露内容引入讨论的准备中，继而开展下一步的学生讨论；自我表露进行一段时间后，教师要通过自己的表露引起学生的表露，依托语言的表达、情感的融入和师生间长时间建立起的信任感和亲近感，促使学生就相关话题表达自己的看法、观点或讲述自己的经历见闻。真正使学生融入课堂，参与课堂，并与教师形成双向的互动和表露。

第二，教师自我表露应采用不同的语言形式。本研究的访谈中有教师表示，课堂中的自我表露所采用的语言大多数是汉语，汉语利于学生直接理解教师所要表达意思。在课堂观察中，有几位教师采用了汉语和英语相结合的方式。问卷中学生也表达了对教师的语言形式的要求，他们有的希望教师全部使用汉语的形式，有的要求教师使用英语，也有的希望教师使用双语，这样他们可以通过教师的语言表述提高自己的英语水平。

教师要针对学生的学习要求，结合课堂教学实际，根据学生英语语言水平情况选择自我表露的语言形式（也包括对少数民族学生语言实际情况的考虑）：如果教师要表露的内容相对简单，可全部使用英语，并在表露后适当使用汉语进行翻译或解释；如果表露内容较为复杂，教师可以先用英语进行语速缓慢语音清晰的表述，再逐字逐句进行翻译或启发和鼓励学生就听到的内容进行释义；如果学生语言程度较好，教师进行表露时可全部使用英语，再做简单释义。对于民族学生,可以根据学生语言掌握的实际情况,全部或多数使用汉语,再通过简单英语向学生进行翻译。一般情况下,教师可以使用两种语言形式,但要注意使用两种语言的先后顺序。在自我表露初期,为了让学生更快地熟悉、适应这种形式,教师可先使用汉语,通过汉语让学生知晓教师要传达的内容和传递的信息,以引起学生的兴趣和对教师自我表露的关注,鼓励学生参与课堂,并引发学生的思考。在学生接受了教师的汉语语言输入后,教师再使用英语翻译表述,通过可理解的、生动有趣的英语语言输入,促使学生语言习得的形成。此种形式的语言输入在一定程度上符合克拉申监控理论中的语言输入假说,即通过可理解的语言输入,在学习者现有学习水平的基础上,输入略高于学习者目前水平的语言(教师的语言输入),并以不断出现该种输入来学习语言习得。此外,教师进行表露,首先进行汉语形式输入让学生更易理解并认可表露的内容,生动的表露内容使学生对此产生较低的情感过滤,教师再进行英语语言输入的时候,学生也会对此产生较低的情感过滤,有利于语言的输入并吸收。在自我表露进行一段时间后,教师和学生都已经掌握和适应之后,教师就可以根据学生语言水平和教学情况逐步采用先使用英语语言表露,再辅助汉语解释直至全英文表露的形式。

第三,教师在课堂中的自我表露,可以是事先准备的形式,也可以是即兴开展的表露。叶澜教授说:"一堂好课不完全是预设的,在课堂中有教师和学生真实的、情感的、智慧的、思维的有互动的过程。"[①]课堂教学会受到师生真实情感和思维互动的影响,课堂环境中也会出现许多不确定和无法预知的教学状况,教师就可以利用这些不可预知的教学局面,结合教学实际向学生进行即兴的表露。(这种形式的自我表露要求教师具备教学智慧,具有较好的应变能力和适应能力,能准确地选择相关表露内容、采用适宜的表露形式开展即兴表露,这种形式的表露会对学生产生更

---

① 叶澜.什么样的课算一堂好课[J].福建论坛(社科教育版),2005,(11):6.

加积极的影响。)而对于大多数课堂教学,教师则应根据课程内容,事先考虑和准备相关表露的内容和形式,有针对性、有计划性并有目的性地进行预先准备和有计划的自我表露。

第四,教师自我表露应采取学生乐于接受的方式。没有学生愿意接受教师干巴巴读课文、硬生生念PPT、面无表情、冷淡生硬的教学方式。同样,学生也要求教师在自我表露时,采用真实的、积极的、生动的、活跃的和被学生广泛接受的方式。教师可以通过声情并茂的方式向学生讲述个人经历。幽默感能够感染学生,调节课堂气氛,引起学生的学习兴趣。[①] 在表露的时候,教师可以以诙谐幽默的方式讲述个人经历;抑或使用表演的方式再现整个经过,整个表露过程中,教师进行语言表达并配合肢体动作和面部表情,使语言表达更加生动、形象和立体;在表达自己的观点或看法时,教师也可以尝试使用不同的语音、语调和语气,或平缓、或深沉、或激昂,在语言表达的过程中融合真挚、真诚的情感,力求使学生感受到教师通过表露传达的情感情绪。

教师还应结合对自身的认识,在表露中展现个人魅力,发挥其优势,发掘个人所长,用有效、自然的方式完成自我表露。需要注意的是,不论教师采取何种方式进行自我表露,一定是真诚的、真实的,语言不可过于夸张、不要过分夸大;融入表露的情绪情感更是要真实、真诚;表情要自然,不要有夸张和演绎的痕迹。

第五,有学生在问卷中指出,教师与学生是平等的,教师表露不可表现出与学生不平等的姿态。因此,教师还要特别注意表露的态度,要以平和、易亲近的态度面对学生,切不可摆出高高在上、目空一切的面孔,也不要表现出愤世嫉俗、义愤填膺的状态。平等、平和、平易的个人状态有益于客观地向学生表达信息,并使学生乐于接受教师所传递的信息,并在主观意识中对教师表露的内容进行消化和反思。

---

① 陆谷孙.英语教师的各种素养[J].外语界,2003,(2):2-6.

第六,自我表露以多种形式延伸至课后。教师自我表露不仅局限于课堂教学中的语言表述、观点表达和情感表露,课后还可以其他形式继续开展。已经有研究证实网络交际工具能够与英语教学相辅相成,在虚拟的平台上,师生彼此交流并增进感情,弥补传统课堂教学中的情感缺失。[1] 教师可以通过网络社交工具,例如现下很受青年人欢迎的QQ、微信、微博等网络社交工具向学生继续进行富有内容与情感的自我表露。教师可以建立班级微信群或QQ群,借助文字、图片和语音等形式实现与学生的交流,并在交流过程中进行自我表露。通过网络社交工具完成的表露不仅涉及与课程相关的内容,任何能与学生展开交流的内容形式都可以作为自我表露的参考。网络中的交流不是面对面的形式,学生和教师可以更加放松,以真实和自然的状态进行交流。在这个媒介中,教师自我表露依托生动的文字、丰富的图片使它的内容更加饱满生动,并由此引发学生更深入的思考和更广泛的参与。

(三)自我表露的时机要准确、适切及适宜

这里提到的时机涉及两个方面,其一是指针对学生的情况教师选择进行自我表露的时机,其二是教师根据课堂教学的情况选择进行自我表露的时机。

根据学生问卷数据结果,大学英语教师自我表露对文科生或理工科学生;对大一年级或大二年级学生产生的作用是有差异的。产生差异的原因之一可能是自我表露时机的选择。因此,对于理工科学生,大学英语教师可依据学生的特点选择适合的、多样的表露内容进行适时的表露即可。而对于文科学生,大学英语教师可以先与之建立熟悉、亲密与和谐互信的师生关系,并在此基础上逐步进行循序渐进的、长期的自我表露,这将会对文科学生产生更积极的作用;对不同年级的学生,一年级学生处在高中

---

[1] 郝兆杰,孙仲娜.给大学英语教学围上"围脖"[J].现代教育技术,2010,(6):63-65.

与大学英语学习的衔接阶段,教师可考虑预留给学生熟悉大学英语教学方法、适应教学手段,逐渐了解教师的过程和时间,待学生对教学情况熟悉适应,与教师建立亲近感和信任感之后再进行自我表露,收到的效果可能会更好。当然这并不是说对文科学生和一年级学生完全不进行自我表露,教师可以在与学生建立良好关系的过程中、在学生逐渐适应教学的过程中,循序渐进地进行表露。

(四)自我表露的"度"要适合、适量及适度

教师自我表露除了要把握好时机,还要掌握好表露的"度",通俗讲"度"既包括表露多少内容,也包括进行几次表露。如果把握不好自我表露的"度"可能会对学生和课堂教学产生消极的作用和影响。如何把握好自我表的"度",何旭明、陈向明教授认为:"师生之间的熟悉程度是进行表露时要考虑的一个重要尺度。师生关系不太熟悉就不宜表露过多,如果熟悉了,表露就可以多一些。"[①]因此,大学英语教师在进行表露的时候可以根据与学生之间的熟悉与亲密程度考虑表露的度。此外,教师还可以根据学生的情况、教学的需要以及课程的要求考虑进行多少内容的自我表露。

原则上来说,教师进行的表露不宜过多,以表露内容满足教学需要为准;表露时间也不能过长,以将表达的内容信息表达清楚明白为宜。如果是汉语的自我表露,内容更不宜过多,时间更不可过长,表露太多内容、表露时间太久不但会影响课程进度,也会使学生对教师产生质疑。如果是英语或双语的表露,教师可根据学生英语语言程度和课程实际控制内容及时长。

在表露的频度上,教师可以视具体教学内容并依据教学情况而定,切忌过于频繁。频繁地表露有偏离课程内容主题的嫌疑,也会让学生过度关注教师表露内容而忽略课程本身,再者,过于密集的自我表露也可能会因为教师表露过程中出现的问题、教师

---

① 何旭明,陈向明.教师自我表露影响学生学习兴趣的质的研究[J].全球教育展望,2008,(8):61.

个人原因等对学生产生消极作用[①]。

此外,教师在表露时需留意记清哪些内容是已经表露过的,是在什么样的情况之下表露的,尽量不要重复相同和相似内容,不要在同一班级课堂教学中重复曾经表达过的内容。重复的表露内容会让学生感觉疲倦、不真实,也会影响表露的效果。

把握自我表露的"度",部分教师在访谈中都提到它会影响自我表露的作用。学生问卷中显现出教师自我表露对学生学习的潜在消极作用,这也可能是因为教师进行了过度的表露。表露适度、适宜能将教师表露的积极作用发挥出来;表露过度、不适宜则会凸显对课堂教学和对学生的消极作用。因此,教师必须根据教学实际、结合教学内容、基于学生学习的要求,进行适合(不过量)、适度(不过度)、适量(不影响教学进度)的自我表露,将自我表露的积极作用最大化。

综上所述,大学英语教师在教学中,首先应在意识上树立对课程、对教学、对自身、对自我表露清晰准确的认识;基于精神上的全面准备,在行动上依据课堂教学实际和学生学习要求,结合自我表露的特点与要求有步骤、有策略地进行自我表露。

四、大学英语教学管理机构的"行动"

大学英语教师在课程教学中进行自我表露,除了发掘自身优势、提高个人素质、发挥主观能动性并采用相应的策略外,大学英语教学的相关管理部门也要采取一定的措施、开展相应行动来鼓励和配合教师,使教师自我表露得以实现,并将它对教学和对学生的积极作用落在实处。

(一)鼓励教师探索和革新教学的意识和精神

目前,大学英语教学存在一些问题,众多学者和一线教师也

---

① 以上部分观点与郭思含.教师自我表露在大学教学实践中的实施策略研究[J].教育现代化,2018,5(28):96-98.一文中部分观点一致。

在努力尝试探索改进大学英语教学的途径。他们所做的尝试和努力无一不是为了缓解教学中存在的问题、改善教学现状、提高教学水平、改善教学质量。教师自我表露就是将心理学概念引入课堂教学所做的有益尝试,因此,相关部门对教师在教学实践中进行的探索应给予足够重视,给予教师一定的物质帮助与奖励、精神激励与鼓励,使教师不断树立克服教学困难的决心、具备持续探索的毅力。此外,相关部门还要帮助教师将自我表露落实在教学中、执行在课堂中,以此回馈教师的探究意识与发现精神。对此可以借鉴英国高校的一些做法:各个学校制定并实施学习和教学的策略、方法,并由专人负责这些策略的实施。① 高校大学英语管理机构也可以设立专门的小组或委派专人,监督教师自我表露的过程,并从中发现问题、解决问题。

(二)鼓励教师尝试自我表露,在教学实践中给予支持

真正将自我表露落实在大学英语课堂教学中,还需各高校大学英语管理部在教学实际中给予教师支持。各高校会根据各自情况,制定大学英语教学及课堂教学的规范条例。若要推进教学过程中的教师自我表露,相关职能部门就要结合大学英语教学的特点要求,允许和鼓励教师在课堂教学中进行适当、适度、适宜的自我表露(之所以着重提到这一点是因为就笔者所知,部分高校对课堂教学有这样的规定:不允许教师在课堂中与学生谈论或议论与课堂教学内容无关的话题。)教师自我表露进行的信息传递与课堂教学内容密切相关,教师在课堂中进行的表述或与学生开展的对话不是单纯意义上的"独白""聊天",它承载了与教学相关的内容信息,并有其特殊的教学目的与意义。因此,高校大学英语教学管理部门要革新观念,表现出高瞻远瞩的姿态和宽容的态度,要看到教师自我表露对课堂教学、对学生学习和个人发展产生的积极作用,在教学实践中给予教师相应的支持。

---

① 王嘉毅. 高等教育的质量保证与质量提高——与巴奈特教授的对话[J]. 高等教育研究,2008,(12):26.

此外,各高校大学英语教学管理部门应向教师提供教学研究的机会。课堂教学中的教师自我表露尚处于摸索阶段,要继续对其进行深入研究需要大学英语教学的管理部门为教师提供更多的实践机会:采用教学团队合作教学、分班教学、实验班与普通班教学等形式进行深入的比较研究,验证教师自我表露的功能与作用,并为课堂教学中的教师自我表露提供更加客观、具体、详实的依据。

(三)开展相关培训或交流活动

已有学者提出,高校管理部门很有必要为大学教师提供其专业领域以外的培训,帮助大学教师拓展专业范围,发展大学英语教师的新技能。[①] 发展教师的新技能,也包括教师交际能力的提高。教师自我表露也是提高教师交际能力水平的有效手段。为了更好地落实教师自我表露,大学英语教学管理部门还应开展相关的教师交流和培训活动。通过交流活动,如座谈、听课、说课等形式,教师之间信息互通,取长补短,分享各自在教学实践中进行表露的经验、感受和体会,互帮互助以共同解决自我表露过程中遇到的各类问题与困惑。有条件的高校还可以考虑为大学英语教师提供外出交流的机会,自我表露的概念源于国外,欧美等国对它的研究更深入和具体,教师若有机会到这些国家游学,不仅能丰富个人经历、增加实践经验,还有可能与国外同行就自我表露在教学中的运用进行有益的交流和探讨。

另外,自我表露这一概念最早来自心理学,教师也应对相关心理学的知识有基本的认识和了解。因此,大学英语教学管理部门还可以邀请心理学专业的有关专家、学者通过讲座、会谈、培训等形式讲解自我表露中涉及的教师和学生心理方面的相关知识,以此促进大学英语教师对自我表露全面、系统、科学的认识和理解。

---

① 孙静. 大学英语教师专业发展探析[J]. 教育理论与实践,2013,(24):19-20.

参考文献

中文参考文献：

1.艾四林.哈贝马斯交往理论评述[J].清华大学学报(哲学社会科学版),1995,(3).

2.[美]布劳.社会生活中的交换与权力[M].孙非等译.北京:华夏出版社,1988.

3.畅肇沁.大学生学习特点探究[J].山西师大学报(社会科学版),2010,(5).

4.陈国崇.新世纪大学英语教师面临的挑战与对策[J].外语界,2003,(1).

5.陈向明.质的研究方法与社会科学研究[M].北京:教育科学出版社,2009.

6.陈小曼,郑长贵.论转型时期大学英语教师专业自我发展[J].教育学术月刊,2009,(6).

7.陈旭远.关于交往与教学交往的哲学认识[J].东北师大学报(哲学社会科学版),1998,(5).

8.戴曼纯,张希春.高校英语教师素质抽样调查[J].解放军外国语学院学报,2004,(2).

9.党振发.大学英语课堂教学模式设计研究[J].中国教育学刊,2015,(6).

10.豆宏健.自我表露及其作用[J].甘肃联合大学学报(社会科学版),2007,23(3).

11.冯建军.论教育民主的特殊性[J].中国教育学刊,2015,(2).

12.冯佩佩.教师自我表露与学生课程兴趣、沟通动机的关系研究[D].保定:河北大学,2010.

13.丰玉芳.大学英语课堂教学现状调查与研究——兼析交际教学法在大学英语课堂的实施状况[J].扬州大学学报(高教研究版),2007,(4).

14.冯宗祥,王鹏.英语教学法与大学英语教学的现状与未来[J].陕西师范大学学报(哲学社会科学版),1999,(S1).

15.傅梦嫒,魏福利,张珒华.建构主义模式下的大学英语教师素质研究[J].中国成人教育,2006,(11).

16.高悦伶.高校优秀大学英语教师特征初探[J].首都经济贸易大学学报,2008,(6).

17.高越,张玥,尹立鑫.论大学英语教师的专业化自主发展[J].教育探索,2009,(3).

18.高战荣.国外 ESP 教师教育对我国大学英语教师知识发展的启示[J].外国教育研究,2012,(4).

19.顾莹.浅论大学英语教师的自我发展[J].东南大学学报(哲学社会科学版),2010,(S2).

20.郭丽英.教育民主:一个具有多学科意义的概念[J].宁波大学学报(教育科学版),2006,(3).

21.郭骞.任务型教学(TBLT)在大学英语课堂教学中的应用——《新视野大学英语》任务课堂教案分析与研究[J].中国成人教育,2009,(5).

22.[德]哈贝马斯.交往与社会进化[M].张博树,译.重庆:重庆出版社,1983.

23.韩二敏.教师在课堂教学中的自我表露[J].现代中小学教育,2011,(3).

24.韩笑.大学生自我表露与社会支持及其关系研究[J].继续教育研究,2010,(3).

25.郝兆杰,孙仲娜.给大学英语教学围上"围脖"[J].现代教育技术,2010,(6).

26.何朝峰,李培.民族地区大学生自我表露调查——以广西

H学院为例[J].河池学院学报,2014,(1).

27.何旭明,陈向明.教师的自我表露影响学生学习兴趣的质的研究[J].全球教育展望,2008,(8).

28.侯秀丽.大学英语课堂教学心理环境的调查[J].外语与外语教学,2006,(5).

29.侯玉波.社会心理学[M].北京:北京大学出版社,2007.

30.黄建滨,邵永真.大学英语教学和教师情况调查分析[J].中国大学教学,2001,(6).

31.黄建滨,张兴奎,蒋景阳.以新大纲为指导探讨大学英语课堂教学模式的改革[J].外语教学,2000,(2).

32.黄伟明.大学英语教师应具备的素质——剖析《大学英语课程教学要求(试行)》[J].西南民族大学学报(人文社科版),2004,(9).

33.黄晓林.关于大学英语教师专业发展的研究[J].教育探索,2008,(11).

34.黄英杰,崔延强.自我唤醒与教育救赎——雅斯贝尔斯教育哲学思想初探[J].教育学报,2012,(1).

35.黄宇元.大学英语课堂教学有效性探究[J].学术论坛,2009,(11).

36.黄远振.论英语课程理念向教师个体观念的转化[J].课程.教材.教法,2007,(1).

37.贾云鹏.二语习得角度下的英语教学理论分析[J].中国教育学刊,2014,(S5).

38.简丽英.大学英语课堂教师自我表露调查分析[J].海外英语,2013,(21).

39.姜国波.论大学英语教师的专业素养[J].教育与职业,2011,(32).

40.蒋亚瑜,刘世文.大学英语课堂教学现状剖析及有效性研究[J].集美大学学报,2015,(3).

41.蒋索,邹泓,胡茜.国外自我表露研究述评[J].心理科学进展,2008,16(1).

42. 蒋玉梅.转型时期大学英语教师的专业化发展[J].江苏高教,2010,(1).

43. 教育部高等教育司.大学英语课程教学要求[Z].上海:上海外语教育出版社,2007.

44. 金静.大学英语教学改革之我见[J].西南民族大学学报(社会科学版),2010,(S1).

45. 康菁菁.小学教师自我表露调查及成因分析——以北京市F小区小学教师为例[D].北京:首都师范大学,2011.

46. 李秉德,李定仁.教学论[M].北京:人民教育出版社,2001.

47. 李秉德,檀仁梅.教育科学研究方法[M].北京:人民教育出版社,2001.

48. 李春燕,高淑芳.大学英语课前教学情景设计探讨[J].长春理工大学学报,2012,(1).

49. 李卉.大学英语课堂教学策略研究[J].教育与职业,2009,(11).

50. 李洁.大学英语教师个人特征对知识、技能和能力的影响研究[J].外语界,2006,(4).

51. 李良勇.微观视角下的教师信念研究——基于大学英语教师的实证研究[J].黑龙江高教研究,2012,(6).

52. 李林英,陈会昌.大学生自我表露的调查研究[J].心理发展与教育,2004,(3).

53. 李林英,陈会昌.大学生自我表露与人格特征、孤独及心理健康的关系[J].中国临床康复,2004,(33).

54. 李林英,普静.运用自我表露改善大学生人际关系的个案报告[J].中国临床康复,2005,(9).

55. 李林英.大学生自我表露的比较研究[J].北京理工大学学报(社会科学版),2003,(1).

56. 李林英.对大学生自我表露认识的访谈分析[J].北京理工大学学报(社会科学版),2004,(6).

57. 李森.论课堂的生态本质、特征及功能[J].教育研究,2005,(10).

58. 林立,程乐华,叶嘉雯.教师课堂教学中的自我表露对学生评价的影响[J].心理发展与教育,2006,(3).

59. 刘宝存.雅斯贝尔斯的大学教育理念述评[J].外国教育研究,2003,(8).

60. 刘建东.浅谈提高大学英语教师专业素质的方法[J].教育与职业,2006,(26).

61. 刘丽梅,李慧卿.自我表露训练对大学新生自我表露、自我效能感水平的研究[J].中国成人教育,2010,(8).

62. 刘敏.大学英语教学课堂思考[J].新疆大学学报(社会科学版),2003,(S1).

63. 刘瑞敏.对话教学理论探究—以巴赫金对话体系为基础[J].沈阳工程学院学报(社会科学版),2014,(2).

64. 刘向辉.后方法时代的大学英语教师角色转换思考[J].教育与职业,2010,(2).

65. 刘正光,冯玉娟,曹剑.二语习得的社会认知理论及其理论基础[J].外国语,2013,36(6).

66. 陆谷孙.英语教师的各种素养[J].外语界,2003,(2).

67. 陆益龙.定性社会研究方法[M].北京:商务印书馆,2011.

68. 卢志君.呵护教师情感提高大学英语教学[J].职业时空,2007,(18).

69. [德]马克思,恩格斯.马克思恩格斯全集(第3卷)[M].北京:人民出版社,1960.

70. 马丽.交往视角下大学课堂生活的质性研究——以西北地区两所高校为例[D].兰州:西北师范大学,2014.

71. 马茂祥.大学英语教学的问题与前瞻[J].山东外语教学,2009,(6).

72. 马骁骁,刘睿.谈改进大学英语课堂教学的有效途径[J].教育理论与实践,2006,(18).

73. 南华.合作学习在大学英语课堂教学中的运用[J].广西民族学院学报(哲学社会科学版),2004,(S2).

74. 潘裕民.教师专业发展的理论取向与现实路径[M].桂林:广西师范大学出版社,2012.

75. 潘跃玲,熊和平.教室空间的现象学之维[J].教育发展研究,2013,(4).

76. 乔梦铎,金晓玲,王立欣.大学英语教学现状调查分析与问题解决思路[J].中国外语,2010,(5).

77. 覃成强.对中国高校英语教学方法的反思[J].学术论坛,2006,(7).

78. 邱莉,陈会昌,岳永华.中学生自我表露的发展[J].心理发展与教育,2006,(1).

79. 邱莉.青少年自我表露水平与表露对象的研究[J].赣南师范学院学报,2007,(2).

80. 芮燕萍.课堂观察视角下的大学英语教师教学实践研究[J].教育理论与实践,2014,(4).

81. 沈昌洪,吕敏.动态系统理论与二语习得[J].外语研究,2008,(3).

82. 史清敏,张绍安,罗晓.教师自我表露教学效果的跨文化比较[J].教师教育研究,2008,(3).

83. 孙悦亮,黄慧婷.国内外教师自我表露研究述评[J].内蒙古师范大学学报(教育科学版),2011,(12).

84. 汤冬冬.新常态下的大学英语教学特点及应对策略[J].亚太教育,2015,(25).

85. 童恒萍.交往与现代性——哈贝马斯交往理论述评[J].华南师范大学学报(社会科学版),2001,(2).

86. 万明莉.对提高大学英语教师专业素质的思考[J].教育与职业,2007,(32).

87. 王凤才.批判与重建——法兰克福学派文明论[M].北京:社会科学文献出版社,2004.

88. 王凤英,柳海民.走向以"情"为根基的教师专业发展[J].教师教育研究,2012,(3).

89. 王富伟.质性研究的推论策略:概括与推广[J].北京大学教育评论,2015,(1).

90. 王海啸.大学英语教师与教学情况调查分析[J].外语界,2009,(4).

91. 王嘉毅.定性研究及其在教育研究中的应用[J].西北师大学报(社会科学版),1995,(2).

92. 王嘉毅.高等教育的质量保证与质量提高——与巴奈特教授的对话[J].高等教育研究,2008,(12).

93. 王嘉毅.教师教育的课程设置与教学方法[J].课程.教材.教法,2007,(1).

94. 王嘉毅,马维林.再论"以学生为中心"的教学意蕴与实践样态[J].中国教育学刊,2015,(8).

95. 王鉴.教学智慧:内涵、特点与类型[J].课程.教材.教法,2006,(6).

96. 王鉴.课堂研究概论[M].北京:人民教育出版社,2007.

97. 王鉴.课堂研究引论[J].教育研究,2003,(6).

98. 王鉴.课堂重构:从"知识课堂"到"生命课堂"[J].教育理论与实践,2003,(1).

99. 王莉.以学生为中心开展大学英语课堂教学[J].陕西师范大学学报(哲学社会科学版),2003,(S2).

100. 王丽萍.克拉申监控理论述评[J].学术交流,2007,(5).

101. 王雁冰.当前大学英语课堂教学存在的问题及对策[J].教育探索,2013,(5).

102. 王晓红.生态化大学英语课堂教学环境的构建[J].黑龙江高教研究,2010,(9).

103. 王志红.论自我表露的心理意义[J].吕梁教育学院学报,2012,(2).

104. 韦晓保.第二语言习得研究的新视角——D-C-G模式[J].

外语界,2012,(5).

105.吴全华.现代教育交往的缺失、阻隔和重建[J].教育研究,2002,(9).

106.吴明隆.SPSS统计应用实务[M].北京:中国铁道出版社,2000.

107.吴明隆.问卷统计分析实务——SPSS的操作与应用[M].重庆:重庆大学出版社,2010.

108.夏纪梅.新时期大学英语教师发展的难点与出路[J].外语教学理论与实践,2012,(2).

109.向玉桥,陈君丽.雅斯贝尔斯交往的条件[J].吉首大学学报(社会科学版),2011,(1).

110.徐露凝,李林英.中国21个省市心理治疗师的自我表露调查[J].中国组织工程研究与临床康复,2008,(24).

111.徐学,孙悦亮.教师自我表露课堂情境探索[J].教育与教学研究,2014,(8).

112.杨治中.从实际出发,求实际成效——关于大学英语教学的若干思考[J].考试与评价(大学英语教研版),2013,(4).

113.叶澜,白益民,王枬,陶志琼.教师角色与教师发展新探[M].北京:教育科学出版社,2001.

114.叶澜.什么样的课算一堂好课[J].福建论坛(社科教育版),2005,(11).

115.叶丽萍,胡双全,李立.现代英语教学改革过程中的问题探索[J].中国教育学刊,2013,(S4).

116.尹辉.浅谈民族院校大学英语教学改革的特色化[J].中国成人教育,2009,(11).

117.余东升.质性研究:教育学研究的人文学范式[J].高等教育研究,2010,(7).

118.于芳,宁爽.提高大学英语教师素质以促进英语教学改革[J].教育与职业,2009,(27).

119.俞弘强.社会交换理论与理性选择理论之比较研究——

以布劳和科尔曼为例[J].中共浙江省委党校学报,2004,(3).

120.袁有社,李玲.大学英语教学改革的几点思考[J].中国成人教育,2006,(2).

121.岳伟,刘贵华.走向生态课堂——论课堂的整体性变革[J].教育研究,2014,(8).

122.张弓.克拉申"监控理论"在英语教学中的英语[J].教学与管理,2009,(15).

123.张贯之,曾宏伟.大学英语教师的人文困境、人文关怀与大学英语教学[J].黑龙江高教研究,2012,(1).

124.张清东.大学英语教师素质及在职自我发展途径的探讨[J].教育与职业,2011,(5).

125.张卫红,孙成贵.大学英语新课改背景下教师专业发展路径探析[J].外语学刊,2010,(4).

126.张文喜.马克思的交往理论及其价值特性[J].云南社会科学,2000(6).

127.张宜,王新,郭威,于淼.大学英语教师素质调查报告[J].外语与外语教学,2003,(10).

128.张振虹,杨啸鸣.动态系统理论框架下的二语习得实证研究述评[J].天津大学学报(社会科学版),2015,(2).

129.郑莉.比较社会交换理论与理性选择理论的异同——以布劳·科尔曼为例[J].学术交流,2004,(1).

130.郑丽琦.大学英语课堂教学现状调查[J].煤炭高等教育,2010,(6).

131.郑素杰.再谈大学英语教师素质提高的问题[J].教育与职业,2007,(33).

132.郑秀芬.提高大学英语课堂教学质量的有效途径[J].中国高教研究,2004,(2).

133.周芳.当代大学教育交往——师生交往问题的研究与对策[J].扬州大学学报(高教研究版)2005,(1).

134.周季鸣,吕敏,李桂东,孙经济,陈娜.从"方法"到"后方法",我们到底还有多远?——宁沪杭六所高校大学英语教学方法调查[J].外语界,2008,(5).

135. 周明侠.论社会交换理论中的辩证法[J].学术界,2007,(2).

136. 周倩.大学生自我表露研究及其对高校学生工作的启示[J].聊城大学学报(社会科学版),2010,(2).

137. 周兴国.对话教学:有待进一步澄清的几个问题——对当前对话教学理论研究的审视与反思[J].课程.教材.教法,2010,30(7).

138. 朱淑华,王丹丹.转型期"大学英语教师"的自我定位与发展探析[J].教育与职业,2012,(9).

139. 邹琼.大学英语教师素质缺陷思辨[J].中国成人教育,2004,(5).

英文参考文献:

1. Altman, I. & Taylor, D. Social Penetration: The Development of Interpersonal Relationship[M]. New York: Holt, Rinehart, & Winston, 1973.

2. Andersen, J. F., R. W. Norton, J. F. Nussbaum. Three investigations exploring relationships between perceived teacher communication behaviors and student learning[J]. Communication Education, 1981,(30).

3. Archer, R. L., Berg, J. H. Disclosure reciprocity and its limits: A reactance analysis[J]. Journal of Experimental Social Psychology, 1978,(14).

4. Aspy, D. The effects of teacher-offered conditions empathy, positive regard and congruence upon student achievement[J]. Florida Journal of Educational Research, 1969,(2).

5. Broder, S. N. Liking own disclosure, and partner disclosure in female roommates[J]. Journal of Social Psychology, 1982,(117).

6. Bryant, J., P. Comiskey, D. Zillman. Teachers' humor in the college classrooms[J]. Communication Education 1979,(28).

参考文献

7. Cathrine, W., Thomas, B. Teacher self-disclosure and student classroom participation revisited [J]. Teaching of Psychology,1997,(24).

8. Cayanus,J. L. Effective Instructional Practice U sing Teacher Self-Disclosure as an Instructional Tool [J]. Communication Teacher, 2004,(18).

9. Cayanus, J. L, Martin, M. M. An Instructor Self-disclosure Scale[J]. Communication Research Reports,2004,(3).

10. Certner, B. C. Exchange of self-disclosures in same-sexed groups of strangers [J]. Journal of Consulting and Clinical Psychology,1973,(42).

11. Chelune,G. J. Self-Disclosure:An elaboration of its basic dimensions [J]. Psychosocial Reports,1975,(36).

12. Collins,N. L., Miller,L. C. Self-disclosure and Liking:A Meta-analytic Review[J]. Psychological Bulletin,1994,(116).

13. Combs,A. Affective education or none at all [J]. Educational Leadership,1982,(39).

14. Connelly, F. M. & Clandinin, D. J. Teachers as Curriculum Planners:Narratives of Experience[M]. NewYork:Teachers College Press,1988.

15. Cozby,P. C. Self-disclosure:A literature review[J]. Psychological Bulletin,1973,79(2).

16. Cozby, P. C. Self-disclosure, reciprocity, and liking[J]. Sociometry,1972,(35).

17. Daher, D. M., Banikiotes, P. G. Interpersonal attraction and rewarding aspects of disclosure content and level[J]. Journal of Personality and Social Psychology,1976,(33).

18. DeVito,J. A. The Interpersonal Communication Book[M]. The Eight Edition. New York:Longman,1998.

19. Dik,B. J.,Steger,M. F. Randomized trial of a calling-in-

fused career workshop incorporating counselor self-disclosure[J]. Journal of Vocational Behavior,2008,(73).

20. Dik,B. J. ,Steger,M. F. Extending the Benefits of Recategorization:Evaluations, Self-Disclosure and Helping[J]. Psychology, 1997,(33).

21. Dimond,R. E. & Hellkamp,D. T. Race,sex,ordinal position or birth, and self-disclosure in high school students[J]. Psychological Reports,1969,(25).

22. Dimond,R. E. ,Munz,D. C. Ordinal position of birth and self-disclosure in high school students [J]. Psychological Reports, 1967,(21).

23. Dindia,K. ,Duck,S. Communication and Personal Relationships[M]. New York:Wiely,2000.

24. Dindia, K. The Intrapersonal-interpersonal Dialectical Process of Self-disclosure[M]. In S. Duck (Ed.),Dynamics of relationships. Thousand Oaks:Sage Publications,1993.

25. Ehrlich, H. J. ,Graeven,D. B. Reciprocal self-disclosure in a dyad[J]. Journal of Experimental Social Psychology,1971,(7).

26. Fitzgerald,M. P. Self-disclosure and expressed self-esteem, social distance,and areas of the self revealed[J]. The Journal of Psychology,1963,(56).

27. Fusani,D. S. Extra-class communication:Frequency, immediacy, self-disclosure, and satisfaction in student-faculty interaction outside the classroom[J]. Journal of Applied Communication Research,1994,(22).

28. Gary,S. G. ,Victor, A. B. The relation between teacher self-disclosure and student classroom participation [J]. Teaching of Psychology,1994,(21).

29. George, C. Homans. Social Behavior:Its Elementary Forms [M]. NewYork:Harcourt,Brace,and World,1961.

30. Goldstein, G. S. & Benassi, V. A. The relation between teacher self-disclosure and student classroom participation[J]. Teachingof Psychobgy,1994,(21).

31. Hargie, O. D. W. , Tourish , D. , Curtis, L. Gender, religion and adolescent patterns of self-disclosure in the divided society of Northern Ireland[J]. Adolescence,2001,36(144).

32. Harper, V. B, Haper, E. J. Understanding Student Self-Disclosure Typology through blogging[J]. The Qualitative Report, 2006,(11).

33. Henson, K. T. Curriculum Planning:Integrating Constructivism, Multiculturalism, and Education Reform (3rd ed.)[M]. Long Grove,IL:Waveland Press,2006.

34. Hinde, R. A. Relationships: A Dialectical Perspective[M]. East Ussex,UK:Psychology Press,1997.

35. Horenstein, D. , Gilbertm, S. J. Anxiety, likeability, and avoidance as responses to self-disclosure. Small Group Behavior[J]. Personality and Social Psychology,1976,(7).

36. Jacob,L. C. ,Matthew,M. M. ,& Alan,K. G. The Relation Between Teacher Self-Disclosure and Student Motives to Communicate[J]. Communication Research Reports,2009,(26).

37. Jourard, S. M. & Lasakow, P. Some factors in self disclosure[J]. Journal of Abnormal and Social Psychology,1958.

38. Jourard,S. M. The Transparent Self (2nd ed)[M]. Litton Educational Publishing,Inc,1971.

39. Jourard, S. M. Self-disclosure and other cathexis[J]. Journal of Abnormal and Social Psychology,1959,(59).

40. Kowalski, R. M. Speaking the Unspeakable:Self-disclosure and Mental Health[M]. In:Kowalski R,1999.

41. Lewin,K. Some social-psychological differences between the United States and Germany [J]. In G. Lewin (Ed.),Resolving social

conflicts: Selected papers on group dynamics, 1935—1946. New York:Harper,LUBIN,B. ,& HARRISON,1948.

42. Lynn, S. J. Three theories of self-disclosure exchange[J]. Journal of Experimental Social Psychology,1978,(14).

43. Mazer,J. P. ,Murphy,R. E. ,Simonds,C. J. I'll See You On "Facebook": The Effects of Computer-Mediated Teacher Self-Disclosure on Student Motivation[J]. Affective Learning, and Classroom Climate,2007,(1).

44. Mazer, J. P. , Murphy, R. E. , & Simonds, C. J. The effects of teacher self-disclosure via Facebook on teacher credibility [J]. Learning Media & Technology,2009,34(2).

45. McBride, M. C. , S. T. Wahl. "To say or not to say?" Teachers' management of privacy boundaries in the classroom[J]. Texas Speech Communication Journal,2005,(30).

46. Miller,L.C,Berg,J. H. & Archer,R. L. Openers:Individuals Who Elicit Intimate Self-Disclosure[J]. Journal of Personality and Social Psychology,1983,(44).

47. Nickel,J,Schaumburg,H. Electronic Privacy,Trust and Self-Disclosure in E-Recruitment[J]. Extended Abstracts of the Conference on Human Factors in Computing Systems,2004.

48. O'Sullivan,P. B. ,S. Hunt,L. Lippert. Mediated immediacy:A language of affiliation in a technological age[J]. Journal of Language and Social Psychology,2004,(23).

49. Reis, H. T. & Shaver, P. Intimacy as an interpersonal process [M]. Handbook of personalrelationships: Theory, research and interventions Chichester,England:John Wiley,1988.

50. Robert, J. S. Violating Student Expectations: Student Disclosures and Student Reactions in the College Classroom[J]. Communication Studies,2013,(3).

51. Rogers,C. R. Freedom to Learn[M]. Columbus,Ohio:

Charles E. Merrill,1969.

52. Rouse, R. E. , Bradley, D. Personally Shared Reading: How Teacher Self-disclosure Effects on Student Self -disclosure[J]. Middle School,1989,(20).

53. Scott, A. M. , Maria, B. College Students' Perceptions of How Instructors Establish and Enhance Credibility Through Self-Disclosure[J]. Qualitative Research Reports in Communication, 2009,(10).

54. Shi, Q. M. , Zhang, S. A. , Tonelson, S. , & Robinson, J. Preservice and inservice teachers' perceptions of appropriateness of teacher self-disclosure[J]. Teaching and Teacher Education, 2009,(25).

55. Sorensen, G. The Relationships among Teachers'Self-disclosive Statements, Students' Perceptions and Affective Learning [J]. Communication Education,1989,(38).

56. Sote, G. A. , Good, L. R. Similarity of self-disclosure and interpersonal attraction[J]. Psychological Reports,1974:491-494.

57. Stephen, D. Krashen. Principles and Practice in Second Language Acquisition [M]. Pergamon, Oxford,1982.

58. Stoltz, M. , Young, R. W. , Bryant, K. L. Can Teacher Self-disclosure Increase student Cognitive Larning? [J]. College Student Journal,2014,(1).

59. Taylor, D. A. , Altman, I. & Sorretino, R. Interpersonal exchange as a function of rewards and costs and situational factors: Expectancy confirmation-disconfirmation [J]. Journal of Experimental Social Psychology,1969.

60. Taylor, D. A. , Gould, R. J. , Brounstein, P. J. Effects of personalistic self-disclosure[J]. Personality and Social Psychology Bulltin,1981,(7).

61. Wanberg, C. R. , Welsh, E. T. , & Mueller, J. K. Protégé

and mentor self-disclosure: Levels and outcomes within formal mentoring dyads in a corporate context[J]. Journal of Vocational Behavior,2007,(70).

62. Wheeless, L. R. , Grotz, J. Conceptualization and measurement of reported self-disclosure[J]. Human Communication Research,1976,(2).

63. Woolfolk, A. E. & Meyers, L. Sex-roles and the perception of self-disclosing behavior[Z]. Paper presented at the annual meeting of the Eastern Psychological Association, Boston. 1977.

64. Woolfolk, A. E. , Garlinsky, K. S. & Ncolich, M. The impact of teacher behavior, teacher sex, and student sex upon student self-disclosure[J]. Contemporary Educational Psychology,1977,(2).

65. Woolfolk, A. E. & Woolfolk, R. L. Student self-disclosure in response to teacher verbal and nonverbal behavior[J]. Journal of Experimental Education,1975,(44).

66. Woolfolk, A. E. Self-Disclosure in the Classroom: An Experimental Study [J]. Contemporary Educational Psychology, 1979,(4).

67. Worthy, M. , Gary, A. L. , Kahn, G. M. Self-disclosure as an exchange process[J]. Journal of Personality and Social Psychology, 1969,(13).

附　　录

附录 1

大学英语教师教学中交流与表达情况调查问卷（学生问卷）

同学们：

　　在这份问卷里，我们将问一些有关您的学习情况及您的大学英语任课教师教学中进行交流与表达情况的问题。采用无记名方式，调查信息只做研究用途，且只进行团体分析，并不针对个人，请根据自己的实际情况进行回答。本问卷共分为六部分，用时约 20 分钟，衷心感谢您的积极合作与热心支持！

★第一部分：基本信息

1. 您所在学校名称
2. 您所学的专业_____
3. 您的性别：①男②女
4. 您所在的年级：①大一②大二
5. 您的民族_____

★第二部分：本部分主要想了解您英语学习的一些情况，请回答。

1. 您感觉最近一年来您学习英语的愿望：
　　A. 强烈　　　　　B. 一般　　　　　C. 很弱　　　　　D. 没有
2. 您对于英语学习：
　　A. 非常喜欢　　　　　　　　　　B. 比较喜欢
　　C. 不太喜欢　　　　　　　　　　D. 根本不喜欢

3. 您对于您目前的大学英语任课教师：
  A. 非常喜爱   B. 比较喜爱
  C. 一般   D. 不喜爱
  E. 极其讨厌   F. 没感觉
4. 您最近一年来英语学习的兴趣：
  A. 非常浓厚   B. 越来越浓厚
  C. 比较浓厚   D. 逐渐递减
  E. 几乎没有

★第三部分：下面主要想了解您的大学英语任课教师在其教学中与您进行交流与表达等的情况，请回答。

该任课教师性别：①男②女

该任课教师职称：①助教②讲师③副教授④教授

该任课教师年龄段：①20～29 ②30～39 ③40～49 ④50～59 ⑤60 岁及以上

该任课教师的性格特点：①内向②外向③时而内向时而外向④说不清

1. 他/她会在课堂上表达他/她的宗教信仰及其对宗教信仰的态度：
  A. 总是 B. 经常 C. 很少 D. 从不
2. 他/她会在课堂上表达他/她对现在政府——国家领导人、政策的看法：
  A. 总是 B. 经常 C. 很少 D. 从不
3. 他/她会在课堂上表达他/她对爱情、婚姻、家庭的看法：
  A. 总是 B. 经常 C. 很少 D. 从不
4. 他/她会在课堂上表达他/她对人生、事业、前途的看法：
  A. 总是 B. 经常 C. 很少 D. 从不
5. 他/她会在课堂上表达他/她对金钱（或对如何消费）的看法：
  A. 总是 B. 经常 C. 很少 D. 从不
6. 他/她会在课堂上表达他/她对他人的看法：
  A. 总是 B. 经常 C. 很少 D. 从不

7. 他/她会在课堂上表达他/她对某一社会现象或事件的看法：
  A. 总是 B. 经常 C. 很少 D. 从不

8. 他/她会在课堂上表达他/她对男人和女人所应具备的品质的看法：
  A. 总是 B. 经常 C. 很少 D. 从不

9. 他/她会在课堂上告诉我他/她喜欢的读物：
  A. 总是 B. 经常 C. 很少 D. 从不

10. 他/她会在课堂上告诉我他/她喜欢的体育运动：
  A. 总是 B. 经常 C. 很少 D. 从不

11. 他/她会在课堂上告诉我他/她喜欢的休闲方式：
  A. 总是 B. 经常 C. 很少 D. 从不

12. 他/她会在课堂上告诉我他/她喜欢的电影电视节目：
  B. 总是 B. 经常 C. 很少 D. 从不

13. 他/她会在课堂上讲述他/她学习(工作)的目标和志向：
  A. 总是 B. 经常 C. 很少 D. 从不

14. 他/她会在课堂上表达他/她对所选职业前途的感觉——不管对它是否满意：
  A. 总是 B. 经常 C. 很少 D. 从不

15. 他/她会在课堂上讲述他/她学习(工作)上的优势和条件：
  A. 总是 B. 经常 C. 很少 D. 从不

16. 他/她会在课堂上讲述他/她在工作(学习)中最开心和最满意的事情：
  A. 总是 B. 经常 C. 很少 D. 从不

17. 他/她会在课堂上讲述他/她的情感经历：
  A. 总是 B. 经常 C. 很少 D. 从不

18. 他/她会在课堂上讲述他/她的求学经历：
  A. 总是 B. 经常 C. 很少 D. 从不

19. 他/她会在课堂上讲述他/她的工作经历：
  A. 总是 B. 经常 C. 很少 D. 从不

20. 他/她会在课堂上讲述他/她的见闻：
  A. 总是 B. 经常 C. 很少 D. 从不
21. 他/她会在课堂上讲述他/她的生活轶事：
  A. 总是 B. 经常 C. 很少 D. 从不
22. 他/她会在课堂上讲述他/她感到幸福、骄傲、充满自尊和自敬的事：
  A. 总是 B. 经常 C. 很少 D. 从不
23. 他/她会在课堂上讲述他/她在工作(学习)中最讨厌的事情：
  A. 总是 B. 经常 C. 很少 D. 从不
24. 他/她会在课堂上讲述伤害他/她感情的事：
  A. 总是 B. 经常 C. 很少 D. 从不
25. 他/她会在课堂上流露出他/她的挫败感：
  A. 总是 B. 经常 C. 很少 D. 从不
26. 他/她会在课堂上流露出他/她的成就感：
  A. 总是 B. 经常 C. 很少 D. 从不
27. 他/她会在课堂上透露他/她在工作(生活)中的压力：
  A. 总是 B. 经常 C. 很少 D. 从不
28. 他/她会在课堂上与您分享他/她的心情与某时的感受：
  A. 总是 B. 经常 C. 很少 D. 从不

  ★第四部分，下面主要想了解您的大学英语任课教师同您进行交流与表达对您个人所产生的影响效果的评价，每个题目均有五个选项，请您在最合适的选项上打"√"。

	完全不符合	多数不符合	一半符合	多数符合	完全符合
1. 我很乐意感受教师流露的个人感情、分享他/她的经历、了解他/她的观点……………………	1	2	3	4	5
2. 教师流露他/她的感情、分享个人经历、表达个人观点会让我感觉很亲切、很真实……………	1	2	3	4	5

续表

	完全不符合	多数不符合	一半符合	多数符合	完全符合
3. 教师流露他/她的感情、分享个人经历、表达个人观点可以拉近我与他/她的距离………………	1	2	3	4	5
4. 教师流露他/她的感情、分享个人经历、表达个人观点可以使我对教师产生认同感………………	1	2	3	4	5
5. 教师流露他/她的感情、分享个人经历、表达个人观点,我对他/她更加喜爱了………………	1	2	3	4	5
6. 教师流露他/她的感情、分享个人经历、表达个人观点,可以促成我对教师信任感的产生………	1	2	3	4	5
7. 教师流露他/她的感情、分享个人经历、表达个人观点,会对我的学习动机产生积极影响………	1	2	3	4	5
8. 教师流露他/她的感情、分享个人经历、表达个人观点,使我对他/她的课堂产生兴趣………	1	2	3	4	5
9. 教师流露他/她的感情、分享个人经历、表达个人观点,提高了我学习英语的兴趣………	1	2	3	4	5
10. 教师流露感情、分享个人经历、表达个人观点,丰富了我的视野,拓宽了我的思维………	1	2	3	4	5
11. 教师表达个人观点,可以促使我对事物或现象的新的思考、促成我对某些事物或现象产生新的认识……………………	1	2	3	4	5
12. 教师流露他/她的感情、分享个人经历,会让我感同身受并产生共鸣,我也会参与其中并流露我的感情、表达我的观点………	1	2	3	4	5
13. 教师流露他/她的感情、分享个人经历、表达个人观点,在一定程度上会感染我的情绪,影响我的性格……………	1	2	3	4	5
14. 教师进行观点表达、经历分享,使我愿意在课堂上参与讨论和活动,即使我还是什么都不会………	1	2	3	4	5

续表

	完全不符合	多数不符合	一半符合	多数符合	完全符合
15. 教师流露他/她的感情、分享个人经历,能够促进融洽和谐课堂气氛的形成…………	1	2	3	4	5
16. 教师用英语进行的经历分享和观点表达对我的口语和听力学习有一定帮助…………	1	2	3	4	5
17. 教师进行观点表达、经历见闻的分享能拓宽我的视野,增加我的知识量…………	1	2	3	4	5
18. 教师流露感情、分享经历、表达观点,让我学到很多有效交流的方式与技巧…………	1	2	3	4	5
19. 教师过多地进行感情流露、经历分享、观点表达会破坏师生间尊长有序的师生关系…………	1	2	3	4	5
20. 教师流露感情、分享经历、表达观点,只会让我对这些感兴趣,对上课的内容失去兴趣………	1	2	3	4	5
21. 教师所表达的思想和观点很偏激,会对我造成负面影响…………	1	2	3	4	5
22. 教师在课堂上流露感情、分享经历、表达观点纯粹是为了娱乐大家,没有意义,还会分散我上课时的注意力………	1	2	3	4	5
23. 教师总过分渲染自己的感情,让我很反感………	1	2	3	4	5
24. 教师在课堂上过多进行感情流露、经历分享、观点表达,会影响课程的进度及课程内容的实施………	1	2	3	4	5
25. 教师在课堂上过多地流露感情、分享经历、表达观点,教师会成为课堂的主角,削弱学生在课堂中的地位………	1	2	3	4	5
26. 教师过多地流露感情、分享经历、表达观点,我会对教师的专业水平产生质疑………	1	2	3	4	5

★第五部分：本部分主要想了解您对大学英语任课教师进行交流与表达等的一些要求与期望，1~11题为单选，请您在认为合适的选项上打"√"。

1. 您希望通过老师进行的感情流露、经历分享、观点表达，对教师个人有更多认识和了解：

    A. 非常希望   B. 比较希望   C. 无所谓

    D. 不希望   E. 很不希望

2. 您希望您也能向您的老师表露您的感情、分享您的经历、表达您的观点：

    A. 非常希望   B. 比较希望   C. 无所谓

    D. 不希望   E. 很不希望

3. 您希望与您的大学英语任课教师通过 QQ、微信和微博等进行情感交流、经历分享与观点表达：

    A. 非常希望   B. 比较希望   C. 无所谓

    D. 不希望   E. 很不希望

4. 您希望您的大学英语任课教师使用英语分享他/她的经历、表达他/她的观点：

    A. 非常希望   B. 比较希望   C. 无所谓

    D. 不希望   E. 很不希望

5. 您希望您的大学英语任课教师进行感情流露、经历分享、观点表达时能考虑学生的背景、文化、性别和需求等：

    A. 非常希望   B. 比较希望   C. 无所谓

    D. 不希望   E. 很不希望

6. 您希望您的大学英语任课教师进行感情流露、经历分享、观点表达时能事先准备：

    A. 完全是这样   B. 多数是这样   C. 不确定

    D. 少数是这样   E. 完全不是这样

7. 您希望您的大学英语任课教师流露感情、分享经历、表达观点时能把握好表露的程度和表露的时机：

    A. 完全是这样   B. 多数是这样   C. 不确定

D. 少数是这样　　　　E. 完全不是这样

8. 您希望您的大学英语任课教师流露感情、分享经历、表达观点时能把握好表露的频度：

A. 完全是这样　　B. 多数是这样　　C. 不确定

D. 少数是这样　　　　E. 完全不是这样

9. 您希望您的大学英语任课教师流露感情、分享经历、表达观点时能注意学生的反应,与学生形成互动,并适时调整表露与表达的内容与形式：

A. 完全是这样　　B. 多数是这样　　C. 不确定

D. 少数是这样　　　　E. 完全不是这样

10. 您希望您的大学英语任课教师流露感情、分享经历和表达观点时能与您所学课程内容紧密结合：

A. 完全是这样　　B. 多数是这样　　C. 不确定

D. 少数是这样　　　　E. 完全不是这样

11. 您希望您的大学英语任课教师进行的情感流露、经历分享、观点表达是真实的、真诚的,不要有演绎的成分：

A. 完全是这样　　B. 多数是这样　　C. 不确定

D. 少数是这样　　　　E. 完全不是这样

12. 大学英语教师进行情感流露、观点表达、经历分享,就其内容而言,您更倾向您的老师表露和表达：(此题为多选)_____

A. 对时事的看法和观点　　B. 对人对事的看法和态度

C. 宗教信仰　　　　　　　D. 政治立场

E. 人生观、世界观、价值观　F. 个人喜好

G. 工作学习　　　　　　　H. 成功的经验

I. 失败的教训　　　　　　J. 成长经历

K. 情感经历　　　　　　　L. 见闻

M. 家庭生活琐事　　　　　N. 朋友圈

O. 个人隐私

P. 个人情绪与感受　除此之外,您还希望您的大学英语任课教师向您表露和表达些什么：

★第六部分：大学英语任课教师在教学中分享经历、表达观点与流露情感，您希望他/她怎么做？您还有什么要求与建议？

※问卷到此结束，真诚感谢您的参与和支持！

附录 2

教师访谈提纲

（一）教师基本信息

性别、专业、教龄、学位、性格

（二）对大学英语教学的看法

1. 您认为大学英语教学的目标是什么？
2. 您认为在大学英语教学中教师应扮演什么样的角色？
3. 教师个人能对学生的学习及个人发展产生影响吗？如果有，是什么？
4. 您认为大学英语教学是否应该体现师生间交往交流的特征？

（三）对教师自我表露的认识

1. 您有过在您的课堂教学中向学生表达过您观点、分享过您的经历、流露过您的情感情绪的经历吗？如果有，您向学生表达了什么？
2. 您会在何种情况下在课堂上向学生表达您的观点、分享您的经历或表露您的情感情绪？您具体是怎样做的？
3. 促使您向学生表达个人观点、分享个人经历并流露情感情绪的动机是什么？什么因素会使您想这样做？什么因素使您不想这样做？
4. 您觉得在课堂教学中向学生表达您的观点、流露您的情感情绪，与学生分享您的经历会对课堂教学及学生产生作用和影响吗？如果有，是什么？
5. 您认为大学英语教师应当具备哪些素质才能很好地在课堂教学中与学生交流，才能更好地与学生表达您自己的观点、分享您的经历见闻并流露情感情绪？
6. 您愿意在今后您的课堂教学中向学生表达您的观点、分享您的经历并适当流露您的情感情绪吗？为什么？（为什么不？）

附录 3

学生访谈提纲

(一) 学生基本信息

性别、年龄、年级、专业、民族

(二) 对目前大学英语教学的态度观点

1. 你喜欢学习英语吗?为什么?
2. 你理想中的大学英语教师是怎样的?他(她)应具备什么素质?
3. 你的大学英语教师是怎样上课的?你对他(她)的授课方式满意吗?为什么?
4. 除了专业知识,你还希望从你的大学英语教师身上学到什么?

(三) 对教师自我表露的看法

1. 你的大学英语课教师是否在课堂教学的过程中向你表达过他(她)的观点、分享他(她)过经历、表露过他(她)情感情绪?他(她)是在什么情况下这样做的?
2. 你喜欢他(她)这样做吗?为什么?(为什么不?)
3. 教师在课堂教学中向你表达观点、分享经历或流露情感情绪,会对你产生作用或影响吗?如果有,是什么?
4. 你希望教师以怎样的方式方法向你表达他(她)的观点、经历和表露他(她)的情感情绪?
5. 你对你的大学英语教师还有哪些建议和意见?

附录 4

大学英语教师自我表露课堂观察记录表

教师		教学内容		授课班级	
学校		时间地点		教师情况	
时间段	观察到的教师表现			观察到的学生表现	
时间段	教师自我表露情况			学生的反应及其反馈	
	自我表露的时机：			男生	女生
	自我表露的内容：				
	自我表露的形式：				
	自我表露的方式：				
	自我表露的频度：				
	其他：				
评价及其反思					
备注